湖北企业文化
发展报告
(2013)

REPORT ON CORPORATE CULTURE
IN HUBEI (2013)

湖北企业文化研究中心　编

社会科学文献出版社
SOCIAL SCIENCES ACADEMIC PRESS (CHINA)

《湖北企业文化发展报告（2013）》
编委会

序

众所周知，20 世纪是迄今为止人类历史上变革最为深远的世纪，尤其在 80 年代初，一场席卷全球的"文化革命"（类似"经济全球化"浪潮）极大推进了人类文明发展的进程，它给世界范围内的企业管理和企业发展战略理念带来的深刻变革至今仍影响着人类的智慧水平。这场"文化革命"的缘起于日本创造的经济奇迹。世界各国无论是政界、学界还是企业界，都不约而同地关注"二战"后日本民族经济的迅速崛起。人们的目光几乎在同一时间聚焦在"企业文化"——围绕着"人"（学理上称之为"人性化劳动方式"或称"软件式管理"）逐层铺展开来的企业管理理念与智慧体系。放眼当下，我国的改革开放走过了 35 个年头，市场经济体制改革迈入"深水区"。企业作为市场经济体系中最为活跃的经济主体，宛如具有自我意识和生命本能的有机体一样，其活力勃发、茁壮成长不仅有赖于环境与物质的新陈代谢，更与劳动主体的精神状态、水平与活跃程度密切相关。个性鲜明并且品格优良的企业文化，不仅是凝聚企业全体员工的精神纽带，更是助推企业蓬勃发展的重要动力源泉。20 世纪 80 年代初企业文化浪潮拍岸而来之时，恰逢我国改革开放拉开波澜壮阔的帷幕，我国企业改革营运被注入了先进的管理文化理念，湖北各大中小型企业在这一历程中，不仅自觉融入这一浪潮，而且从此始终关注着、践行着、探索着湖北企业文化大发展的现实路径。

为了对 2012 年湖北省企业文化的发展与重大事件进行一个完整而系统的评估，在湖北企业文化研究中心的精心策划下，在社会各界同人的共同关注与支持下，《湖北企业文化发展报告（2013）》（以下简称《报告》）应运而生。该《报告》由"总报告""理论视点""湖北企业文化发展状况""湖北企业文化建设典型案例"和"大事记"五个部分组成。"总报告"系统地阐述了湖北企业文化建设的意义，客观分析了湖北企业文化建设的成绩及存在的问题，有针对性地提出了湖北企业文化建设的思路及对策。"理论视点"部分全面梳理了湖北省理论界和学术界的观点，集中反映了学者的重要研究成果。如学者提出的应当进一步深刻认识企业文化，拓展并丰富对企业文化内涵的理解；企业文化对加强企业管理、实现企业可持续发展、形成企业核心竞争力、树立企业优良社会形象、构建企业学习型组织等起到至关重要的战略作用等。在高度评价已有成果的基础上，该《报告》还实事求是地介绍了学者对当前湖北企业文化发展遭遇的共性突出、个性缺失、创新乏力等现实困境，以及如何进一步用十八大精神引领湖北企业文化建设、构建企业文化形成核心竞争力机制、倡导在批判继承中国传统文化和在科学合理地整合"楚文化"的基础上实现企业文化创新等提出了颇具创造力、富有建设性的建议。在"湖北企业文化发展状况"部分，《报告》对来自湖北不同行业的企业代表，从商贸类企业、制造类企业、物流类企业、金融类企业、旅游类企业和高科技企业等不同行业的专业视角，探究企业文化发展的各种实践努力并对其成果进行了汇总分析。这部分主要依循"梳理总结行业的发展现状"——"客观审视行业内企业文化的发展状况"——"理性分析阻碍发展的制约因素"——"积极探索突破瓶颈的实践路径"这一逻辑路径展开理性梳理与深度剖析，从中不仅可以洞悉湖北省内主要行业的企业文化发展布局，更是为从属于不同行业的企业如何实现企业文化的"本土化"、"现代化"和"现实化"提供了众多的可参照路径。在"湖北企业文化建设典型案例"部分，取自武汉钢铁集团、东风汽车公司、大冶有色金属集团控股有限公司、中国葛洲坝集团公司、湖北稻花香集团、蓝特集团公司、中铁大桥局、中建三局等多家企业的案例，就所属企业的企业文化发展所进行的细致归纳与理性分析，或铺陈企业文化建设实践，或回顾企业文化建设成效，或总结企业文化建设经验，让读者能够生动而全面地对2012年湖北企业文化发展有所认知和体悟。而在"大事记"部分则依照时间顺序，从领导讲话、重大会议、全省各届企业文化建设大事等方面，对2012年全省范围内诸多有着广泛影响的企业文化建设重大事件进行了归纳与整理。清晰的类别划分、翔实的信息整理，使得该部分堪称2012年湖北企业文化发展重大事件的权威索引。

纵观《报告》，我认为其具有颇多特色，主要体现在如下几个方面。

第一，《报告》体例结构完备，不仅有理论观点的探讨、现实境遇的分析，充分体现了理论与实际的有机融合，而且有选择地摘录了湖北各行业具有代表性的企业文化建设案例，使读者能够清晰、生动地感受到湖北企业文化建设的客观成就、蓬勃生机与巨大潜力。其中"大事记"与其说是《报告》的补充和完善，不如说是《报告》的精彩之笔。

第二，《报告》对于湖北企业文化发展现状所做的梳理与探讨，是在当代世界经济文化全球化、一体化、社会各界深入贯彻落实科学发展观、学习领会十八大关于"促进社会主义文化大发展大繁荣"精神的时代背景下展开的。认识和把握这个大趋势，无论是对于宏观经济决策，还是微观企业发展战略制定，都有着至关重要的影响。《报告》中多篇文章都谈及无论作为宏观经济决策者或理论学家，还是身为企业经营管理者，都应该积极应对社会经济文化一体化的趋势，探寻经济、文化协调可持续发展的结合点，在社会各界的普遍关注和协同下摸索更加科学合理的企业文化建设途径。

第三，《报告》在理论与实际的结合中对湖北企业文化发展进行的归纳与总结，不仅广泛吸收了近年来国内外企业文化研究的重要成果，更是对日本、美国企业文化理论的提出、内涵及外延、实践路径进行了历史维度的考察，而且十分注重湖北企业文化对中国优秀传统文化的继承与发展，特别是对有着深厚积淀的"楚商文化"进行现代性解读。在对中国本土企业文化产生的民族文化根源及荆楚经济伦理的批判继承与学习借鉴中，《报告》的理论探索与实践指导价值不言而喻。

第四，《报告》内容虽然多处提及湖北企业文化在过去一段时间所取得的有目共睹的成绩，尤其是2012年的迅速发展，但是众多作者都客观而理性地对湖北企业文化发展所遇到的瓶颈与困境进行了阐述与分析，某些论述提及的问题是深刻而尖锐的。这凸显湖北社会文化管理者、企业界从业者、理论研究者高度的理论自觉与无私的开拓精神。这部分内容也正是在今后工作中亟须克服的困难与跨越的险阻。

成绩属于历史，未来更需拼搏。随着市场经济体制改革的深化和现代企业制度的逐步建立，企业文化的研究与探索正面临着一系列新的难点和热点问题。科技革新带来的产品更新换代越来越快，现代商品中所蕴涵的文化含量越来越高，科技与文化在产业发展中的贡献率越来越大。主动应对市场发展带来的机遇与挑战，根本的制胜点在于重视智力、文化在企业管理、企业发展战略中的重要作用，明确理念先行、概念设计在企业文化建设中的重要地位，理清宏观经济政策、微观经济态势对于更新企业文化的指导作用，一以贯之地在企业生产、经营、营销、管理等各个环节中切实践行企业文化。在中共中央中部崛起的战略部署中，地处荆楚的湖北当仁不让地展现出了领跑者的魄力。我衷心希望湖北企业文化发展研究中心同各行业的企业文化研究者、企业界从业者携手并进，为文化强省、为湖北在中部率先崛起协同努力，再创辉煌！

　　是为序。

秦在东

华中师范大学企业文化中心主任、教授、博士生导师

湖北省企业文化促进会学术委员会主任委员

2013 年 3 月于武昌桂子山

目 录

总 报 告

理 论 篇

行 业 篇

案 例 篇

附 录

总报告

General Report

湖北企业文化建设概要：
成效、问题、对策

湖北企业文化研究中心　湖北省总工会

文化是民族的血脉，是人民的精神家园。加强企业文化建设已成为各国企业获取竞争优势，保持长盛不衰的战略选择。

一　企业文化建设势在必行

企业文化是在企业经营实践过程中形成的，被广大员工所认同并共同遵守的物质财富和精神财富的总和，包括企业核心价值观、经营理念、企业精神、企业制度、员工行为规范、企业标识、企业产品和服务以及企业形象等。自20世纪70年代以来，随着企业管理理论和实践的发展，企业文化越来越成为企业凝聚力和创造力的重要源泉，越来越成为企业核心竞争力的决定因素，越来越成为企业持久发展的重要支撑，构筑企业精神高地越来越成为企业和员工的共同要求。实践证明，一个没有自己独特文化的企业就是一个等待毁灭的企业。国内外市场环境的变化以及企业自身的发展对企业文化建设提出了迫切要求。

（一）从世界发展趋势来看，加强企业文化建设已经成为世界潮流

经济全球化是当今世界的一个基本特征。随着经济全球化的不断深入，全球范围内的竞争更趋激烈，竞争的内容也出现了新的变化。企业想要获得持续的发展，必须拥有自己的核心竞争力。目前，国外优秀的企业纷纷将企业文化作为整合企业要素的重要手段，用企业文化来改变人的观念和行为的做法变得越发普遍，企业文化作为推动企业快速发展的"引擎"日益受到重视。美国《财富》杂志曾指出，没有强大的企业文化，没有卓越的企业价值观、企业精神和企业哲学信仰，再高明的管理战略也无法成功。世界500强企业管理演变的历史也证明，那些能够持续高成长的公司，尽管它们的经营战略和实践活动总是不断地适应着变化的外部世界，却始终保持着稳定不变的核心价值观和基本目标，并善于不断给企业文化注入活力，这正是世界500强企业成功的深层原因。同时，随着公众对企业社会责任要求的不断提高，国际劳工标准进一步严格等问题的出现，企业文化的作用进一步凸显，企业文化成为企业应对市场竞争的有力武器。

面对世界企业日益重视企业文化建设这一时代发展趋势，国内企业尤其需要深化加强企业文化建设，因为，企业文化是企业持续发展的动力源泉，是企业核心竞争能力的重要组成部分，是企业提高管理水平、增强凝聚力和建设高素质员工队伍、促进人的全面发展的必然选择，也是企业融入世界经济发展链条，赢得发展先机的重要条件。

（二）从历史传承来看，加强企业文化建设是保证企业基业长青的成功之道

企业文化与企业生命力相互联系，相伴而生，文化强，则企业强，文化弱，则企业衰。从历史上看，湖北工商业发展史，其实就是一部企业文化的演进史。

先秦楚国的崛起，得益于楚国先民所铸就的楚文化精神以及"重商"的

文化传统。正是基于楚商文化的因素，楚国很早就形成了发达的商业与繁华的都市，并依此而走上了富国强兵的道路；明清以来，汉口就是中国四大著名商业名镇之一，楚商在全国也有一定的影响力。尤其是在1889年晚清重臣张之洞督政湖北以后，弘扬楚文化精神，继承楚国的重商传统，以"大商务"观，兴商学，开商智，鼓商情，减商负，集商力，由此推动了湖北工商业的快速崛起。一大批楚商，在"自强不息""敢为人先""兼收并蓄""报国爱国""笃实守信""浪漫玄幻"等楚文化精神的感召下，秉着科技救国与实业救国的理念，促进了近代湖北工商业的发展，使湖北成为近代中国洋务新政的三大中心之一，现代化水平居全国内陆城市之首，并产生了一批近代杰出的楚商及楚商品牌，如政治家兼实业家张之洞、地产大王刘歆生、纺织大王徐荣廷、水电火柴大王宋炜臣等都是当时极具影响力的楚商。汉阳制造业闻名全国，"汉阳造"成为当时最有影响的品牌。京汉铁路公司、汉阳铁厂、湖北枪炮厂、湖北布纱麻四局、汉口既济水电公司等一批楚商企业也快速崛起并闻名全国，开创了近代中国工商业发展的"湖北模式"。可见，一部近代湖北工商业发展史，实质上就是楚商及楚地企业不断弘扬楚文化与楚商文化精神的历史；现代新楚商要重新崛起，企业文化建设必须与时俱进，赋予企业文化以时代精神和特征。在20世纪的八九十年代，湖北工商业继续弘扬楚文化精神，曾经锐意进取，开拓创新，开当时风气之先，引领了经济改革发展初期的时代潮流。短短几年间，在这块曾经孕育过辉煌楚文化的湖北大地上，诞生了一批有影响的楚商企业与楚商品牌。湖北工商业发展的历史表明，湖北企业发展的兴衰与湖北企业文化的打造密切相关，优秀的企业文化促进了湖北企业的发展，是企业持续发展的源泉。

（三）从现实需求来看，加强企业文化建设是湖北跨越式发展的重要支撑

文化发展与地区经济社会发展紧密相连，湖北实现跨越式发展，离不开先进企业文化的强大支撑。党的十七届六中全会把文化强国作为国家发展的重要战略目标，为企业文化建设指明了方向。贯彻落实十七届六中全会精神，必须培育企业核心价值观，必须打造企业精神家园，必须提升企业文化软实力。深化文化体制改革，推动社会主义文化大发展大繁荣，离不开企业文化的大发展大繁荣。践行科学发展观，必须坚持以人为本，充分发挥人的作用，更加关注人的全面发展，以科学管理激发人的内在潜能，坚持经济建设、政治建设、文化建设、社会建设和生态建设的全面协调发展，实现企业和谐发展。湖北是中部地区重要的战略支点，湖北要赶超东部沿海地区，实现跨越式发展，首先要实现思想上、精神上和文化上的跨越。湖北拥有丰富的文化资源，文化底蕴深厚，文化人才密集，孕育了荆楚大地上一大批政治、军事、经济、思想、科学、文化等领域一流人才，逐渐形成了开拓进取、开放创新、敢为天下先的"湖北精神"。企业文化建设中，要将"湖北精神"融入企业核心理念中，鼓励企业奋起直追、敢为人先、弯道超越、后来居上，提升企业的核心竞争力。19世纪是武力征服世界，20世纪是品牌改变世界，21世纪是文化创造世界，湖北要在激烈的竞争中立于不败之地，不仅要比投资、比项目，更要比精神状态、比文明程度。当今世界，各国看似复杂的竞争背后，实际上是一场以文化为支撑的竞争。在新的历史时期，湖北应抓住机遇，努力塑造"文化之魂"，实现经济、社会、文化、科技领域的跨越式发展。李鸿忠同志指出当今时代已进入以文化定成败的阶段，我们要深刻认识文化建设的极端重要性，加强文化建设的责任感和紧迫感。

（四）从提升企业竞争力来看，加强企业文化建设是企业立于不败之地的不竭动力

当今世界，国际市场竞争环境正在深刻改变着企业的竞争格局，企业核心竞争力逐步由过去的以规模数量取胜转变为以价值质量取胜，从成本领先取胜转变为文化先导取胜，文化优势日益成为企业核心竞争力的关键要素。

国内外企业的成功案例表明，通过倡导企业精神和企业价值观，营造健康向上的企业文化氛围，对内能够凝聚人心，使企业员工统一思想，激发潜能，形成强大的合力；能够减少内耗、消除分歧，有效地防范和消除组织协作中可能产生的摩擦，达到提高企业凝聚力和亲和力的目标，最终实现内部资源的有效整合与企业竞争能力的提升。加强企业文化建设对外能够树立良好的企业形象，有效吸引社会资源，丰富品牌内涵，提升品牌价值，是促进职工全面发展，打造共同精神家园的有力保障。

二　湖北企业文化建设成效

改革开放 30 多年来，湖北企业开拓进取，以文化争先机，以文化求发展，企业文化建设取得了显著成绩。

（一）从认识上看，企业文化建设实现了从自发到自觉的转变，企业文化意识大大增强

随着经济体制改革的不断深化和市场化进程的大力推进，企业文化建设受到了社会各界的广泛重视，文化取胜意识深入人心，企业文化建设逐步实现了由自发到自觉的转变。

一是改变了过去认为企业文化建设是花架子、可搞可不搞的认识倾向。企业文化不是一种口号，也不是一项运动。企业文化是一种行为方式，更是一种导致行为方式的动因。企业文化既植根于所有的企业活动之中，又凸显于所有的企业活动之上。湖北企业在发展过程中逐渐认识到文化建设与管理的重要性，不再追求表面化、口号化、运动化的文化活动，而是将企业文化建设与现代企业管理紧密融合，将企业文化落到实处，推进企业改革发展。

二是改变了过去认为企业文化建设是领导者的事，与普通员工无关的认识倾向。企业文化建设是关乎企业大局和长远发展的战略举措，任何忽视企业文化建设的企业都不可能实现基业长青。企业文化是企业员工的思想观念、思维方式、行为方式、企业规范以及企业生存氛围的总和，它能够使企业员工把自身价值的体现与企业目标的实现结合起来，从而做到上下一条心。企业文化建设不仅需要最高领导者的正确领导，还有赖于企业全体员工的参与。唯有如此，企业文化建设才能不断取得新成效。

三是改变了过去认为企业文化建设是文化积累，而非主动建设的认识倾向。企业文化建设的根本目的，在于将它作为先进管理方式运用到企业管理之中。优秀的企业文化，不是一朝一夕或偶然形成的，通常需要较长时期的积淀才会逐渐呈现出来。但是企业员工自发形成的文化，往往与企业的发展战略、长远规划和制度设计有所差异，若放任自流，必然会对组织利益造成损害，影

响企业组织目标的最终实现。因此，通过有目的、有计划的组织行为，自觉地建设企业自身的主流文化，克服各类庸俗消极文化，是形成优秀企业文化的必经之路。

企业文化建设实现从自发到自觉的转变，出现了以东风汽车公司等为代表的重视企业文化建设实效、以文化建设推动企业创新发展的一批先进典型，形成了以湖北稻花香集团等为代表的坚持创业根本、注重文化传承的先进企业。

（二）从内涵上看，企业文化建设实现了从浅层到深层的转变，企业文化内容更加丰富

随着文化理论研究和文化实践的全面推进，企业文化的内涵更加深刻，各界扭转了过去对企业文化框架性、概念化的浅层理解，更加注重深层文化建设，不断充实企业文化的内容。

一是重视文化管理，将企业文化建设融入企业科学管理之中。企业文化建设不仅是现代企业管理的手段，更是现代企业管理的重要内容。制度规范、组织框架、领导艺术无不渗透着企业文化的精神。中国移动湖北分公司响应新时期战略发展需求进行文化管理，立足企业经营管理大局，通过实施价值观管理、示范工程推动、标杆管理体系应用三项基础工作，将企业文化建设与企业科学管理紧密结合，提升了企业核心竞争力。

二是重视人本管理，将企业文化建设融入以人为本之中。企业文化建设，既要在工作中重视人的发展和价值的实现，也应在工作之外关注人的思想和生活，全方位地体现以人为本的理念。只有坚持人本管理，吸引全体员工参与文化建设，才能真正形成有自己特色的企业文化。很多企业通过对员工的经常性教育与培训，建立了人才发展机制。企业精神、价值观、经营理念渗透于员工的价值体系中，激发出员工的工作热情、责任感、使命感，形成人才价值发挥机制。武汉邮电科学研究院既以"四有"职工队伍建设提升员工素质，又以业余文娱活动和职工关爱活动关心职工思想和生活，形成了独具特色的企业文化，增强了企业职工的凝聚力。

三是重视员工关系管理，将企业文化融入发展和谐劳动关系之中。在企业

文化建设过程中，湖北企业积极倡导"爱国守法、明礼诚信、团结友善、勤俭自强、敬业奉献"的基本道德规范，正确处理领导者与被领导者之间、体力劳动者与脑力劳动者之间、不同工种之间、劳资之间以及企业与国家之间的关系，使企业真正成为一个人际关系良好、劳动关系和谐、充满活力的组织。中铁十一局集团公司推进项目人本文化建设，积极参与驻地党政机关、社区组织的党建联动活动，使党工之间增进理解和沟通，促进了党工共建和精神文明建设，构建了和谐企业，赢得了社会好评。

（三）从载体上看，企业文化建设实现了从单一到多元的转变，文化建设阵地不断扩大

企业文化的载体不是单一的，而是多元的。企业文化既有物质的外显，又有精神的内核；既有制度的彰显，又有行为的表现。经过多年的探索，湖北企业文化新阵地不断得到开发，文化新元素不断得到挖掘，逐步形成了多形式、多渠道、创造性地推进企业文化建设的可喜局面。

一是以物质载体为基础，营造良好育人环境。企业通过基础设施、企业形象、产品和服务、企业生产环境等物质载体的建设，营造良好的育人环境，对人的精神状态产生了巨大影响作用。中印南方印刷有限公司在企业文化建设中强调对外必须树立良好的企业形象，必须以高质量的产品和服务赢得顾客的信赖，通过制作宣传标牌，使管理理念深入人心；通过质量管理体系建设让企业文化凝结在产品之中，最终在客户心目中树立起企业的良好形象，打造出"六〇三"和"中印南方"等知名品牌。

二是以精神载体为核心，塑造企业发展之魂。湖北企业在文化建设中注重归纳、总结企业核心价值理念和历史传承，充分发挥企业精神的导向、激励调节和凝聚作用，为企业发展注入了强大生机与活力。黄石供电公司打造企业与职工的共同愿景，以实现职企"双赢"为目标，大力倡导"企业以职工为本，职工以企业为家"的"二为"理念，促进职工"爱岗敬业、爱企如家"，在企业内部激发出一种职工与企业唇齿相依、共同奋进的动力。

三是以制度载体为保障，规范企业员工行为。企业通过切实可行的制度和措施，加强企业民主管理、科学管理，规范干部职工行为，步调一致，安全有

序，保证企业生产经营活动的正常运转。十堰顺强运业公司将企业文化建设蕴涵在制度建设中，较好地发挥了激励作用和制度保障作用，使"顺强特色"深入人心，打造出全国一流的出租汽车服务品牌。

四是以行为载体为引导，促进劳动关系和谐。企业通过宣传教育活动、文体活动、生产经营活动，注重培养团队精神，促进劳动关系和谐。中国农业银行湖北分行实施"四个制造"：制造激情、制造快乐、制造感动、制造幸福，使广大员工真正感受到"企业发展我受益，企业兴旺我荣光"，使职工切身感悟到企业的发展目标与个人价值的实现息息相关，进而产生文化的乘数效应。

（四）从覆盖领域上看，企业文化建设实现了从局部到全面的拓展，文化建设领域更加宽广

企业文化建设领域日益宽广，企业文化建设主体不断增多，由大企业大公司覆盖到小微企业，由国有企业覆盖到民营、港澳台等各种不同所有制企业，由发达地区覆盖到欠发达地区，由效益好的企业覆盖到效益差的企业，逐步形成企业文化大发展的可喜局面。

一是从企业规模上看，企业文化建设由大中型企业向小微型企业拓展。由于处于不同的发展阶段，企业文化体系较完善的主要是生产规模大、经营状况相对稳定、技术和资金实力较强的大中型企业。而处于快速发展时期的小微型企业主要关注的是经济效益和规模扩张，没有太多精力搞企业文化建设。

二是从企业性质上看，企业文化建设由国有企业向民营、私营企业拓展。国有企业由于其特殊性在企业文化建设上具有一定的领先性，而在知识经济迅猛发展、经济全球化日趋加剧和经济体制改革不断深化的新形势下，民营企业渐渐认识到企业文化建设对增强企业凝聚力、推动企业可持续发展的重要性。湖北曾越（冰姿）服饰有限公司一步步推出了"军队＋学校＋球队＋家庭"的管理模式，以军队式管理进行职业塑造提升执行力，以学校式学习进行观念引导提升学习力，以家庭式关怀进行氛围营造提升凝聚力，形成了有自己特色的企业文化。

三是从行业类型上看，企业文化建设由服务、窗口行业向生产制造等更广泛的行业拓展。服务、窗口行业直接面向顾客，企业更需把文化建设与企业形象塑造统一起来，吸引广大顾客，促进企业可持续发展。湖北蓝特集团公司创立了"以人为本创天下、以智为本先天下、以搏为本富天下"的蓝特"三本文化"，打造了年交易量突破340万吨、交易额达到220亿元的两湖绿谷农产品市场，成为全国十大农产品批发市场（综合类）之一。

四是从发展趋势上看，企业文化建设由文化沉淀较深的传统企业向新兴企业拓展。"百年老店"有着深厚的文化积累和积淀，经过数代人的建设，文化体系不断完善、形式多样、内容丰富。新兴企业创立时间短，文化积淀弱，但是并不意味着不需要进行文化建设。湖北很多新兴企业在借鉴"百年老店"文化建设经验的基础上，充分挖掘企业在创业过程中形成的企业家精神、艰苦奋斗的拼搏精神、敢为人先的创新精神，积聚资源，凝聚人心，汇聚力量。湖北赤壁华盛纺织有限公司一直致力于企业文化建设和创新，培育了职工健康向上的情操，为企业精神注入了新的内涵，既维护了企业与员工的和谐关系，又有力促进了企业的快速发展。

（五）从机制上看，企业文化建设实现了从单一推进到整体的联动，机制更加完善

企业文化各要素间相互联系、相互促进。依靠单一性的运作机制推动企业文化建设是难以成功的。经过多年的探索与实践，湖北企业文化建设实现了过去由企业工会单一推进到现在的企业、党政、社会的整体联动，企业文化建设的良好格局初步形成。

一是企业主导作用体现。企业在思想上正确对待，行为上主动建设，充分发挥了企业文化建设的主体作用。湖北部分企业已经成立了负责企业文化建设的职能部门，其中有的企业还专门设立了企业文化办公室，负责企业文化建设的研究、指导、协调和实施。武汉公交集团第五营运公司专门成立企业文化建设推进委员会，组织实施了《公司企业文化建设发展规划》，建立安全、服务、保修、勤廉、团队、执行六大子文化管理与推进体系，形成了职责明确、系统联动、齐抓共管的组织管理模式，保证了企业文化建设各项举措的落实。

二是社会支持作用体现。企业文化是社会文化的一个组成部分，社会文化是企业文化的基础，企业文化是社会文化的延伸。湖北各界开展了形式多样的文化活动，为企业文化建设创造了良好的社会氛围。湖北各大媒体、大专院校、研究机构、文化单位、群团组织、社区等单位广泛参与、献计献策、营造氛围，为湖北企业文化建设提供了强大的社会支撑。

三是政府引导作用体现。一方面，政府通过不断深化体制改革，为湖北省企业文化创新提供了广阔的发展空间；另一方面，政府通过政策和舆论导向，倡导积极向上的企业精神和文化理念，鼓励企业文化创新，构建和谐劳动关系，增强员工的归属感，促进了企业文化的大发展。近年来，湖北省总工会在省委省政府的领导和指引下，企业文化建设取得显著成效。

（六）从功能上看，企业文化建设实现了从单一到多样的转变，文化建设作用凸显

企业文化作为营造良好的内外部环境、追求更高综合效益、提升企业竞争力的管理哲学，其功能被越来越多的企业所重视。企业文化的导向、约束、凝聚、激励、辐射作用在湖北企业的成长与发展中得到进一步彰显。

一是重视企业文化的导向功能，发挥其指引作用。企业以经营哲学、价值观念和企业目标为指引，指导员工采用科学的方法，对事物的评判形成共同的价值目标。武钢在企业文化建设中突出社会主义核心价值体系的宣传教育，坚持唱响"工人伟大、劳动光荣"的主旋律，连续几年深入开展以"落后遭淘汰、创业促发展"为主题的形势任务教育活动，引导职工筑牢正确的价值取向，最大限度地发掘了职工的智慧，凝聚了职工的力量，促进了职工队伍素质的全面提升。

二是重视企业文化的约束功能，发挥其规范作用。企业以有效的规章制度和道德规范约束企业领导者和职工的行为，形成了企业发展的合力。湖北荆门供电公司着重建立和完善有利于企业核心价值理念转化的机制，将企业的价值理念和文化建设的核心内容融入规章制度并严格执行，使全体员工既有价值观的导向，又有制度的约束，促进了企业共同目标的实现。

三是重视企业文化的凝聚功能，发挥其团结作用。职工视企业为利益共同体、事业共同体、命运共同体。"企兴我荣、企衰我耻"成为职工发自内心的真挚情感，"爱企如家"变成了职工的实际行动。企业形成了一种团结友爱、相互信任的和睦气氛，强化了团体意识，构建了和谐的劳动关系，增强了职工的凝聚力和归属感。湖北齐星集团坚持人才发展观，构建学习型企业文化，员工的精神面貌得到较大改观，团队意识大大增强，干部职工工作热情明显高涨，企业的凝聚力和向心力显著增强，为公司科学发展、跨越发展提供了不竭的动力源泉。

四是重视企业文化的激励功能，发挥其鼓舞作用。自我价值的实现是人的最高精神需求，这种需求的满足能形成强大的精神动力。良好的企业精神和企业形象对企业职工起着极大的鼓舞作用，企业职工可以感受到自己的存在及行为对企业的价值，从而产生强烈的荣誉感和自豪感，并加倍努力用自己的实际行动去维护企业的荣誉和形象。劲牌公司以劲牌文化活动为互动方式，走进车间、市场，进一步贴近员工工作与生活实际，不断挖掘出公司内部（重点是基层）的年度优秀人物或团队，树立正面典型，起到了积极的示范带头作用。

五是重视企业文化的辐射功能，发挥其影响作用。企业文化是企业的无形资源，能够塑造企业形象，并通过各种渠道对社会文化产生深刻的影响。稻花香集团在发展过程中不断凝练和提升自身所独有的企业文化，并通过卓有成效的文明创建工作，将其变成全体员工的价值观和精神追求，为企业发展输出文化动力，为百年品牌奠定文明之基。稻花香精神文化不仅成为全体稻花香人的精神共识，更在全社会引发强烈反响，深刻影响着龙泉精神、夷陵精神乃至宜昌精神的形成。

应该看到，湖北省企业文化建设取得的成绩是显著的，但与国外优秀企业相比，与湖北省经济发展对企业文化的要求来看，还存在一些不足，如在文化理解上还存在简单化现象，在文化设计上还存在教条化现象，在目标取向上还存在功利化现象，在文化内容上还存在同质化现象等。正视并有效解决这些问题，是推进体现时代精神的特色企业文化建设，加快湖北企业科学发展、跨越式发展的迫切需要。

三　湖北企业文化建设路径选择

企业文化是整个社会文化大系统中的一个重要组成部分，而企业文化本身又是一个微观子系统，包含的内容非常丰富，既有物质层面的，也有精神层面的。企业文化的形成是一个长期的渐进过程，不能一蹴而就，因此积极探索企业文化建设的规律，进行企业文化体系建设的战略思考，构建符合时代需要、符合现代企业需要、符合企业个性化需要的文化体系，是企业推进文化建设的首要任务。

（一）确立以科学发展、和谐共赢为主导的企业文化目标取向

以邓小平理论、"三个代表"重要思想及科学发展观为指导，贯彻落实党的十七届六中全会精神，以提升企业文化活力和社会影响力为主线，以打造楚商文化为特色，以增强企业凝聚力和职工归属感，打造利益共同体为出发点和落脚点，以丰富文化产品、文化活动为重点，创新企业文化建设的体制与机制，建立与市场经济相适应、符合现代企业制度、适应企业和职工共同发展需求的特色鲜明的湖北企业文化体系，营造浓厚的重商氛围，为促进企业实现科学发展提供强有力的精神动力、思想保证和文化支撑。

（二）坚持以人为本以开拓创新为根的企业文化建设原则

1. 指引方向，引领发展

文化是制度之母，包含着对行为标准的价值判定。特定的企业文化为企业重大决策问题指引方向，提供精神动力和思想基础。企业文化建设需要顶层设计、总体规划、一体化运行。企业要把企业文化建设纳入企业发展总体规划，与企业总目标、发展战略结合起来，引导企业把加强企业文化建设作为解决战略发展问题的抓手。

2. 以人为本，全员参与

职工是企业文化建设的参与者，影响着企业文化活动的实施方式与效果。企业要尊重职工的首创精神，激发职工参与企业文化建设的热情，鼓励支持职

工开展文化创新活动；要加强人文关怀和心理疏导，塑造职工健康人格；要完善公共文化服务体系，满足职工文化需求，促进职工与企业文化建设的全面发展、共同进步。

3. 特色鲜明，符合主流

企业文化要体现地域特点、行业特点、企业特色，使职工感到企业文化既是本行业所特有的精神状态的真实写照，又是本企业所具有的独特气质的完整体现，从而起到鼓舞士气、激励斗志、形成良好精神氛围的作用。要努力形成既与湖北主导文化一致，又具有企业特色的企业文化体系，促进企业全面、协调、可持续发展。

4. 继承传统，开拓创新

文化需要传承，更需要创新。在企业文化建设中，既要尊重历史，继承优秀传统文化，又要从实际情况出发不断开拓创新。要增强文化创新意识，建立有利于文化创新的体制机制，培养创新型人才，营造文化创新氛围，积极借鉴国内外优秀企业文化成果。

5. 统筹兼顾，整体推进

企业文化建设要与企业经济活动、社会活动统筹兼顾，与企业党组织的各项工作统筹兼顾。逐步形成各级党和政府主管部门宏观指导，企业党组织、决策层、经理层自觉推进，全体职工共同参与，学术、科研单位、高等院校提供理论支撑，社团、中介机构进行咨询服务、技术指导的企业文化建设格局，营造全社会推进企业文化建设的良好氛围。

（三）建设以共同价值观和企业精神为核心的企业文化体系

1. 凝练企业理念和企业精神，提高企业文化理解力

企业理念和企业精神是企业文化的核心内容，确定企业文化理念和企业精神是企业文化建设的首要任务。

企业理念要得到职工的理解、认同，对职工产生激励作用，需要做好以下工作：一是分析企业的定位，明确企业愿景。很多企业在进行愿景设计时，目标过空、过大，不切实际，主要原因就是缺乏对企业的准确定位，也因此导致企业的愿景不明确。二是分析企业经营特色，提炼企业价值观和企业精神。企

业自身的经营特色是企业价值观形成的基础。要避免企业精神文化的雷同现象就必须突出企业的经营特色。三是分析企业的文化特色，探求企业需要什么样的文化。湖北祥云集团在长期的文化积累中，形成了"温馨的家园文化"的文化特色，这种家园文化特色体现在企业文化建设中，对客户是一种大家庭文化，使企业具有亲和力、吸引力和形象力；对职工是一种小家庭文化，使职工产生了一种归属感、自豪感和荣誉感。四是建立企业的长远规划，将文化建设纳入企业的发展战略。企业文化建设是一个持续发展培育的过程，建设企业文化应该有总体设计，企业在制定经营发展战略时，一定要包括文化的发展战略，要把企业精神作为文化建设的核心内容，使企业的文化建设有持续性，得到不断的累积，避免企业因为领导者的改变而不断变更自己的企业文化精神。

2. 构建企业核心价值体系，打造企业文化竞争力

企业核心价值体系，是统领整个企业文化建设的核心部分，是体现企业领导集体意志、员工普遍认同的基本价值观念体系。企业核心价值体系构建包括明确使命、规划愿景、提炼企业精神、确立核心价值观和提出与企业管理职能相匹配的相关经营管理理念等。企业核心价值体系的构建要以自身的历史文化为基础，以企业发展中的现实问题为导向，以企业未来发展战略为依据；要加强中国特色社会主义理论教育，形成政治认同和思想共识，增强对中国企业发展模式、发展理念、发展目标、发展方式的认同；要组织职工深入学习领会科学发展观的内涵和精神实质，学习领会转变经济发展方式、促进科学发展的重要意义，增强促进企业科学发展的自觉性和坚定性；要加强形势任务教育，增强职工完成新任务、应对新挑战、实现新发展的信心和力量；要加强职工思想道德教育，树立社会主义荣辱观，自觉抵制和清除西方腐朽文化的侵蚀，消除封建落后文化的影响。确立企业核心价值体系时，领导必须持续倡导以树其威，摒弃惯性思维以浚其流，端正价值取向以正其航，加强研究宣传以厚其风，强化制度牵引以领其行，树立企业英雄以摄其魂，健全执行系统以彰其效。

一是领导持续倡导。领导亲自倡导企业核心价值观，有利于强化上下一致的执行力。同样重要的是，企业必须坚持多届领导班子长期持续倡导，不能朝令夕改，否则会搅乱员工的思想意识，让员工丧失坚持的信念，耗散核心价值体系的效力。国内外企业文化建设成功的企业，无一不是企业领导坚持不懈地倡导相对稳定的核心价值观的结果。

二是摒弃惯性思维。惯性思维是路径依赖的重要思想根源，是企业科学发展、和谐发展的巨大障碍，也是企业核心价值观落地的最大障碍。我们必须不断积极推动思想大解放，坚定决心与惯性思维告别，尤其要强化"五种意识"：树立团队意识，摒弃自得自满的惯性思维；树立忧患意识，摒弃故步自封的惯性思维；树立开放意识，摒弃自我封闭的惯性思维；树立创新意识，摒弃因循守旧的惯性思维；树立规则意识，摒弃心存侥幸的惯性思维。

三是端正价值取向。企业价值取向是企业核心价值体系中最接近员工普遍思想认识水平，最具直接现实指导价值的观念范畴，必须遵循价值架构和思维生成的一般规律，将端正价值取向置于企业核心价值体系建设的优先位置。各级领导干部要率先垂范、身体力行、大力倡导、自觉践行企业价值取向。企业管理中要强调价值论优先于认识论、认识论优先于方法论，将企业价值取向固化于各项管理制度和工作规范之中。要按照企业价值取向的本质要求，建立健全企业责任追究体系，强化考核评估、激励奖惩和责任追究的作用。

四是加强研究宣传。企业核心价值体系只有被广大员工普遍接受和掌握，并转化为群体意识，才能为人们所自觉遵守和奉行；必须深入进行企业核心价值体系的本土化研究和普及性宣传，形成强势舆论和主导舆论，做到深入人心、耳熟能详、身体力行；必须深入调查企业所有利益相关者的思维走向和利益诉求，不断丰富完善企业核心价值体系的内涵和外延，不断优化企业核心价值体系的理论结构和实践要求等要素；必须充分运用各种手段，深入开展企业核心价值体系宣传普及活动，把企业核心价值体系普及纳入员工教育培训计划、融入员工思想道德教育之中。

五是强化制度牵引。制度具有根本性、稳定性和长期性。制度的冲突本质上是价值观的冲突，制度的缺失也是价值观的缺失。制度建设必须以企业核心价值体系为基准，体现核心价值体系的本质要求。管理者要高度重视企业制度建设在企业核心价值体系建设中的重要地位和作用，将制度建设作为企业核心价值体系建设的经常性手段，将企业制度文化建设作为企业核心价值体系建设的重要依托。执行制度时要避免双重标准，坚持制度建设和制度执行的同一性和统一性。

六是树立企业英雄。时代需要航标，思想需要先导，企业需要榜样。企业英雄是企业价值观的人格化，是践行企业核心价值体系的杰出代表。学习宣传突出的先进典型，树立企业英雄，是企业核心价值体系建设的有力抓手。企业要把体现核心价值体系的本质要求，作为选择和确定先进典型的基本标准；要重视宣传企业共生英雄和情势英雄，重点宣传其将科学先进的个人价值观付诸企业构造，使之为企业确立发展方向和构建思想体系做出贡献；要重视总结、提炼、升华先进典型的文化共性，以企业仪式、企业故事等方式固化其共同价值观。树立企业英雄既可以丰富企业核心价值体系的内涵，又可以放大企业核心价值体系的文化效应。

七是健全执行系统。企业核心价值体系倡导的价值观要真正落地，最终要依托员工的生产生活实践。执行是企业核心价值体系建设的生命，必须树立执行意识，健全执行系统，建设执行文化。必须牢固树立"现在就开始执行"的观念，结合推行绩效管理，建设以业绩、责任和执行为基本内容的执行文化，实现执行文化与绩效文化优势互补、共生共荣。

3. 选择多元企业文化的载体，凸显企业文化感染力

企业文化的载体是企业文化的表象，是企业文化建设体系的重要组成部分。要进一步推进企业文化建设，必须不断丰富活动载体。

一是以生产经营和管理活动为载体。企业要以创建资源节约型、环境友好型、本质安全型企业为目标，积极履行社会责任，以促进企业发展与社会、资源、环境相协调为重要内容，开展企业文化建设；要严格遵守法律法规，贯彻先进的技术标准和管理规范，建立健全各项管理标准和制度，改进生产工艺和流程，优化产品和服务，努力打造中国企业品牌；要将企业文化建设寓于企业各项管理活动之中，通过组织职工参与民主管理，教育广大职工遵纪守法，敬业奉献，养成良好行为习惯，形成和谐的企业氛围。

二是以企业文化资源阵地为载体。企业要准确记载企业历史，编写好厂史、厂志、大事记。抓好厂史教育，使新职工了解企业历史、光荣传统、优良作风、英雄模范事迹；搞好厂史纪念活动，深化厂史事件、人物的研究，加强厂史遗址保护，搞好纪念场馆建设，并使之成为教育基地。厂史遗址及有关文物资料是中华民族物质和非物质文化遗产的重要组成部分，企业必须精心抢救、保护，把遗址保护利用与发展工业旅游结合起来；进一步加强、规范企业精神教育基地和企业文化建设示范基地建设，使中国企业的文化资产代代相传、保值增值。

三是以品牌为载体。品牌是文化的载体，文化与品牌形影相随，企业文化至高的境界是品牌，品牌至高的境界是文化。企业未来的竞争既是品牌的竞争，更是品牌所代表的文化的竞争。品牌是企业文化的标志，包括企业文化的方方面面。企业要通过产品、品牌将企业文化传播给消费者和全社会，对内增强凝聚力，对外增强竞争力，努力将企业文化效益转化为市场效益和经济效益。

四是以群众性精神文明创建活动和文体活动为载体。企业要积极创建文明单位，开展创建学习型组织、普及科技知识，开展岗位练兵、劳动竞赛，利用各种活动增强职工对企业的归属感。企业要大力选树先进典型，宣传先进模范事迹，激励广大职工在企业改革发展中建功立业；要充分利用文化体育场所等各种企业文化设施，发挥摄影、书法、美术、文学、体育等各种业余文化社团的作用，组织开展丰富多彩、群众喜闻乐见、健康向上的业余文体活动，陶冶职工情操，提高职工文化素养。

五是以平面媒体和网络为载体。企业要充分利用和发挥企业报纸、电视、网络等媒体的作用，积极拓宽企业文化建设的渠道，加强企业文化阵地的建设，广泛宣传企业文化，扩大企业文化的有效覆盖面，增强企业文化建设的影响力。

4. 完善企业制度建设，增强企业文化凝聚力

企业制度是企业全体员工在生产经营过程中须共同遵守的规定和准则的总称。科学、规范的制度体系是全面推进企业文化建设的重要保证。企业制度建设必须以企业核心价值体系为基准，体现核心价值体系的本质要求。企业制度与企业文化理念应保持高度一致。企业制度建立是否科学，关键在于企业制度在制定和执行过程中是否存在与企业文化理念相违背的问题。同时企业制度是否达到了预期的控制目的和效果，也是衡量企业文化建设的重要指标。企业制度的健全、规范和完善，有助于通过制度将企业倡导的精神、价值观和行为模式体现出来，并借助制度来引导和约束员工的行为，使员工能够在制度的规范下，自觉地按照正确的价值观和行为准则来要求自己。

加强企业制度文化建设，要以职业道德教育特别是诚信教育和建立学习型组织为基础，制定和完善符合企业理念和企业实际的各项管理制度、操作规程、企业标准和工作职责，把企业文化的基本理念体现于企业生产经营管理的各个环节中。企业要制定和完善员工的仪容仪表、工作程序、交往礼仪、职业道德等行为规范，把企业文化的基本理念体现于员工的日常行为之中；制定和完善企业仪式、节日活动以及文体活动的制度和规范，把企业的基本理念通过各类活动展现出来。

5. 塑造良好企业形象，提升企业文化影响力

企业形象是企业内部员工和企业外部公众对企业的认识、感受和评价，是企业文化的外在表现形式，是企业无形资产的重要组成部分。企业形象是企业内在的各种文化信息所形成的凝聚力、创造力、吸引力和竞争力的综合体现。企业的总体布局、内外环境和设施，企业的名称、品牌、厂歌、厂徽、商品包装和展示，以及企业员工的服装、仪表、言谈都需要精心设计、构建和规范，使之对内凝聚职工，对外给公众特别是客户留下美好印象。企业员工的形象和企业产品是企业形象中最重要的组成部分。企业应以先进的思想教育人，用健全的制度规范人，用良好的机制监督人，塑造企业职工在市场竞争中的完美形象。名牌产品，是更高层次、更完善的企业形象。企业实施名牌战略，创建名牌产品，是增强企业竞争力的重要手段。

6. 构建企业文化评价体系，强化企业文化推动力

企业文化建设的过程是一个调研、诊断、决策、计划、实施、监督、评价等不断循环的过程，一个阶段的建设过程结束后，需要对成绩和效果进行相应的评价，从中吸取经验和教训，为下阶段的文化创新、文化管理循环提供依据、打好基础，从而不断提高企业文化建设的水平。建立企业文化评价体系，在整个企业文化建设中是一项举足轻重的工作。没有科学的企业文化评价体系，就不能保证企业文化建设沿着健康向上的方向发展。

企业文化建设涉及面十分广泛，为了客观、全面、科学地衡量一个企业文化建设的水平，企业在研究和确定评价指标体系时，应遵循导向性、整体性、科学性及可测性原则；采用定性与定量相结合的办法，从对企业文化最本质的描述中，抽取能够使企业文化得到充分发挥的要素作为评价指标，结合企业实

际，设计企业文化评价体系。企业要按照企业文化各层次之间的作用关系，从精神层开始评价，然后到制度层、行为层，最后再到物质层。

精神层即企业的精神文化，包括企业精神、企业价值观、企业哲学和企业道德等内容，是企业意识形态的总和。精神层的评价，可以从企业精神、企业经营哲学和企业道德三个方面来细化指标。企业精神是一种群体意识，是员工现代意识与企业个性相结合的精神体现。这种群体意识有强烈的凝聚力、感召力，最终成为引导企业员工积极前行的灵魂。企业经营哲学是企业在处理人与人、人与物关系时形成的意识形态和文化现象。企业道德是企业文化的社会责任，主要包括企业对社会应承担的责任和员工的职业责任。

制度层即企业的制度文化，主要包括企业领导体制、组织机构和管理制度三个方面。制度层的评价，可以从企业领导体制、组织机构和管理制度三个方面来细化指标。企业领导体制是企业领导方式、领导结构、领导制度的总和，是企业制度文化的核心。组织机构则是企业文化的载体，是企业为了有效实现企业目标而筹划建立的企业内部各组成部分及其关系。企业管理制度是实现企业目标的有效措施和手段，是企业在进行生产经营管理时所制定的起规范保证作用的各项规定或条例。

行为层即企业的行为文化，包括经营活动、教育宣传活动、协调人际关系的活动和各种文娱体育活动等。它是企业经营作风、精神面貌、人际关系的动态体现，也是企业精神、企业价值观的折射。行为层的评价可以从企业形象、企业作风和企业行为三个方面来细化指标。企业形象是指企业在社会公众心目中留下的印象。企业作风是企业文化的外在表现，是企业成员在生产工作、经营管理、人际交往中自觉流露的一种特定的风格和行为模式。企业行为主要分为企业家行为、企业模范人物行为和企业员工行为。

物质层即企业的物质文化，是由企业员工创造的产品和各种物质设施等构成的器物文化，是一种以物质形态为主要研究对象的表层企业文化。企业生产的产品和提供的服务是企业物质文化的首要内容，企业的生产环境、企业建筑、企业广告、产品包装与设计等，都是企业物质文化的主要内容。物质层的评价可以从企业产品、经营目标和企业环境三个方面来细化指标。企业产品包括满足消费者需求的任何有形或无形产品。企业的经营目标考核指标包括那些可以具体衡量的以社会公众满意度为标准的社会效益指标。企业环境包括企业外部环境和内部环境，以企业内部环境为重点。

（四）统筹兼顾，协调发展，正确处理六大关系

1. 长期发展与短期盈利的关系

企业文化是维系企业持续发展的原动力，是企业百年不衰的源泉。企业文化的形成是企业员工在长期生产经营活动中逐渐探索、积淀下来的核心价值观和理念，是企业历经多年形成的习俗和礼仪、制度规范，是企业上下长期遵守的行为准则。企业文化的形成需要长期的打造，先进的企业文化一旦形成，必将成为企业利润之魂魄、发展之源泉。打造先进的企业文化，我们要避免短视行为，企业要正确处理好企业长期发展与短期盈利之间的关系：一是要长期培育，优秀企业文化的形成需要几代人的努力；二是持续坚持，企业做到有信念不难，难的是能否在复杂的环境下把持住自己的信念。

2. 文化建设与生产经营的关系

有人认为企业文化建设是"虚"的东西，喊一喊口号，贴一贴标语而已，企业可以把这些"虚"的东西搁置一边，着重抓好生产经营，这才是"实"，才是需要投入大量人力物力来完成的工作，企业文化建设中存在着"两张皮"的现象。事实上，企业文化建设与生产经营在企业的发展过程中同等重要，二者不可偏废，企业文化建设对企业生产经营具有巨大的推动作用。美国学者约翰·科特就企业文化建设对企业经营业绩的影响及它们之间的关系进行了专门研究，结果表明，重视企业文化建设的公司的总收入平均增长率、公司员工收入增长率、公司股票价格增长率和公司净收入增长率，分别为682%、282%、901%和756%，不重视企业文化建设的公司这几项增长率，则分别是166%、36%、74%和1%。因此，在企业发展过程中我们既要抓好生产经营，又要搞好文化建设。

3. 文化建设内容与形式的关系

企业文化建设是内容与形式的统一。企业文化的内容是外在形式的依托与精髓，企业文化的形式是内容的具体表现，没有丰富形式的文化是僵化的文化。然而，在当前的企业文化建设中，有些企业只重视表层文化建设，忽视深层文化

建设，只重视制度文化建设，忽视精神文明建设，只重视文化形式建设，忽视文化形式与文化内容的统一，文化形式与文化内容严重脱节。只有表里如一、言行一致、知行合一的企业文化才是优秀的文化，才能使企业兴旺发达。

4. 管理者与员工参与的关系

有人认为企业文化就是老板文化。这从另一个侧面反映了企业经营管理者在企业文化建设中的主导作用，事实上，企业文化建设离不开管理者的推动与广大员工的参与。企业经营管理者是企业文化建设的战略谋划者、决策者、指挥者与推动者。企业经营管理者的思想、价值观和经营理念影响着企业的生存与发展。企业文化建设中要充分重视企业经营管理者的主导作用。员工是企业文化建设的创造者、执行者和受益者，只有员工把企业的核心价值观、经营理念和企业精神内化为自己精神的动力、行动的指南后，企业文化建设才是可持续的。

5. 文化继承与文化创新的关系

优秀的企业文化是经历较长的时期积淀下来的，在此过程中既要继承本企业优秀的历史文化，又要善于吸取传统文化的精髓，同时要与时俱进，根据时代要求及企业活动的内容、范围，不断赋予企业文化新的内涵，不断创新企业文化的内容与形式，打造符合时代和企业特征的企业文化，突出企业文化的个性，培育文化的亮点与特色，不断提升企业文化的品位。

6. 本土文化与外来文化的关系

文化具有开放性。优秀文化都是本土文化与外来文化的有机融合。在企业文化建设中，既不能固守本土文化，排斥外来文化，妄自尊大，又不能崇洋媚外，妄自菲薄，丧失文化自信。我们要在进一步挖掘、发挥楚商文化优势的基础上，吸取省内外、国内外文化的精华，扩大企业文化的影响力。

四 湖北企业文化建设政策建议

企业文化是一项复杂的系统工程，也是企业的一项长期工作，不是仅靠领导或几个部门推动就能完成的，需要政府、企业、社会及员工的共同参与，要健全"企业主导、政府引导、社会支持、员工参与"的工作机制，扎实推进企业文化建设。

（一）加大资金投入，增强政府推动力

文化是一个国家、一个地区的软实力，繁荣发展企业文化是各级政府义不容辞的责任。各级政府要高度重视企业文化建设，用社会主义核心价值观引领人，用伟大事业凝聚人，用先进典型感染人，用现代科技武装人，激发全社会共谋发展、忠诚敬业、诚信守法、牺牲奉献的高尚品质。要服务先行，依法行政，探索企业文化立法，从法律上规范和保障企业文化有序健康发展，营造有利于企业文化大发展的良好环境。

坚持政府主导，加大文化基础设施建设的投入，完善公共文化服务网络，让群众广泛享有免费或优惠的基本公共文化服务。设立企业文化发展专项基金，加大企业文化的资金支持力度。减免用于企业文化建设的税费，把企业文化建设费用列入生产经营的成本开支。

准确把握企业文化的新情况新问题，不断创新，对不同的企业实行分类指导。统筹推进境内外企业文化建设，搭建企业文化交流的平台，组织企业文化高峰论坛，做好各种企业文化的信息服务。在不同行业、不同地区、不同性质的企业中，选择典型企业，积极开展企业文化的试点工作，不断总结和提炼，逐步把好的做法推广到全社会。出台优秀企业文化的评价标准，引导企业用先进的理念和时代精神建设企业文化。大力开展企业文化品牌推广活动，评选、表彰一批优秀的企业文化品牌，充分发挥其引领及示范作用。

（二）发挥企业主体地位，增强企业文化凝聚力

企业是优秀文化的缔造者，也是优秀文化的受益者。当今社会，优秀企业文化已成为标杆企业的代名词，没有一流的企业文化，就没有一流的企业。企业是构建优秀企业文化的主体。企业要组织力量开展企业文化的调查研究，制定企业文化发展规划，提炼企业发展愿景，总结企业文化的发展规律，确立体现企业愿景和独特性的核心价值观，确立传承企业历史、体现民族精神和改革创新意识的企业精神。

要增强企业文化与生产经营的融入度。企业要把企业文化核心价值观和企业精神纳入企业战略体系，转化为各级领导和广大员工的业绩标准；把核心价

值观和企业精神贯穿到日常的经营和管理决策中，强化先进文化的决策导向功能、行为规范功能、开发培训功能。企业要导入 CIS 企业形象统一识别系统，进行企业文化建设项目的具体设计；注重企业历史教育，加强和规范企业精神教育基地和企业文化建设示范基地建设，充分发挥各种文化资源的文化传承和传播作用；要充分认识企业文化建设的长期性，注重先进文化的点滴积累；要通过坚持不懈的努力，使先进文化内化为企业各级领导和广大员工的自觉行为。

各级工会组织在企业文化建设中大有可为，要充分发挥工会在活跃职工文化、引导职工思想方面的积极作用；要重视工会网络建设，确保导向正确；要加快工会"职工书屋"建设步伐，打造工会文化服务品牌；组织开展形式多样的职工文体活动，把优秀文化产品、文化活动送到职工聚集处，增强企业文化的凝聚力。

（三）汇聚社会力量，加大舆论引导力度

高度重视各种力量、各类资源在企业文化建设中的合力作用，增强优秀企业文化的感召力，在全社会形成关注企业文化、参与企业文化、促进企业文化的良好氛围。企业文化的主管部门、企业领导、有关社团要充分认识企业文化建设的重要性，制订建设计划，加强组织领导。企业要主动争取政府主管部门、科研单位、高等院校等社会各界的大力支持，加强沟通与协作，凝聚全社会的力量；要处理好企业和所在地区的关系，协调好企业与所在社区的利益；坚持以人为本，充分发扬民主，广泛听取群众意见，充分发挥员工能动作用。企业要统筹企业利益与员工利益、眼前利益与长远利益，实现多方利益和谐共进、共谋发展的局面；鼓励社会力量参与企业文化建设，投资建设员工文化活动场馆，经营文化娱乐项目，开展文化咨询服务；逐步形成政府部门宏观指导、企业各级管理者各司其职、员工积极参与、学术团体和高等院校献计献策、社团组织和中介机构服务大力支持的企业文化建设大格局。

加大企业文化的宣传力度，综合运用境内外各种媒体资源，统筹用好传统媒体与现代媒体、境内媒体与境外媒体、纸质媒体和电子媒体、掌上媒体与远程媒体，充分发挥不同媒体在传播先进文化中的独特作用。企业要向全社会和跨国企业所在地积极传播我国社会主义核心价值观，宣传先进的企业经营理

念，体现企业负责任的社会形象，扩大企业品牌影响力，以文化建设助推品牌建设，以品牌建设促进文化发展。

（四）深化企业文化研究，加强人才队伍建设

加强企业文化发展规律研究，以理论创新推动实践创新。企业要组织专家和学者开展企业文化发展规律的专题研究，深入企业第一线，在调查研究的基础上，总结提炼企业文化建设的一般规律、发展路径、方法和手段，从理论的高度解读企业文化现象，为企业文化大发展提供源源不断的理论营养。企业要积极开展对本企业文化特色的研究，增强企业文化发展的针对性；围绕我国境外企业文化研究这一薄弱环节，鼓励开展境内外企业文化的比较研究，总结提炼境外企业文化发展规律；加大对企业文化研究的投入力度，设立企业文化研究专项基金。

人才是企业文化建设的基础和归属。企业文化大发展，需要一支用现代管理思想和改革创新意识武装起来的企业文化领军人才队伍，需要一支敬业爱岗、团队合作、理论素养高、专业知识扎实、工作能力强的企业文化专兼职队伍，需要数以千万计的诚信守法、勤劳敬业的高素质员工队伍。企业要表彰那些立足岗位、连续工作10年、20年、30年不离不弃的老员工，使企业和职工成为同甘共苦的利益共同体；要加大培训力度，推进企业文化工作者职业化的进程；要重视企业经营管理骨干对企业文化基本理论和基本技能的学习，开阔他们的视野，拓宽他们的思路，提高他们的工作水平。企业要加强员工职业道德和优秀人格的培育，发挥工会大学校的作用，不断提升职工整体素质；要重视工会文化事业单位高层次领军人才和高素质人才队伍建设，着力加强基层工会文化人才队伍建设。创建学习型组织，培育浓郁的学习氛围；统筹推进在职培训和脱产培训。组织企业文化工作者到先进企业和发达地区学习、考察，开阔视野；强化境外企业员工出国前的培训，组织各种经验交流会，拓宽思路；要稳定职工队伍，使企业和职工成为同甘共苦的利益共同体。

（五）加强组织建设，完善体制机制

加强企业文化的组织建设，完善企业文化建设与管理的体制机制，是企业文化落地生根的根本保证。加强对企业文化建设的领导，董事长、党委书记、

总经理要站在促进企业长远发展的战略高度重视企业文化建设，要对企业文化进行系统思考，出思路、出对策，确定本企业文化建设的目标和内容，提出正确的经营管理理念。企业建立以企业文化部门为核心，各职能部门按照职责分工协同推进的工作机制；加强对企业文化建设的科学管理，形成从调研诊断、规划决策、组织实施、检查监督到考核评价的工作标准和管理机制，加强企业文化建设的组织、计划、实施、总结等各项工作，确保各项制度和计划有效落实；坚持党对企业文化工作的领导，把党建工作有机融入企业文化建设，用先进理念指导企业文化工作；充分发挥工会、群团组织在企业文化建设中的作用，形成文化发展的合力，相互促进。

建立企业文化建设的评价标准。各企业根据实际制定企业文化的考核办法，把企业文化纳入领导班子的考核项目。企业领导要研究企业文化建设分行业、分地区、分类别的建设标准和发展规划，通过听汇报、开座谈会、现场考察等形式进行分项检查、分类指导，组织企业文化建设工作的经验交流。

用党的十八大精神引领
湖北企业文化建设

王 红*

　　党的十八大报告指出："全面建成小康社会，实现中华民族伟大复兴，必须推动社会主义文化大发展大繁荣，兴起社会主义文化建设新高潮，提高国家文化软实力，发挥文化引领风尚、教育人民、服务社会、推动发展的作用。"十八大报告明确要求要扎实推进社会主义文化强国建设，这为进一步加强我国企业文化建设指明了前进方向。作为中国特色社会主义文化的一个重要部分，企业的发展同样离不开文化建设，"文化强企"是"文化强国"的重要一环，企业文化在企业综合实力竞争中的作用和战略地位日趋凸显。实现湖北的科学发展、跨越发展必须以党的十八大精神为引领，推进企业文化建设，把文化的力量变成构建湖北战略支点的有力精神支撑。

---

　　* 王红，湖北企业文化研究中心，教授。

一 深入学习党的十八大精神，切实把握企业文化的内涵

企业文化是 20 世纪 80 年代以来从管理科学领域分化出来的一门新学科，经过短短 30 多年的时间，企业文化研究得到了长足发展，引起了国内外学术界和企业界的广泛关注，企业文化已经成为提高企业经营业绩、促进企业发展和提升企业核心竞争力的精神动力。进入 21 世纪后，面对经济全球化和激烈的市场竞争，企业之间的竞争将主要表现为以企业文化为基础的核心能力和学习能力的竞争。

关于企业文化的定义与内涵，国内外学者从不同的角度进行了研究。美国领导力专家约翰·P. 科特和詹姆斯·L. 赫斯科特把企业文化定义为一个企业中各个部门，至少是企业高层管理者所共同拥有的那些企业价值观念和经营实践，是指企业中一个分部的各个职能部门或地处不同地理环境的部门所拥有的那种共通的文化现象。迈克尔·茨威尔在《创建基于能力的企业文化》一书中写道，从经营活动的角度来说，企业文化是组织的生活方式，它可以由企业员工"世代"相传。因此，企业文化可以定义为在组织的各个部门得到体现和传播，并可以由下一代员工传承的组织的运作方式，其中，包括组织成员共同拥有的一整套信念、行为方式、价值观、目标、技术和实践。杰克琳·谢瑞顿和詹姆斯·斯特恩在其著作《企业文化：排除企业成功的潜在障碍》中谈到，企业文化一般是指是企业的环境和个性，以及企业所有的方方面面。它就像是一个人的行为一样，拥有其自身与众不同的特点。清华大学教授张德在《企业文化建设》一书中指出，企业文化，即指企业全体员工在长期的创业和发展过程中培育形成并一致遵守的个人最高行为目标和价值标准。企业文化是企业理念形态文化、物质形态文化以及制度形态文化的复合体。我国著名文化学者刘光明认为：企业文化是一种组织文化，其产生的土壤是从事经济活动的组织。它所包含的价值观念、行为准则等意识形态和物质形态均为该组织成员所共同认可。这说明企业文化是文化在组织中的反映，即企业文化是一种组织文化。企业文化是企业在长期的生产经营和管理活动中培育形成的具有本企业特色并体现出企业管理者主体意识的精神财富及其物质形态。

从上述表述可以看出，企业文化的定义及内涵十分丰富。经研究发现，在对企业文化的众多理解中，只不过各方的侧重点有所不同，但核心还是一致的。国外学者更多地强调企业文化是一种价值观，即认为企业文化是企业成员所共同拥有的一种价值观，其核心是企业中的人。而国内学者大都认为企业文化是一种企业管理理论，主要强调企业文化是管理者的一种意识形态，是一种促进企业发展的途径，也有的认为是管理者的主体意识，是组织成员共同认可的价值观念。目前，管理学界公认的企业文化由四个部分构成，即企业的物质文化、制度文化、行为文化和精神文化，实际上也概括了国内外学者对企业文化理解与建设内容的共识。

二 领会党的十八大精神实质，把握湖北企业文化建设的战略机遇

（一）全面建成小康社会的宏伟目标是湖北企业文化建设的动力

党的十八大描绘了在 2020 年实现全面建成小康社会的宏伟蓝图，这里所指的是经济、政治、文化、社会、生态文明全面发展的小康社会，是物质文明和精神文明全面发展的小康社会。因此，文化实力和竞争力就成为国家富强、民族振兴的重要标志。党的十七届六中全会决议指出："当今世界正处在大发展大变革大调整时期，文化在综合国力竞争中的地位和作用更加凸显，维护国家文化安全任务更加艰巨，增强国家文化软实力、中华文化国际影响力要求更加紧迫。"党的十八大报告再次从坚持和发展中国特色社会主义的政治高度和宽广视野，指出"文化是民族的血脉，是人民的精神家园"，深刻阐述了加强文化建设的重要性和紧迫性，明确提出文化建设是中国特色社会主义事业五位一体总体布局的重要组成部分，文化软实力显著增强，是全面建成小康社会的重要目标和重要保证。没有社会主义文化的繁荣发展，就没有社会主义现代化。实现中华民族的伟大复兴，离不开中华文化的繁荣昌盛。企业文化是企业宝贵的精神财富，它能把由不同个体构成的组织凝聚成一个有序的整体，为了共同的目标而奋斗，对企业的发展具有领航作用。党中央的决定对于加强文化

建设与发展具有十分重要的历史意义和现实意义，必将推动我国社会主义文化大发展大繁荣，湖北企业文化建设也将迎来大发展的战略机遇。

（二）湖北发展"黄金十年"的阶段目标奠定了湖北企业文化发展的基础

"十二五"时期，是湖北发挥优势、加快发展的战略机遇期，是调整经济结构、转变发展方式的攻坚时期，是加快建设促进中部地区崛起重要战略支点和全面建成小康社会的关键时期。2012年湖北实现经济总量超2万亿元，经济结构进一步优化，社会发展亮点纷呈，人民生活持续改善，社会管理不断创新，为跨越式发展奠定了良好基础。未来十年是湖北科学发展的"黄金十年"，从国家层面来讲，"黄金十年"意味着湖北要加快构建中部崛起的战略支点，以支点地位带动、辐射中部崛起，从而服务于国家区域发展战略；就湖北自身而言，"黄金十年"的核心是富民强省，让老百姓富起来是核心的核心。这两个层面的问题归根结底都要依靠湖北经济的平稳较快发展来实现，都要依靠物质文明与精神文明的全面发展共同推动。

正如李鸿忠同志所强调的"湖北要实现跨越式发展，首先要实现思想上、精神上和文化上的跨越。湖北要在激烈竞争中立于不败之地，不仅要比投资、比项目，更要比精神状态、比文明程度。湖北要成为重要战略支点，不仅要打造经济社会发展的硬实力，更要打造精神文化的软实力"。目前，湖北正面临机遇叠加的"五局之势"，即改革深化带来的大局优势、经济格局转变带来的全局优势、中央战略带来的布局优势、科学发展跨越发展"一元多层次"战略体系带来的"谋局"优势以及"湖北气场"形成的格局优势。湖北企业应该把握机遇，联系企业实际，创造性地开展企业文化建设，提高湖北企业的核心竞争力，将优势转变成促进跨越发展的强大动力。

（三）"文明湖北"建设的新部署描绘了湖北企业文化建设的共同愿望

"坚持先进文化引领，努力建设文明湖北"，是湖北省委、省政府做出的重大战略部署，"文明湖北"建设是构建中部崛起战略支点的重要支撑。因此，要求我们在加强物质文明和政治文明建设的同时，着力抓好精神文明和生态文明建设，为富强湖北、创新湖北、法治湖北、幸福湖北提供精神动力、文化支持和生态保障。"文明湖北"的建设是促进文化的繁荣与发展，提高精神驱动力和文化影响力，促进湖北发展的新部署。企业文化是社会文化的重要组成部分，是精神文明建设的重要保证之一，建立和发展企业文化是创建社会主义精神文明的基础，更是文明湖北建设的主要承载体，是企业从"内强素质外树形象"到"承载中国先进文化走向世界"的具体体现，建设"文化强企"是建设"文化强国"的重要部分。

三 以党的十八大精神为引领，掌握 企业文化建设的发展方向

（一）加强企业文化建设，必须坚持中国特色社会主义文化前进方向

党的十八大报告指出，"建设社会主义文化强国，必须走中国特色社会主义文化发展道路，坚持为人民服务、为社会主义服务的方向"，"发展面向现代化、面向世界、面向未来的，民族的科学的大众的社会主义文化"。中国特色社会主义是当代中国发展进步的根本方向，集中体现了最广大人民群众的根本利益和共同愿望。当今世界正处在大发展大变革大调整时期，世界多极化、经济全球化深入发展，科学技术日新月异，各种思想文化交流交融交锋更加频繁，文化在综合国力竞争中的地位和作用更加凸显，因此，坚持文化建设的社会主义方向，维护国家文化安全就显得尤为重要。

党的十八大精神，为企业文化建设提供了强大理论指导。优秀的企业文化是企业精神风貌的充分体现，对企业持续、稳定、健康的发展起着重大推动作用。企业文化建设作为企业的精神支柱和立身之本必须坚持社会主义方向，充分体现企业全体员工的根本利益。我们要以高度的文化自觉、文化自信，推动企业文化建设实现新发展，实现企业的文化自强。因此，在企业文化建设和发展方面，我们要深刻认识文化在企业发展中战略地位，在准确把握企业文化建设发展的内在规律上高度自觉，在积极承担推动企业文化大发展的历史责任上

高度自觉，坚定发展社会主义先进文化的信心，积极推动文化创新，吸收和借鉴一切外来的先进文化，使企业文化在新形势下获得新的生存形态和精神境界，努力开创企业文化建设的新局面。

（二）加强企业文化建设，必须建立中国特色社会主义管理文化

建立中国特色社会主义管理文化，必须坚持以马克思主义为指导，以社会主义先进文化为引领，继承和发扬中华优秀历史文化，积极吸收外来优秀文化，开展文化创新，必须坚持以人为本，以满足人民精神文化需求、促进人的全面发展为根本目的，坚持文化发展为了人民、文化发展依靠人民、文化发展成果由人民共享，动员广大人民群众投身于文化建设的实践活动中。

我们建立的企业文化模式要充分体现社会主义初级阶段的特征。首先，作为企业管理指导思想的企业文化，既有组织协调生产、反映现代化企业大生产的自然属性的一面，也有它作为实现不同的生产目的的手段，体现不同社会生产关系的社会属性的一面。其次，企业文化作为一种文化形态，是整个社会文化的有机组成部分，因而也同样具有鲜明的社会属性。以有效的管理手段提高企业的经济效益和社会效益，不断增加社会有效供给，是劳动者自身利益的需要。加强企业民主管理，充分调动广大劳动者的积极性、创造性是实现劳动者权利的需要。因此，建立中国特色社会主义企业文化的实质是社会全体劳动者为了共同的利益而对企业生产经营活动所进行的管理。最后，企业文化建设要传承中华民族优秀文化，体现民族特色。民族文化是漫长的历史、生活方式、教育与经济长期培育积淀的结果，其他民族不能予以否定。中华民族的优秀文化传统是培育我国企业文化的沃土，企业文化建设在更深的层次上受到传统文化的巨大影响。中华文化博大精深，几千年来从未间断，因而自古以来就有着自己的发展道路，对于外国的文化理念我们应该取其精华，不能全盘照搬。在建立我国企业管理文化的过程中，必须重视中华民族文化对企业文化建设的影响。

（三）加强企业文化建设，必须遵循社会发展规律

由于我国各地生产力发展水平十分不平衡，我国企业管理文化的模式也应该是多层次的。人的全面自由发展，主人翁地位的充分体现，企业对职工

个人需求的充分满足，在社会主义初级阶段仍然受到一定的制约，不能在很短的时间内达到很高的水平。在相当长的一个时期内，我们还要提倡开拓进取、艰苦奋斗的精神，要不断创新发展观念、破解发展难题，更加自觉地把以人为本作为企业科学发展观的核心立场；坚持以人为本，博采众长，融合提炼，自成一体，坚持中国特色社会主义文化发展道路，建立具有中国特色的企业文化模式。

四 充分了解湖北企业文化建设现状，选择湖北企业文化建设的路径

（一）湖北企业的文化建设状况及特点

企业文化总是与企业发展的一定阶段相联系，尤其与企业发展的比较成熟的阶段相联系，湖北企业文化的发展状况与湖北企业自身的发展现状密切相关。随着湖北企业的不断发展和壮大，湖北企业文化的整体建设呈现出从自发到自觉的发展过程。

首先，企业文化建设的认识逐渐深化。湖北省企业文化建设始于20世纪80年代，随着经济体制改革的不断深化和市场化进程的大力推进，人们对企业文化建设的认识逐渐深化。一是改变了过去认为企业文化建设是花架子，可搞可不搞的认识倾向。湖北企业在发展过程中逐渐认识到文化建设的重要性，不再追求表面化、口号化、运动化的文化活动，而是将企业文化建设与现代企业管理紧密融合，将企业文化落到实处。二是改变了过去认为企业文化建设是领导者的事，与普通员工无关的认识倾向。企业文化能够使企业员工把自身价值的体现与企业目标的实现结合起来，从而做到上下一条心，企业文化建设不仅需要最高领导者的正确领导，还有赖于企业全体员工的参与。三是改变了过去认为企业文化建设是文化积累，而非主动建设的认识倾向。优秀的企业文化，不是一朝一夕或偶然形成的，通常需要较长时间的积淀才会逐渐呈现出来，但是企业员工自发形成的文化，往往与企业的发展战略、长远规划和制度设计有所差异，必须自觉引导，否则就会影响企业组织目标的最终实现。

其次，企业文化建设的特色逐渐鲜明。一般来说，企业文化的基本价值观必须体现某些伦理精神，湖北企业改变了过去普遍只注重"以人为本""诚信""创新"等作为企业基本价值观的主导作用，而忽视将共性与企业自身个性特征结合的做法，开始注重赋予企业文化建设新的内涵和内容，并在经营实践活动中注重结合企业特点与实际，创造性地开展企业文化建设，形成富有个性特色的企业文化。

2011年湖北省有24家企业入围全国企业文化建设优秀单位，武钢集团、东风汽车、大冶有色、长飞光纤、百步亭集团、蓝特集团等企业通过长期的探索和建设，形成了诸如东风汽车公司的"东风文化"、武钢"四个每一天"文化、湖北宜化"文化宜化"、武汉邮电科学研究院"烽火文化"、中铁十一局"项目人本文化"、湖北稻花香集团"稻花香文化"等具有鲜明特色的企业文化，凝聚了人心，推动了企业的发展。

再次，企业文化建设的措施逐渐完善。企业文化建设需要长期的积淀、修炼、倡导、培育和塑造。经过多年的探索与实践，湖北企业持续建设和完善企业文化体系，坚持"以文化人、以文治企、以文兴企"，不断提高企业文化建设品质，积极探索适合企业发展的文化建设和管理新路径，努力实现企业管理从"管理治企"向"文化治企"转变，实现了由企业单一推进到企业、党政、社会的整体联动，实现了形式与内容的匹配、领导倡导与员工参与的共鸣、企业文化的"柔"与制度化管理的"刚"相济、内部与外部的协调，精神与物质"两手抓"的企业文化建设的良好格局。

最后，企业文化建设的作用逐渐凸显。在全球经济一体化的时代，文化的力量已经成为企业发展的重要推动力，企业文化是推动企业快速发展的"引擎"，通过企业文化建设，最大限度地凝聚广大职工的智慧和力量，形成价值观导向与制度约束，使劳动关系趋向融洽，调动了职工积极性，促进了企业与职工利益共同体的打造，为企业科学发展、跨越发展提供了不竭的动力源泉，增强了企业核心竞争力。东风、武钢、宜化、武烟、大冶有色、三环、华新、烽火通信8家企业入围2010年中国制造业企业500强，东风、武钢进入2010年世界500强。目前，湖北省已拥有中国名牌产品51个；拥有中国驰名商标63个，湖北名牌产品655个，"湖北制造"竞争力指数为82.43，居中部首位。

尽管湖北省企业文化建设已经取得了一些成绩，但是仍然存在不少企业的企业文化建设发展不平衡，对企业文化理解不够、重视不够，物质基础薄弱等问题，需要我们进一步加强引导，转变观念，研究对策，狠抓落实。

（二）以党的十八大精神为引领，推动湖北企业文化再造

企业文化是企业生存和持久发展的精神支柱，是企业凝聚力和创造力的重要源泉，是企业核心竞争力的决定因素，构筑企业精神高地、加强企业文化建设是企业和员工的共同要求。按照党的十八大精神以及推动湖北成为中部崛起的重要"精神高地"的要求，湖北企业仍存在较大不足。我们必须以党的十八大精神为引领，坚持中国特色社会主义文化发展道路，不断提高文化建设的科学化水平，推动湖北企业文化再造，增强湖北企业的竞争力和文化影响力。

1. 提炼员工统一的核心价值观

统一的价值观就是所有员工思想意识层面的价值取向总是一致的，并且所表现出来的言行与之相吻合。价值取向只有得到全体员工的认同和践行，才能形成有价值的企业文化，才能深入人心进而转化为强大的执行力。企业文化作为企业发展的价值观和方法论对企业发展在思想和实践中具有引领作用。因此，我们必须坚持用社会主义核心价值体系引领社会思潮，引导企业文化建设。要坚持把提升文化软实力作为增强企业综合实力和对外竞争力的战略举措，挖掘自身精神文化资源，打造具有时代特色的企业文化，培育令人振奋的企业精神，开展愉悦身心的人文教育，锻造凝魂聚气的核心价值。湖北企业文化建设应特别注意对企业文化核心价值观的提炼、解释和引导工作，使员工能够直观地理解和接受，内化于心，外化于行。

2. 建立以人为本的企业制度

将制度文化融入、固化到企业文化中，有利于形成员工意识、行为生长的制度土壤。湖北企业文化建设要坚持员工大众文化和企业经营文化相结合；员工个人发展和企业发展愿景相结合；制度建设与文化建设相结合，以员工的自我管理、自我提升为基本路径，培养员工和企业共同的价值观；协调好个人价值多元取向和企业统一价值体系的关系，提升企业文化建设的制度化、标准化和规范化水平。

3. 建设兼收并蓄的特色文化

一种优秀的企业文化，必定是融合了民族文化和历史人文精神的精华，注重吸收传统文化与世界文化的营养来充实、丰富、发展自己的企业文化。因此，建设企业文化，既要立足本国传统优秀文化，又要积极吸纳世界优秀文化，将本国与世界文化中的精髓部分融合起来；还要坚持从实际出发，与时俱进，兼收并蓄，开拓创新，创造富有时代精神的独具特色的企业文化。

4. 培育学习创新的员工队伍

持续的创新活动是企业发展的根本途径，也是提高企业竞争力和保持竞争优势最有效的途径。因此，湖北企业要不断提高员工素质，营造浓厚的学习与创新氛围，树立"学习工作化，工作学习化"的全新理念，创建学习型企业，争当知识型员工，提高创新能力。

参考文献

1. 胡锦涛：《坚定不移沿着中国特色社会主义道路前进，为全面建成小康社会而奋斗》，人民出版社，2012。
2. 中央编译局：《十八大报告辅导读本》，人民出版社，2012。
3. 中共湖北省委政策研究室：《五个湖北系列解读》，《湖北日报》2012 年 10 月 12 日。
4. 宋剑伟、胡晓珍：《企业文化研究综述》，《商业文化》，2011.9。
5. 约翰·科特、詹姆斯·赫斯科特：《企业文化与经营业绩》，曾中等译，华夏出版社，1997。
6. 迈克尔·茨威尔：《创建基于能力的企业文化》，王申英等译，华夏出版社，1999。
7. 强以华：《湖北企业文化的发展现状及其应然趋势》，《湖北大学学报》（哲学社会科学版）2009 年第 6 期。

企业文化建设与核心竞争力的构建

张　冕*

当今世界，开放和竞争已经成为经济发展的主流。经济全球化的深入发展，使得企业在不同程度和形式上面临着国际竞争。企业要在国际竞争中取胜，就必须具备竞争优势，而核心竞争力正是形成和维系竞争优势的战略基础。而国内外优秀企业的实践则证明，企业文化与企业核心竞争力之间存在着密切的关系，企业文化对企业核心竞争力的构建和提升有重要的作用，美国《财富》杂志的评论文章就曾指出："世界500强胜出其他公司的根本原因，就在于这些公司善于给他们的企业文化注入活力，这些一流公司的企业文化同普通公司的企业文化有着显著的不同。"由此可见，一方面，企业文化与企业核心竞争力之间存在着必然的联系；另一方面，企业文化促成企业核心竞争力的机制值得学界和业界进一步探寻。

一　企业文化与企业核心竞争力的关系

企业文化与企业的核心竞争力从被提出开始，就是两个既独立又交叉的概念。在一定程度上，企业文化构成企业核心竞争力的一部分，但它既不等同于企业的核心竞争力，也不是完全被包含在企业核心竞争力的概念中，它对企业核心竞争力的构建、维持、提升和更新都发挥着重要作用，成为当今企业核心竞争力建设过程中最重要的因素之一。

企业文化的成功与否与企业的形象、对外竞争力有很大的相关度，企业文化得分较高者，其股票价格年均增长率和资本年均回报率也较高，由此可

---

* 张冕，湖北企业文化研究中心，教授。

见，上述公司知名度高的重要原因在于其雄厚的企业文化实力。企业的知名度是企业在公众中的形象，良好的知名度是企业巨大的无形资产，能为企业吸引更多的投资、优秀的人才和更多的客户，是企业在市场竞争中实力与地位的体现。

美国著名企业战略家格兰特（1998）也提出，企业的核心竞争力主要由所拥有资源的独特性决定。企业核心竞争力是一个企业能够长期获得竞争优势的能力，是一个企业能够基业长青的关键因素。核心竞争力的形成是一个持续动态优化的过程，是把企业的各种竞争力要素进行比较选择和整合提炼的结果。任何企业，产品竞争力是企业竞争力的最直接体现，而产品竞争力是由技术竞争力决定的，技术竞争力又受制于制度。但制度无非是物化了的理念的存在形式，没有正确的理念就没有科学的制度，因此理念高于制度。拥有正确的、不断创新的理念，才具有最强的竞争力。先进的企业在于导入先进的理念。

现代企业的竞争，已从产品平台的表层竞争转向深层次的理念平台的竞争，文化竞争成为经济竞争的最高层次。创造一种凝心聚力的核心价值观，并始终不移地信奉，坚定执着地实践，是一个企业打造和提升核心竞争力的根本法则。

根据相关研究，理论界一致认为企业的核心竞争力要素主要体现在：创新能力、市场营销能力、战略管理能力、组织管理能力、生产制造能力、人力资源、企业文化七个方面，同时，行业环境与企业规模会影响企业的核心竞争力。由此可以发现，企业核心竞争力在很大程度上受到企业文化的影响，除了以上定义的企业文化、行业环境等企业自身的历史状况外，其他各项核心竞争力因素都不可避免地带有企业文化的烙印，其能力的培养提升途径、发挥的程度、运作方式等无不深受企业文化的影响。例如，人力资源的招聘、培训和提升政策直接受到企业文化的影响。现在的企业越来越重视员工的性格特质与自身企业文化的契合性，一些大企业在人员招聘的过程中甚至会对应聘人员进行性格测试，以判断该应聘人员是否适合进入本企业；而一旦进入企业后，企业文化直接影响员工培训的方式、强度以及员工在企业内部的职业发展方向，从而影响员工忠诚度，影响管理团队的工作方式和管理风格。创新能力虽然在很大程度上是以技术方式体现出来的，但是一个企业是否具有创新文化，具有何种创新文化对于企业的创新能力有着非常重要的影响。一个企业如果具有压抑创新的企业文化，那么无论其在技术、人力上投入多少资源，其创新成果都不会尽如人意；反之，如果一个企业具有鼓励创新的企业文化，那么在相同的技术、人力投资下，其创新能力将会大大超过同业，这已经被国内外诸多优秀公司的案例所证明。企业的其他能力也都类似地受到企业文化的影响。而行业环境的变化也会影响企业文化的形成、维持、演进和变更。企业自身的历史状况更是本文所定义的企业文化的一种体现，它直接成为企业核心竞争力的一个构成因素。

虽然企业文化在企业核心竞争力的形成、维护和发展过程中发挥着重要的作用，但是由于核心竞争力的形成、发展具有路径依赖性，因此企业文化也可能会导致企业出现核心竞争力刚性的问题。所谓核心竞争力刚性，是指在新的环境下，企业的核心竞争力依原有的方向被进一步强化，却不再有面对新环境、解决新矛盾的优势。企业文化形成于企业发展中问题的解决过程，实际上代表企业成员的认知习惯。随着环境的变化，如果仍然遵循过去的认知习惯，很难寻找到解决问题的方案。具体到工作中，企业员工一旦熟悉了某种技术或工作方法，即便是创新，也会习惯于在原有技术或工作方法附近寻找答案，而不会去寻找截然不同的突破路径。这时的企业文化，表面上看是在强化原有的核心竞争力，但核心竞争力却没有被赋予新的内涵，即被刚性化。这样，企业就不再具有竞争力。因此，任何一种观念若被强调过头，其结果就可能是负面的。过于强势的企业文化实际上是在否定个性的发展，导致管理气氛压抑，员工思想僵化，组织缺少必要的活力。对那些过去比较成功的企业，还会导致员工过于自负，迷信于公司原有的战略，拒绝接受新的观念，忽视新的问题，这样势必限制企业发展。即便是追求创新的企业，当创新被过于强调时，很可能演变成为创新而创新，创新更多时候变成了追求无用技术。这时，企业原来的核心竞争力甚至变成了企业的弱点。

因此，基于企业文化的核心竞争力将比基于其他要素的核心竞争力更具有用户价值性、延展性、独特性，同时企业文化涉及企业的所有层面和所有部门人员，对企业核心竞争力的形成、维持、演进和变更更具有全局性的影响。从而基于企业文化分析企业核心竞争力将更能够反映出企业核心竞争力的整体面貌，更有助于我们把握企业核心竞争力的实质。

二　企业文化形成企业竞争力的机制

由于企业文化具有全局性的特点，其对企业核心竞争力的作用机制必然也是综合性的。因此，在前文分析的基础上，参照企业竞争力的相关理论，可以构建一个企业文化通过企业文化力、企业学习力最终对企业核心竞争力产生作用的机制，如图1所示。

图1　企业文化形成企业竞争力的机制框架

（一）企业文化塑造企业文化力

企业精神文化、制度文化、行为文化和物质文化共同组成了企业文化，它们蕴涵着巨大的能量，形成了精神力、制度力、行为力和形象力，共同构成企业文化力。

1. 企业的精神力

企业核心理念是企业全体员工所共有的、对企业的长期生存与稳定发展起着重要作用的思想，是企业在漫长的经营岁月里积淀下来的思想的精华，它深深融入企业的潜意识中，并成为企业共同的价值观、企业精神、企业伦理等精神文化。企业总体目标和发展方向离不开核心理念的导向。企业核心理念是企业战略的前提和保证，贯穿于战略规划执行的始终。企业核心理念投射到员工身上，形成员工的价值理念，这种价值理念影响着每一个员工的行为，并内在地影响着生产经营过程的每一个环节和方面。

精神力是文化力最根本的源泉。在社会生活中，道德、伦理、宗教等意识形态的力量无时不在制约着人们。在企业，优秀的核心理念能激发全体员工的责任感、荣誉感、工作热情和创新精神，由表及里地约束、引导和激励全体员工的行为乃至整个企业的行为。优秀的核心理念就像一个能量场，其能量渗透到企业的目标、战略、策略、日常管理及一切活动中，反映到每个部门、每个职工、每个产品上，甚至辐射到企业的外部环境，包括顾客和竞争对手，在社会文化浪潮中树立起一面旗帜，发挥更大的影响力。

2. 企业的制度力

核心制度是企业所独有的极具效力的一系列管理机制和经营手法，是企业制度文化的精髓；是企业在核心理念指导下，在长期的经营管理实践中经过摸爬滚打逐步总结发展而成的；其实质是核心理念在企业具体环境条件和发展阶段中的执行。每一个成功企业，都有其独特的核心制度。企业拥有自己的核心制度，就能够自如地经营，从容地面对企业经营管理中的很多关键问题。

制度的力量不容置疑，它是一个企业得以区别于另一个企业而取得竞争优势的重要依据。核心制度有两大特性：独占性和时效性。核心制度具有独占性，有些是因为受到专利权保护，有些是因为企业严格保密，还有一些则因其特殊性，即使被其他企业知晓，但限于所处的外部环境、发展阶段不同，或是自身资金、设备、技术、人员素质等条件的不同，尤其是在思想信念上的差距，使得其他企业暂时或根本无法加以仿效，即使勉强加以仿效，也达不到同样的效果，甚至如邯郸学步，适得其反。核心制度的时效性体现在三个方面：随着企业所处的外部环境发生变化，或因为企业自身的发展壮大、技术的更新、战略的调整等，企业的核心制度也将发生变化，甚至失效；企业通过学习、创新，可以不断修正和完善原有的核心制度，或形成新的核心制度；随着时间的推移，企业的某些核心制度最终将失去独占性，成为行业内一般性制度。

虽然优秀的思想是相通的，但由于每个企业所处的社会环境、时代背景、发展阶段、企业战略、经营项目、产品特点等不同，相同的思想在不同企业就会表现为不同的制度形式。企业要在经营实践中，不断探索、总结、改进、完善各种管理体制和方法，以形成自己的核心制度。这些年来，经过企业家和学者的相互交流、探讨、研究，许多知名企业的优秀文化已逐步揭开了面纱，从中可以发现很多有价值的管理机制和经营手法，涉及企业经营的各个方面。

3. 企业的行为力

按照行为科学的基本原理，人的任何行为都有一定的心理基础。一切外在因素对人行为的影响，都要通过人的心理发挥作用。心理学家认为，人的行为有两大动力系统：一是基于自我需要的动力系统（简称自我动力），是个体为获得一定的利益或机会满足纯自我需要而产生的动力系统，在这一系统的作用下，人是以自我为中心的，一切行为都是为了维护自我的利益与机会；二是基于超越自我的动力系统（简称超我动力），是个体为满足社会（有时表现为组织、企业等）需要、社会利益而产生的动力系统。在这一系统的作用下，人是以社会为中心的，行为的目的是实现社会的价值、社会的理想，维护的也是社会的利益。

自我动力的运行机制主要是自我利益机制。在这种机制的作用下，员工通过工作行为得到某种利益从而满足自我需要则是员工工作行为的原始和主要目的，因此，由自我动力产生的利己性特征是员工个体工作行为的一个基本属性之一。超我动力的运行机制主要是对"社会价值与目标"的认同机制。当员工对所在企业的理念与价值观产生认同时，员工就会产生超我价值观，它以是否利他作为一切判断的标准，因而使人产生无私和利他的行为。如果用企业的行为文化统一员工的价值观、精神与理念，就能让员工用企业的价值观指导自己的行动，从而使员工发生对企业有利的行为，形成强大的企业行为力。

4. 企业的形象力

形象是企业识别系统的综合。不同的企业，宗旨、口号、标志，厂房环境布置，员工面貌、服饰，设备规模、气势，服务营销态势，产品设计档次等不同，其形象也不同。优秀的企业都有其个性鲜明的形象，以其品牌为标识，称为品牌形象，它是对企业核心思想、核心策略和强势行动的物化，是企业物质文化的精髓，表明了企业独特而富于魅力的品质。

一个有着良好形象的企业，能够在竞争中赢得更好的生存条件和更大的发展空间。企业的形象力主要体现为企业对公众的亲和力、对顾客的号召力、对人才的吸引力和对员工的凝聚力。良好的企业形象，对内能够凝聚员工，增强企业的团结和战斗力；对外能够提升社会公众和顾客对企业的信心和满意度，为赢得目标市场奠定基础；同时还能够取得政府、银行和协作单位更大的信赖、支持和谅解，让它们愿意为企业雪中送炭或锦上添花。

综上所述，企业的精神力、制度力、行为力和形象力共同塑造了企业的文化力。要提升企业的文化力必须从这四个方面入手，找出企业较弱的某种力，通过平衡各种力的大小，保证企业文化力的稳定提升。

（二）企业文化力提升企业学习力

企业通过学习可以掌握关于企业内外部动态环境的知识，对于企业制定战略、提升企业绩效具有重要的意义，但是企业学习最终是否能够提升企业绩效和维持市场竞争优势仍然需要进一步考查。

企业学习的研究表明，通过学习企业可以显著获得三项收益。首先，通过企业学习，企业可以较为充分地了解组织的内外部环境，提高组织的柔性，从而快速地调用和配置组织的内外部资源，满足顾客现实和潜在的需求。例如，通过企业学习，企业可以提高生产效率，降低生产成本，开发新的产品、服务或经营方式以提高产品服务的顾客价值。其次，由于企业的产品或服务是企业各种知识以特定方式组合作为输入形成的产出，这些大量知识和其特定的组合方式是企业长期学习的结果，具有路径依赖性和原因模糊性，竞争对手很难较快和全面复制。另外，由于企业知识中存在大量的隐性知识，这些知识难以表述和编码，具有黏性，因此很难转移和复制。最后，通过企业学习，企业可以较为充分地了解自身的能力和外部环境的机会，从而可以在其既有组织能力和资源的基础上，发掘市场机会，实现组织能力和资源的多种应用，使这些资源和能力具有衍生性。

总之，企业学习不仅具备提供出色的顾客价值和难以复制的特点，并且通过企业学习，企业可以在原有组织能力和资源的基础上发展新的业务。因此，企业学习是一个企业基于能力的竞争优势的重要资源。

如果把企业作为一部机器，那么无论是管理人员、技术人员，还是操作人员都是机器的零部件，只有零部件运作正常，整台机器的运行才能正常。如果企业每一层面的员工都能接受企业的价值理念，以此作为自己的行动准则，在自己的岗位上严格遵守，忠实履行，创造性地搞好工作，自觉提高企业的竞争力，那么企业的行动力就能够得到提升。如果一个企业能够成功形成这种员工自主的管理模式，那将迸发出巨大的潜在能力和竞争优势。

反过来说，唯有高层次的企业文化力，才能凝聚员工的心，使他们有认同感，衍生强大的企业行动力。虽然说企业的制度越健全，职责越明确，越有利于企业发展，但任何一个企业均难以避免制度不健全和职责不明确的问题。只有发挥高层次企业文化力的凝聚、导向、激励、约束和互动作用，才能充分发挥行动力，使企业高效率运营，减少和克服部门的本位主义和扯皮现象。只有正确的思想才能引致高效的行动，只有高层次的企业文化才能产生高效率的企业内部互动，充分发挥组织的效力。只有每一个员工都行动起来，统一思想、统一步骤、团结一心、共同奋斗，企业才能以不竭的创新动力在日趋激烈的竞争中获得一席之地。

（三）企业学习力增强企业核心竞争力

从根本上说，竞争优势是企业能比对手做得更好和对市场的反应速度更快带来的，竞争优势能够更迅速、更持久地提升企业的价值。与波特为代表的环境学派相对应的资源学派认为竞争优势源于企业所拥有的资源，但并不是所有的资源都能为企业带来竞争优势，只有稀缺的、难以模仿和不可替代的关键资源才能够形成企业的竞争优势。但面对复杂多变的市场环境和日益明显的个性化消费趋势，企业很难仅仅依靠物质形态的关键资源满足众多用户（消费者）的不同偏好。此外，科技的迅速发展使物质形态的资源越来越容易被替代，因而通过物质形态的关键资源获得竞争优势变得越来越不可靠。

核心竞争力理论认为企业的竞争优势来自企业所拥有的独特的积累性学识，核心竞争力作为一种稀缺的、难以模仿和不可替代的积累性学识是企业长期培育形成的。核心竞争力理论认为，与企业外部条件相比，企业内部条件对于企业获得竞争优势具有决定性的作用。企业内部的能力、资源和知识积累是企业获得超额收益和保持竞争优势的关键因素。

从企业的长远发展来看，企业获取"租金"的量由持有的核心竞争力状况决定，企业获取"租金"的长期性由企业拥有的核心竞争力和积累的新的核心竞争力的维持时间决定。企业以核心竞争力谋求竞争优势，以知识、技能的有效利用为中心提高企业资源的利用效率，实现企业的价值增长。核心竞力是企业长期积累形成的知识体系，是提供企业在特定经营环境中独特的竞争能力和竞争优势基础的多方面技能、技术、资产和企业组织、制度、价值观念等的有机融合，是识别和提供竞争优势的知识体系。技术、组织、制度的协同创新是企业形成核心竞争力的主要途径，核心竞争力是动态发展的，体现了自组织特点的系统化能力，其目的是使可控资源获得最大收益。

核心竞争力作为积累性的知识体系存在于企业组织这个载体中，决定企业核心竞争力的知识是那些隐性的、非格式化的、动态的知识。核心竞争力是逐步积累起来的，不是通过相应的要素市场买卖获得的。核心竞争力的特征是通过企业自身学习获得的，形成核心竞争力的知识积累从根本上说要通过组织学习实现，而组织学习的效率、成功与否又与特定的组织学习方式密切相关。

现实中组织学习的方式多种多样，而且无论是内部学习（例如，"干中学"、研发活动）还是外部学习（例如，标杆学习、创建联合企业、实行战略联合、与领先顾客建立联系）均有助于提升企业的核心竞争力。第一，学习曲线表明，"干中学"有利于企业生产效率的提高，加强"干中学"，必然可以更好地发挥企业资源的效用。第二，企业的研发能力和其研发活动密切相关，活跃的研发活动必然有利于企业研发能力的提高，从而使得企业能够对市场的需求变化做出快速的反应，在激烈的市场竞争中获得并保持竞争优势。第三，标杆学习有利于企业在与同行业领先企业比较时，发现自己的优势和劣势，有利于企业在发挥优势的同时，改进工作，弱化劣势，实现企业绩效的提升。第四，创建联合企业、实行战略联合均属于企业重要的战略行为，通过这些战略投资，企业可以加强与相关支持企业（如上、下游企业）以及政府部门的联系，从而可以扩大企业的社会资本，提高企业的绩效。第五，通过与领先顾客建立联系，企业可以在动态变化的环境中，及时捕捉顾客的需求变化，适时调整自己的研发战略，开发出满足顾客需求的产品或服务以在日趋激烈的市场竞争中赢得优势。

三　小结

综上所述，企业组织学习的过程，实际上就是企业增加社会资本、改进工作、提高生产效率和研发能力以不断生产出具有市场竞争力的产品的过程。因此，企业组织学习和企业核心竞争力之间具有密切的联系，企业选择正确的组织学习方式有助于核心竞争力的形成。现代企业都处于竞争环境中，都力争创造核心竞争优势。优秀的企业文化是竞争力优势的源泉。通过强大的企业行动力的发挥，可以使企业经营不断创新、使管理不断创新、使技术不断创新；同时在行动力的推动下使企业从员工到组织都能不断地学习、不断地追求新的知识。因此，唯有优秀的企业文化，才能促进企业的变革与发展，而企业在变革与发展中才能全方位凝聚竞争力优势，增强企业竞争实力。面对21世纪，企业应在传统的经营管理模式基础上更加注重企业文化的建设，不断追求变革与发展，在崇高理念的指导下凝聚每一个员工，通过从企业文化力到企业行动力再到企业竞争力的发展延伸，不断提高企业的核心竞争力。

推进湖北企业文化升级，
提升湖北企业发展战略地位

姚　莉*

一　推进湖北企业文化升级，须重新认识
企业文化的丰富内涵

企业文化的概念是美国《商业周刊》于 1980 年首先提出来的。美国《商业周刊》认为，公司文化（即企业文化的一种提法）主要指价值观，公司应用价值观"为公司的活动、意见和行动树立一种榜样，通过经理的实践逐步灌输给职工，并传至接班人"。之后，企业文化很快成为企业管理研究的重点，许多学者对其做出了经典性表述，从不同视角揭示了企业文化博大而深厚的内涵。

（一）企业文化是组织全体成员共同接受与认可的价值观和行为规范体系

1982 年，美国学者迪尔（T. E. Deal）和肯尼迪（A. A. Kennedy）在其专著《公司文化》中提出："价值标准是任何文化的基础，作为一个公司走向成功的哲学精华，它为个体职工提供共同方向的概念以及他们日常生活的准则，并从理论上提出构成公司文化的要素。这些要素包括：（1）企业环境，是塑造企业文化最重要的因素；（2）价值观，是形成企业文化的核心；（3）英雄形象，是把价值观人格化，供职工学习的具体典范；（4）典礼和仪式，是企业有系统、有计划、有秩序地例行日常事务的方式；（5）文化网，是企业基

* 姚莉，湖北企业文化研究中心，教授。

层的沟通方式，是传递价值观和英雄意识的渠道。"作者还认为，公司管理的中心是人，而管理人的方法应是通过文化的微妙暗示和非正式的规划，来使他们对自己所做的事情感到满意，愿意努力工作并做出贡献。日本学者加护野忠男和野中郁次郎等在其合著的《日美企业的经营比较》中也认为："所谓的企业文化，就是给组织成员以共同认识和共同行动方式的组织的价值观，或者说是使组织的价值观和规范制度等成为正当合理的认识体系。"

（二）企业文化是公司运营的哲学基础和管理的"软环境""软约束"，是"管理之魂"

1971 年，美国著名的管理学家德鲁克（P. Drucker）在《管理学》一书中，将管理与文化明确联系起来，他说："管理是一种社会职能，隐藏在价值、习俗、信念的传统里，以及政府的政治制度中。管理是——而且应该是——受文化所制约……管理也是'文化'。它不是'无价值观'的科学。"在 20 世纪 70 年代末和 80 年代初，在与日本经济发展的比较中，人们开始重视公司文化，使公司文化在管理思想中的地位急剧上升，一批理论界的名流也曾把研究的目标投向企业管理的"软"环境。

1981 年，对企业管理的"软"因素早有研究的帕斯卡与阿尔索斯首先推出了《日本的管理艺术》，书中以战略（strategy）、结构（structure）、制度（system）、人员（staff）、技能（skills）、作风（style）和最高目标（superordinate goals）七个因素（简称"7S"）为基础，结合日美一流企业，对松下电器公司和国际电话电报公司做了分析比较，提出了管理中硬因素和软因素的区别，把战略、结构、制度称为"硬"因素，把人员、技能、作风和最高目标称为"软"因素，强调了"软"因素的作用。他还特别提出了价值观、信仰和管理的哲学基础，阐明了"最高目标"体现着价值观与信念。同年，美籍日裔学者威廉·大内（W. Ouchi）出版了引人注目的《Z 理论》。该书分析了企业管理与文化的关系，明确提出了企业文化的构成和作用，认为公司的控制机制是"被一种哲学所包容"，这种哲学就是"组织文化"，它包括价值观、传统和风气，并用一套符号、礼仪和神话，将组织的价值观和信念传达给职工，便于领导人做决策。

1982年，彼得斯和沃特曼在写作《寻求优势——美国最成功公司的经验》一书时，深入调查了大量企业，并以43家最成功的公司为例，对其他经营管理情况加以比较分析。在书中，作者将"7S"模式中的"最高目标"改成企业的共同价值观（shared values），即公司文化，并阐明了这种文化的驾驭力和凝聚力是卓越公司的主要特性。

过去美国企业普遍注重死板的管理理论、复杂的管理组织以及烦琐机械的管理方法，收效甚微，有了公司文化这些问题便迎刃而解。公司文化理论给企业管理理论带来的重要影响是：过去那种过分依靠数学分析和计量模型的理性管理模式遭到质疑与批评，而以人为中心的灵活管理、领导艺术被大力提倡和赞扬，从而也为企业管理的发展开辟了新的思路与方法。也就是说，公司文化通过柔性而非刚性的文化引导，建立起公司内部合作、友爱、奋进的文化心理环境，以及和谐的人群氛围，自动地调节公司成员的心态和行动；并通过对这种文化氛围的心理认同，逐渐地内化为公司成员的主体文化，使组织的共同目标转化为成员的自觉行动，使群体产生最大的协同力。事实上，公司文化的协调力和凝聚力，以无形的"软约束"力量构成组织有效运行的内在驱动力，这种由软性管理所产生的协同力比组织的刚性管理制度有着更为强烈的控制力和持久力。公司文化因而也被誉为"管理之魂"。

（三）企业文化是特定组织学习和发明创造的基本假定

美国麻省理工学院教授沙因（E. H. Schein）率先提出了关于文化本质的概念，对于文化的构成因素进行了分析，并对文化的形成及进化作用提出独特的见解。沙因认为，文化是一个特定组织在处理外部适应和内部融合问题中所学习到的，由组织自身发明和创造并且发展起来的一些基本假定类型。这些基本假定能够发挥很好的作用，并被认为是有效的，由此被新的成员所接受。沙因指出组织文化由三个相互作用的层次组成：（1）物质层，指可以观察到的组织结构和组织过程等；（2）支持性价值观，包括战略、目标、质量意识、指导哲学等；（3）基本的潜意识假定，指潜意识的、默认的一些信仰、知觉、思想、感觉等。沙因提出解释组织文化的生成过程要综合使用群体力学理论、领导理论和学习理论。通过观察组织中的各种群体，说明群体中潜在的个人之间情绪过程，利用群体力学理论可解释对文化的定义中所包含的诸如被共有的解决方案、被共有的理解、被共有的共识等重要概念；利用领导理论有助于理解文化进化现象，领导如何创造文化，根植和传达文化；利用学习理论可解释文化的学习过程（组织中的学习认知、感情、行为方式等）。沙因的研究为人们认识自己文化的深层本质提供了工具。

（四）企业文化是管理与其社会文化高度调和的产物

美国学者阿贝格伦（J. C. Aegllen）在 20 世纪 50 年代曾在他的专著《日本企业及其社会组织方面》一书中，侧重于日本社会组织与企业内部制度研究，认为明治维新并未从根本上变革日本的传统社会结构，日本的工业化只是把欧美的先进生产技术引入传统的社会结构之中加以调和，从而产生了终身雇佣制等一系列日本企业管理模式。阿贝格伦还认为日本管理经验有特殊的意义，他主张"创异论"，不同意"趋同论"（"趋同论"认为，随着工业化的发展，非欧美国家的社会结构将发生变化，最终趋向欧美社会，随之日本的经营也将失去特性，最终趋向欧美的管理制度）。他在 1973 年的新著《管理与职工——日本的对策》中强调："任何一个社会管理组织要有效地发挥作用，必须和这个社会的价值标准与人际关系一致，日本工业化之所以取得很大成功，正是由于日本的管理组织与其社会文化高度调和的结果。"恰巧美国一些最成功的企业同样也存在与日本企业文化类似的公司文化，更促成了美国公司文化热的兴起。

（五）企业文化是与组织战略密切相关的主体文化，深刻影响着战略思想和战略实施的成功

1985 年，戴维思在《论公司文化》一书中谈到企业文化时，认为经济环境激变与竞争压力日益增大使企业必须制定战略迅速行动，而公司文化是实现战略的唯一触媒，管理必须要有哲学基础和指导思想。因此，美国企业界与管理学者对企业管理中公司文化的作用评价很高。许多企业强调公司文化建设，目的在于把企业的价值观变成企业成员共有的价值观念，通过共有的价值观念进行内化控制，使企业成员以这种共有的价值观念自觉监督和调整自己的日

常行为，借以增强企业的内聚力、向心力和能动力，齐心协力实现企业的战略目标。因此，企业文化对企业战略管理的重要性被许多企业所认识。例如，美国许多擅长组织设计和战略管理的咨询公司——管理分析中心、福朗、波士顿咨询集团等，纷纷从事客户分析，分析如何使企业文化与公司战略协调一致。20世纪70年代以前，美国的管理学者还只是注意到管理组织、管理制度等企业管理"实"的方面，并未注意到企业的价值观与行动方式对管理所起的作用，80年代初，由于美国经济不断衰退，惊异于日本企业的活力，才深入研究日本的企业管理，认为日本的公司文化比起管理组织制度、管理理论方法更为重要。

总之，大多数学者认为，"文化"是一种无形的、软性的和与人文因素相关联的东西。企业文化有如下的特点：首先，企业文化是指人们共有的价值体系，它存在于组织中而不是个人中，是组织成员共有的，能对个人的思维及行为起支配作用；其次，文化是一种知觉，是一种思维模式，与成员如何看待组织有关，而这种知觉对人们的所想所为产生了无形的约束与规范；最后，文化是看不见的，但却在相当大的程度上决定了人们对周围世界的看法和反应，因而是不可忽视的。

二 湖北企业文化建设存在的主要问题与不足

湖北是老工业基地，国有企业建设发展的历史较长，许多大型国有企业从20世纪80年代初期就开始注重企业文化建设，形成了独有的企业文化，取得了一些成绩。在社会主义文化大发展大繁荣的新形势下，随着市场经济体制的逐步建立和完善，原有的企业文化精神与现代企业制度还有许多不相协调的地方，与现代企业的经营管理和经济社会的发展以及人民群众的需要还存在一定差距。总体来看，湖北企业中的大多数还处于"能自觉地意识到企业文化的重要作用但却未能建设一种契合企业实际真正促进企业发展"的阶段。比如，存在企业文化知行不一、内容趋同、企业伦理文化缺失、企业社会责任感不强、文化创新机制缺乏等诸多问题。其主要表现为以下特点。

（一）对企业文化的认识和重视程度不够

绝大多数企业没有认清企业文化的本质，只是从口号上来理解企业文化。据调查，在我国中小企业聚集地温州，有60%的企业领导没有充分认识到企业文化的必要性，有些企业就是有专门的机构，也是形同虚设。企业经营者不介入、不重视，没有把企业文化战略编入企业发展规划的整体战略中，企业经营理念对企业使命、宗旨和目标等内容的规定力度远远不够。

（二）缺乏企业文化核心价值观和经营理念

核心价值观和经营理念是企业的灵魂，决定了企业的发展战略和未来的发展方向，会对整个企业的经营管理活动产生重大的影响。调查显示，湖北省大部分国有企业都没有企业价值观的完整提法，这可能是因为有些企业的领导人不知道什么是企业价值观，或者是只重视经济效益而不关心企业对社会对员工应该履行什么样的社会责任；还有不少企业把企业的价值观与企业精神混为一谈。由于没有适合的企业价值观，企业失去了价值标准，其企业行为容易随企业领导人主观意志而随意而为之，也容易导致社会责任感缺失。如一些企业片面理解企业文化建设，认为企业文化就是追求降低成本和提高效益，于是进行偷工减料、制假售假、质量和价格欺诈等缺失商业诚信道德的经营行为，致使市场萎缩。对员工重义务而轻权利，抑制了员工的积极性和创造性，导致人才流失。缺乏核心价值观的企业在提供产品和服务时，不能很好地处理眼前利益和长远利益的关系，容易为周围的市场环境变化而改变自己的经营风格，没有企业制度的连续性和相对稳定性，扼杀了一些很有潜力的项目和有发展前途的产品，无法发展壮大。

（三）企业伦理文化缺失，社会责任感不强

企业伦理文化是企业文化的基础，是企业文化的动力源泉。企业伦理文化是以一定的哲学思想为理论支持，以约定俗成的并且为企业所奉行的社会行为准则和道德规范，是企业文化的承载，对于有效的、积极向上的企业文化的形成和发挥有着关键的作用，也是企业管理效率提升和企业持续发展的重要保

证。企业伦理文化和企业精神可以持久地激励员工去创造企业业绩，成为企业发展的灵魂和指南，同时也是促使企业履行社会责任的基石。企业伦理文化和企业精神作为企业建设的核心，占有重要地位。进行企业文化建设其实质就是提炼在企业发展中什么观念是最重要的。

（四）企业人本文化核心地位确立不够

企业发展关键在于企业员工的积极性和创造性，"以人为本"是企业文化的核心精神。调查显示，当前不少湖北企业没有深刻理解"人"在企业文化建设中的重要意义，忽视人的存在和价值，仅仅把人看作获取利润的工具和手段，没有把满足人的发展和实现人的需要作为目的，没有看到人是目的性和手段性的统一。有的企业尽管提出坚持以人为本，但较少关注人的心理和心灵，忽视了人力资源开发，把以人为本停留在口号上，造成职工游离于企业文化建设之外，吸引人、激励人的企业文化功能没有真正形成。

（五）缺乏企业文化创新机制

湖北企业文化创新机制缺乏，呈现"浅层化""外观化""固态化""形式化""分散化"五点不足。一是将企业文化"浅层化"。许多企业对企业文化的认识理解还比较肤浅，只是为了塑造文化形象，甚至脱离实际总结出一些并不被认可或者远离企业实际的经营理念或企业精神。二是将企业文化"外观化"。将企业文化当作只是营造企业外部形象的花架子。不少企业只在企业外观色彩、花草树木、衣冠服饰上花心思，下功夫，对企业文化中的核心价值观塑造本末倒置。三是将企业文化"固态化"。认为企业文化一经建立就永久不变，忽视了根据环境、时代、市场的发展变化进行及时创新，使不合时宜的文化成为企业发展的障碍。四是将企业文化"形式化"。有的企业在创建的形式上存在形式主义、赶时髦的思想，认为企业文化就是唱歌跳舞、打球娱乐、成立球队乐队等，缺少联系实际的深入思考，缺少对本企业存在问题的清晰梳理，对企业文化建设原则和着力点、切入点不能准确把握。五是将企业文化"分散化"。企业文化创新的整体合力没有形成，如有的企业只重视大公司文化建设，而忽视分公司文化、班组文化以及营销、安全、质量专业文化等这些基层文化的建设与发展，创新的基因没能植入到基层员工之中，整体合力难以形成，更不可能生成长盛不衰的企业文化。

三 进一步推进企业文化升级，提升湖北企业发展的战略地位

在全球化国际化的背景下，不论东西方，文化都变得更加多元、更加丰富、更为复杂、更为开放，文化相互渗透和相互交融，对社会经济发展的影响更加重要。经济发展的文化背景，已不同于过去，它与人、信息、技术、自然的关系比过去任何时期都更为密切。企业的发展将更多地取决于人的知识、素质、道德、文化态度、创新精神、创意能力。可以说，当今这个时代是文化的时代，文化在社会发展中的作用越来越大，文化与经济的联系越来越密切。为适应经济发展的变化，企业文化也需要较大程度的创新。

党的十七大提出了要提高文化在经济社会发展中的地位，把文化的发展提高到重要的战略高度。党的十八大更是明确提出新时期的发展目标是"文化软实力显著增强，社会主义核心价值体系深入人心，文化产业成为国民经济支柱性产业，社会主义文化强国建设基础更加坚实"。当前，湖北省正处在新一轮重要的发展战略机遇期，更需要重点研究在市场竞争中如何依靠文化力来带动生产力，提高湖北企业整体实力和竞争力。我们认为，企业文化是战略实施获得成功的一个重要因素，在一定程度上，企业文化对战略实施起着决定性作用。因此，湖北企业的发展与壮大，必须重视企业文化的创新，以文化力作为企业战略的支撑点和着力点，依靠优秀的企业文化，来提升企业发展战略的高度，并将企业文化创新纳入企业发展战略规划中，落实到企业经营管理的细节中。如何推进湖北企业文化的升级，可以从以下几方面推进。

（一）企业文化应更加注重人力资源的开发，从价值观念上对人力资本在企业中的地位给予强有力的支持

世界经济已进入知识经济时代，知识经济是建立在知识的生产、传播和使用基础之上的一种新型经济形态。以信息化为基础的新经济时代的企业文化，

无论是基本的价值观念，还是具体的行为准则，在很大程度上都有别于传统的企业文化。知识作为独特的生产要素，是唯一意义深远的资源。掌握和创造知识的"知本家"已经成为企业发展的动力之源。在知识经济时代由于生产要素智能化，人的价值是无法估量的，是社会上最完善的资源，是生产力中最耀眼的明珠。最大限度地开发人力资源，已被融入企业生产经营的方方面面，知识和人力资源股份化的泛股制与企业和员工分享利润的新分配制度已普遍推行，以人为本进行企业创新已经成为企业发展的金科玉律。这就要求企业管理转向以人为中心，激发创造力。为此，企业文化应是强调多样性结构的文化，容许领域交叉，鼓励创新，提倡集体合作和团队精神。而企业文化是寻求效率逻辑与感情逻辑之间的动态平衡的有效途径，"重视人、尊重人和理解人"的管理思维模式与创造积极向上的企业文化是协调好组织内部各利益群体关系，发挥组织协同效应和增加企业凝聚力最有效的途径。

（二）企业文化应更注重企业内学习氛围的培养和学习型组织的建设

由于技术、经济的迅速发展，知识量的急剧增长，企业快速反应、提高应变力的唯一途径，是把企业建设成学习型组织。学习型组织指善于不断学习（含有终身学习、全员学习、全过程学习、团体学习的内涵），以实现从线性思维到系统思维和创造性思维的转变，强调系统思考和知识整合的力量，强调为实现共同的愿景、凝聚集体智慧的团队学习。不断突破组织成长的极限，从而使组织具备不断改进的能力，保持永续发展的态势。另一方面学习型组织也不仅只是获取知识和资讯，同时也需高度重视人们心灵的根本转变，让每一个成员活出生命的真正意义，从而大大增强组织革新和创造的能力，去不断创造未来。所以，在新经济背景下，真正出色的组织将是能够设法使各阶层人员全心投入并有能力不断学习的组织。

用知识的眼光看企业，企业的组织就是一个对知识进行整合的机构。为了在知识经济条件下增强企业的竞争力，世界500强企业十分注意提高组织的整体学习能力。在世界排名前100家企业中，已有40%的企业以"学习型组织"为样本，进行脱胎换骨的改造，通过这些措施，增强国际竞争力。凡是优秀的企业，它们都选定了自己的一种模式，而这种模式都与公司的战略发展和文化一致。

（三）企业文化应与生态文化相结合，将生态文明作为湖北企业追求的重要目标

生态文化是新经济时代的一种新型的文化观念，也是新型的管理理论，它与企业文化都属于一种以持续发展为目标的发展观。它使人们在处理人与自然、人与环境的问题上有着根本性的转变。传统的工业经济以物质与能量的生产为重心，它的产业大多是资本密集型产业，企业只考虑尽可能多地利用自然资源，以获得最大利润，而不考虑或极少考虑环境效益、生态效益和社会效益。因此，带来全球性资源的巨大浪费。知识经济时代以知识的生产和使用为重心，注重科学、合理、高效地利用现有资源，开发尚未利用的富有资源。因此，新经济是经济增长的新形式，追求的目标是生态环境的保护和人的长远发展，其实质是生态文明。将企业文化的发展与生态文化相结合，把生态文明作为企业文化建设的一项重要内容，才能将企业的发展引向企业与环境、社会与自然的协调发展的轨道上。

（四）企业文化应由单元性向多元性、兼容性和协调性方向发展，使企业文化成为一个"开放性"系统

随着世界经济区域化、一体化趋势日益增强，各国之间的经济交往日益密切，跨国经营已成为越来越多的企业所选择的有效经营形式。跨国企业内部不同国籍、不同民族的员工具有不同的文化背景，企业内部存在不同程度的文化差异，企业文化包含着多元文化的特点。不同国家的法律文化、社会文化以及诸多的文化差异，既使企业的市场环境和市场需求发生变化，也使组织内部的管理面临更多的复杂性和决策的不确定性。文化价值观念的冲突和管理制度的碰撞在所难免，这一切，促使企业更容易从多层次、多角度分析理解问题，管理更具弹性化和艺术化；另一方面，企业面对多元文化的国际环境和人力资源，也使企业的智力、知识、思维等兼收并蓄，优势互补，才更易于形成新观点、新主意和新思想，更有利于提高组织效率和竞争力。跨国经营的企业更加

注重跨文化管理。跨文化管理是把管理重心转向企业所具有的多元文化和文化差异的认识上，克服多元文化和文化差异带来的困难，将多元文化作为企业的资源和优势加以利用，通过认识文化差异（识别文化差异类型，有针对性地提出解决文化差异的办法），进行文化选择（选择和吸纳外来文化中优秀的成分，使融合的企业文化具有"杂交"的优势），实现文化认同（使不同文化背景的成员相互间了解、关心和认同，并树立企业自己的标准，实现文化的同一）。容许不同文化的共存，则对可能形成的企业文化的协调性具有至关重要的意义。

（五）企业文化应更注重树立企业良好的组织形象

知识经济时代，企业管理的重心将实现从有形的"物质"到无形的"知识"的转移，企业之间的竞争已不再是仅仅停留在某些个别方面或单一层面上的传统意义上的竞争，而是从个别或局部的产品竞争、价格竞争、技术竞争、资源竞争等转向了企业形象及其整体实力的竞争。谁能够在强手如林的竞争中把良好的企业形象树立起来，为广大消费者所认同，谁就能够立于不败之地。而模糊和低劣的企业形象就会使企业处于竞争的劣势地位，甚至导致消亡。良好的组织形象已成为企业一笔巨大的无形财富。企业形象是公众对组织的总体印象、看法和评价，是关于组织总体状态的舆论，反映了公众对组织的认知，公众的情感以及公众的意向。企业形象对企业影响有诸多作用：提高企业的知名度，吸引人才，激励职工士气，形成良好的工作气氛；对外则能增强投资者的好感和信心，扩大企业商标和品牌的知名度，使企业的声望高、信誉好，受到消费市场的欢迎和好感，巩固企业的市场地位，为企业营造一个和谐宽松的发展环境。因此，创造一个社会大众能接受的有深厚文化底蕴的组织形象，使组织形象具有更强的辐射力，已成为现代企业普遍追求的目标之一。

参考文献

1. 王卫刚：《国有企业文化建设现状及改进》，《城市建设理论研究》2012 年第 6 期。

2. 巩向臣：《论国有企业文化现状及改善对策》，《山东社会科学》2012 年第 6 期。

3. 熊香平：《国有老企业文化重建与宣传部门的职能》，《黄冈师范学院学报》2007 年第 4 期。

4. 代海岩：《企业文化与战略实施主体——博弈论的视角》，《商场现代化》2006 年第 29 期。

5. 陈静：《中国高科技园区企业创新文化建设研究》，《北京航空航天大学学报（社会科学版）》2010 年第 2 期。

加强湖北企业文化管理，
提升企业管理绩效

李　巍*

随着国家新型工业化和发展现代化战略的推进，工业生产条件得到持续改善，脑力劳动者比例扩大且日渐成为决定生产率的主导力量，劳动者主体意识越来越强。同时，我国连续 20 年的高速发展，消费者意识逐渐觉醒，尤其加入WTO 之后，国内竞争的国际化特征日益明显，市场范围和竞争强度越来越大。以往基于工业生产企业原型发展起来的企业管理理论和管理方式受到管理环境变化的巨大挑战。近 40 年，如何在重视科学生产的同时，加强人的能动性和创造性管理一直是学界研究的热点，也是企业经营面临的重大现实问题。日本企业在物质资源匮乏的条件下做出了卓有成效的探索。日本以传统文化中重视有礼有序的集体精神为基础，开发出行之有效的全员管理、集体决策、集体负责、含蓄控制管理新模式，有力激发了全体员工参与经营和创新工作的热情，导致企业创新和管理变革。其中，精益生产模式支持日系汽车企业后来居上并引领全球至今。即便在过去"沉睡"的 20 年里，日本产业仍得到快速发展，尤其在创意产业中，日本企业仍居于全球前列。《福布斯》杂志将日本生产称为 GCP（Gross Cool Production），新时期的日本成为全球当之无愧的酷文化创造、生产和输出强国。著名管理大师彼得·德鲁克指出，20 世纪最重要的，也是最独特的对管理的贡献，是制造业中手工工作者的生产力提高了 50 倍。21 世纪对管理最重要的贡献，同样也将是提高知识工作与知识工作者的生产力。如果说，20 世纪提高体力劳动者生产力主要依靠科学的制度、严密的外部监督和技术创新的话，那么，在知识型企业占主导、脑力劳动成为主要劳动

---

* 李巍，湖北企业文化研究中心，教授。

方式以后，这种看不见的劳动则会使外部监督和制度化管理的效果大打折扣。唯一有效的方式是通过影响知识工作者的思想观念，创造激励性良好的企业文化氛围来提高工作效率。观察日本之赢，实是赢在抢先一步发展出与产业发展方向契合的文化管理思想及管理模式上。

在日本企业成功的感召下，全球对企业文化管理的研究和实践探索一直盛行不衰。美国在 20 世纪七八十年代即开展了大量的针对日本创新管理模式的研究与实践探索，极大丰富了企业文化理论研究成果，也助推了各国企业的文化管理实践。管理大师约翰·科特的《企业文化与经营业绩》、威廉·大内的《Z 理论》、汤姆·彼得斯的《追求卓越》、吉姆·柯林斯的《基业长青》等众多管理理论经典著作都证明了文化对提升经营业绩的巨大作用。在新的发展时期，游走在西方和东方管理之间的中国企业具有西方科学管理模式的实践基础，也具备吸纳东方人本管理的文化基础。传统的科学管理模式可以造就一个结构框架合理、运转程序规范、制度严格的标准化企业；企业文化管理的运用则可以赋予这个企业以生命的活力，为之提供精神源泉和价值动力，引导其发展方向，并创造出经营个性和管理特色。当今各国经济与文化结合日益紧密，各国不仅市场相连、资本融合、技术互通有无，而且在文化上也相互渗透，这给面临国际竞争并要进军国际市场的中国企业提出了跨文化管理的现实课题。

当前，我国正处在推进产业升级和改变落后生产方式的攻坚阶段，湖北正在努力实现跨越式发展，湖北企业一定要认清未来发展方向，抓住机遇，实现内部管理的跨越，努力丰富企业文化管理的内涵。在一定时期内，湖北作为承接东部和南部省份外资工业的重要地区，制造业会得到一定程度的发展。但是，随着未来高新技术产业与服务业的大发展和高等教育的普及，蓝领员工比例会越来越小，具有创造性的脑力劳动者将成为产业的主要人力资本，管理也将更多地从"外部约束"转向"内部激励"和"自我控制"。当前的转型期，无疑为湖北企业创新管理模式、大胆实践文化管理新模式提供了最佳外部环境。

毋庸置疑，企业文化是一种重视人、以人为中心的企业管理方式，企业文化管理的优劣影响着企业的创新效率和生产效率，决定着企业的生命力和竞争力。企业文化管理带来的绩效提升不仅体现在财务指标的变化上，更为重要的是，它带来了一套能够达成当期和长远改善企业经营管理模式的方略。近年来，企业战略管理的重要性被企业普遍认识，企业家更为关注企业长期竞争力的培育和发展，更多采用平衡计分卡理论全面衡量企业的绩效。该理论主要从四个方面衡量企业绩效。（1）财务角度，主要回答如何对待股东的问题；（2）客户角度，主要回答如何对待客户的问题；（3）内部业务流程和组织建设角度，主要回答如何才能做得更好的问题；（4）员工角度，主要回答如何不断提升员工能力、创造价值的问题。

企业文化管理理念通过价值层面、制度层面、行为层面以及物质层面四层次环环相扣的系统化管理，能够较好地沟通内部与外部、当期与长远、局部与全局、下级与上级、目标与手段，达到职能管理手段所无法达成的管理目标。为保证企业绩效提升，企业在文化管理中要重点处理几个问题，即构建企业外部、内部发展协调统一体的问题，企业文化力激发与建设问题，企业－员工成长共同体建设问题，企业创新与变革中的文化支持问题。

（一）构建企业外部、内部发展协调统一体的问题

企业是生存在一定社会和市场环境中的生命体，企业持续发展有赖于社会各界的认同。现有的基于企业实践的研究表明，企业文化和内外部环境的一致性对企业绩效有较为显著的影响。企业文化推动企业树立健康正确的企业愿景和发展目标，激励企业采用被内外部力量认可的方略管理企业，并向外传达企业积极的价值观、输出市场喜闻乐见的价值产品。这一管理模式可以在企业与社会、社区、供应商、消费者以及其他关联者之间建立正向积极联系，也更有利于企业在社会上树立良好的形象，受到更广泛的认同，从而形成企业内外部协调发展的统一体，这将非常有利于企业的长期可持续发展。相反，如果企业价值观与社会意志或者消费者意志出现偏差、彼此背离，就容易造成外界对企业的不接纳，市场用脚给企业投票，企业发展将举步维艰。研究显示，企业文化只有在与环境适应的情况下才会发挥对企业绩效的正向作用。因此，对于所有企业而言，都必须保持对环境的高度敏感，并且适时变革企业文化；企业要高度关注外部利益相关者的同步成长问题，采取切实手段培育和促进消费者、行政管理者、供应商的发展。

（二）企业文化力激发与建设问题

企业竞争力主要来自国家和地区政治力、企业经济力以及企业文化力。我国企业在竞争力建设中，普遍重视争取政治力支持而忽视文化力建设。文化力的作用非常大，主要通过导向力、激励力、凝聚力、融合力、规范力、防御力以及辐射力发挥其综合作用。

1. 导向力

文化作为思想力、精神力，对行为具有天然的导向功能。与企业成长目标相匹配的健康企业文化能够有效指引企业把握每阶段的发展方向，把员工的个人行为吸引到组织目标上来，并且在各种复杂的决策环境中使企业坚持、坚定方向，避免朝令夕改和盲目跟进。正如松下幸之助所言，企业文化是企业的"精神灯塔"，企业有了它就不会迷失前进的方向。

2. 激励力

员工是企业最具能动性的资源，员工激励是开启智慧宝库的钥匙。单纯地依赖物质激励会将员工价值观引向偏隅之地，还会妨碍其主动性、积极性和创造性的发挥，有甚者还会引发员工间的不当竞争和不良攀比。所以，学者们将外部物质激励称为维持性激励，这种激励只能保障低层次需求水平的员工一段时间内的工作绩效。企业要想长远发展更要依靠内部激励，企业文化通过作用于内驱力引导员工需求向高层次要求发展，引导、诱发和维持员工较高的自我激励水平，使员工保持高度自觉、自动、自发，极大激发其体能、智力才能和聪明才干，创造和谐协作的工作氛围，群策群力达成组织目标。

3. 凝聚力

凝聚力是形成企业发展动力的重要基础，企业文化是企业凝聚力的精神基础。企业文化通过导向、融合等功能可以有效地增强企业部门、员工的相互认同、团结与合作，增强全体员工对企业的依恋性和向心力。得到高度认同的企业文化可以有效避免和解决企业内部各种矛盾和冲突，可以最大限度地防患于未然，还为处理这些冲突提供了正确准则。强大的企业一定具备强大的企业文化，化矛盾于萌芽，问题解决在基层，才能简化管理，使得各层管理者专心于建设和发展目标，也使高层管理者有更多精力专注于企业的长远发展。优秀的企业文化关注员工发展，重视从财、物、情、精神、事业多个方面为员工提供生理和心理满足，使企业和员工结成利益共同体、发展共同体，员工在精神上寄托于企业，在情感上依恋于企业，在行动上忠实于企业，与企业同命运、共呼吸，风雨同舟，休戚与共。企业发展的每一步都能为员工提供更好的物质满足和心理满足，员工有更强的安全感、荣誉感和自豪感，自动自发贡献创造力和生产力。如此，在员工和企业间形成吸引、凝聚、生产、创造的良性互动，推动企业绩效不断提升。

4. 融合力

企业文化强大的导向和凝聚功能可以把组织中不同职能部门、不同团体的员工以及新吸纳的具有异质文化倾向的员工整合成一个思想共同体，达到对组织使命、目标和发展的高度认同。企业文化管理通过文化融合可以有效缓解当前企业普遍采纳的职能制结构管理模式带来的各部门各自为政、协作不足的管理问题，通过加强文化认同和目标协同，增加共识和同感，明确处理大企业和小集体冲突的准则，加强团结，加快对企业中异质文化的同化，切实降低内部摩擦损耗，降低思想不认同带来的员工流失，促进内部合作。

5. 规范力

企业发展过程中形成的具有强烈特色和企业特质的企业文化具有自觉性和一定的排他性，一旦形成稳定的企业文化，它就成为企业各方行动的稳定内驱力和约束力。对内而言，企业文化通过作用于个体观念和组织制度能够更有效地约束、导引和规范员工做出符合企业整体利益的行为，并且，在明确的企业文化引导下员工行为选择具有显著的自动、自觉和自愿特征。同时，企业文化能够最大限度地降低个体观念、群体意志差异以及由其带来的各类管理冲突。对外而言，稳定的企业文化能够有效防止外部不良文化、弱势文化的渗透和侵蚀，坚定企业发展方针和战略选择。

6. 防御力

一旦形成了较为稳定有利的企业文化，这种文化就发挥着保持自身基本价值观纯洁性、连续性和一贯性的作用，一方面能有效防止外部文化的干扰和渗透，有利于组织经营保持一贯性，保证战略持续贯彻执行；另一方面能够不断发挥和弘扬本企业文化传统，强化员工再认同，形成企业经营独具的精神内核，持久保持企业自身文化特质和特性，成为企业独特竞争力的重要内容。

7. 辐射力

日益强健和稳定的企业文化自然具备越来越强的外展特征，即可以向外扩散，发挥影响力，同化异质弱小文化，进而影响社区文化和社会大文化。在这一对外辐射作用中，企业价值观得到消费者、供应商、同行、社区和社会各界的认同，保证了企业作为社会组分顺畅地开展价值活动，增强了社会各界对企业的接受度、好感度和欢迎度。从而，企业可以脱离低水平的广告推介和单方面自我宣传，而进入用文化占领阵地、取得社会认同，进而成为社会文化发展先锋，达到"登高一呼、一呼百应"的"无为而治"经营境界，发挥强大社会影响力，更可以引领行业、引领社会文化的创新发展。企业文化力的激发与建设依赖企业在价值观、制度、行为、物质四个文化管理层次的改进工作，而企业文化平衡发展格局更能够带来理想的绩效表现。

（三）企业－员工成长共同体建设问题

企业是人的集合，人是企业最重要的资源。工作者的个体价值观、信念与理念决定其工作动力、工作意愿和工作方式，最终反映为企业生产与创新的绩效。企业文化管理的核心在于重视人、团结人、激励人。传统企业管理并不缺乏对领导者的关注与激励，但却忽视了领导者应承担的企业文化建设职责。哈佛大学教授特雷斯·E. 迪尔和麦肯锡咨询公司顾问阿伦·A. 肯尼迪在著作中指出企业领导人应当区别和诊断自己的企业文化，把主要时间用来思考企业的价值观，并将协调不同价值观的冲突作为自己的主要职责。在处理不同层次员工的关系上，美国管理学家戴维·布雷德福和艾伦·科恩指出，现代管理者应该从"英雄型"转向"育才型"，要高度重视员工的成长与发展，做到精神感人、事业育人、文化留人。当前，湖北企业文化管理应着重加强企业创业者与领导者对企业文化塑造的贡献，要促进部门形成优秀的部门文化，即员工精神振奋、全体成员紧密结合、迅速解决问题、积极竞争、信任下属。当企业既有文化成为企业发展的障碍时，企业领导者应推动企业文化变革来排除障碍。值得重视的是，我国企业尤其是生产型企业对一般员工的成长关注不足，经常有拖欠员工工资和员工权益受损的负面报道见诸报端。R. 帕斯卡尔等人认为日本企业的成功在于比美国企业更重视人员、技能、作风和最高目标等文化因素。威廉·大内认为，讲求"信任""微妙性"和人与人之间的"亲密性"是日本企业的管理精髓。企业文化管理应着眼于人的管理与人的发展，着眼于人的情感和理智的协调，着眼于内外部关系管理，不需要追求绝对的理性，也不能唯理性为准绳，而是要以普遍的大众认同来安置人和处理事，重视忠诚、团体意识和员工关怀，丰富企业基于情感和精神文化的管理内容，这样才能极大地激发全体工作者的归属感和责任感。企业文化管理可以避免普遍划一的理性主义带来的僵滞情感损伤，有凝聚和激励功能。不论什么企业，只有产生较强的员工向心力与企业归属感，才能从根本上消除个体与集体的矛盾冲突，从内在激发员工的工作热情和奉献精神。应该善用企业文化管理，全力打造企业－员工成长共同体。

（四）企业创新与变革中的文化支持问题

湖北企业正处在外部发展机遇期，企业创新与变革成为日常管理的应有之义。许多企业不变则已，一变则失利，分析其中原因，并不全然缘自业务，更多的是企业文化惯性导致的变革障碍。中国企业海外并购频频遇阻的现实告诉我们，看起来很完美的战略，如果缺少对企业文化问题的全盘考虑、缺少企业文化管理的支持，也很难发挥实效。企业的变革过程也是企业文化变革的过程。科特（Kotter, 1992）在《组织文化与经营绩效》中指出，凡是能够促进企业绩效提升的文化都有一个共同的特点，那就是不断促进企业变革。其他研究也显示，如果企业文化不能适应新的环境，成功企业的强势文化反而会激烈地抗拒变革，进而加速组织的衰退。Cameron 和 Quinn 在其著作中也指出，在企业的变革和创新活动中，现状文化和目标文化之间一致性越高，企业收到的成效也越高。

文化创新引领企业创新，并且为创新行动保驾护航。任何创新行为都从观念创新开始，企业文化可为创新创造提供有利的精神环境。创新行为不可避免地会遭到企业习惯行为和定式化规则的反对，需要有支持创新的企业文化给予持续激励。创新行动往往面临更高的风险，风险共担型领导文化和风险接受型决策文化可为之营造宽松文化氛围。积极的企业文化伴生积极的创新行动，病态、不良甚至恶劣的企业文化则会处处干扰、阻挠、破坏和延迟企业的创新行为。同样，企业创新也推动着企业文化的创新和变革。德国学者 Martin 和 Paulne（1994）依据不同发展阶段的企业文化特质把企业管理分为七个等级，从低到高依次为"保证生存，渡过难关""家长制""技术统治与刚性管理""创造与革新""热情与信任""想象力强，有远见卓识""全球意识"。外部竞争的压力和企业自身的快速成长需要企业更多、更快地创新与变革，向高层次管理文化迁移。企业文化建设不可能一劳永逸，而是要随着企业的发展和变革适时做出调整改变，领导者应时刻关注内部文化变革，把握渐进变革和突发性变革的尺度，避免文化"地震"，主动积极利用企业文化管理促进企业长期可持续发展。

　　企业文化可以是一种生产力也可以成为生产力发展的障碍。企业发展中不断形成的企业文化有积极与消极之分，有的企业积极改革，不断进取，有的企业消极保守，故步自封；有的企业齐心协力，紧密团结，有的企业人心涣散，犹如散沙；有的企业是一言堂，有的企业群策群力蒸蒸日上；有的企业排除万难坚守顾客第一，有的企业在短期利益前轻易放弃职守被市场抛弃。在一贯坚持形成积极文化的企业中，文化成为企业发展的持久动力。不断游移无所坚持的消极企业文化则使企业内到处弥漫着分散、保守、迟缓、不合作、低效的"空气"，阻碍企业生产经营的正常开展。因此，企业文化需要管理，不重视企业文化管理是危险的，会使企业面临隐患和危机，这些隐患和危机往往会在企业面临挑战和变革时集中爆发。

　　企业文化管理需要企业进行长期不懈的管理和建设，要充分发挥创业者和领导人的文化影响力，不要急于求成，要避免形式主义，要避免产生过多的不务实、无实效的"泡沫文化"；加强全体员工共同精神财富的建设，强化群体认同，循序渐进，不断积累，适时创新。

参考文献

1. 张勉、李海、魏钧：《企业文化和企业绩效的关系研究———致性和均衡性的观点》，《科学学与科学技术管理》2007 年第 8 期。

2. Enz, C. A. , *Power and Shared Value in the Corporate Culture* . Ann Arbor, MI：UMI. 1986.

3. Cameron, K. S. & Quinn, R. E. , *Diagnosing and Changing Organizational Culture：Based on the Competing Values Framework* . Addison-Wesley, 1999.

加强湖北企业创新文化研究，
打造湖北制造新动力

赵 玮*

湖北省委书记李鸿忠在湖北省第十次党代会上做报告时提出：实施质量兴省战略，大力培育品牌，打造"湖北原产"，壮大"湖北创造"，提升产品核心竞争力。至此，质量兴省战略被首次写入湖北省党代会主题报告，上升为湖北经济社会发展的重要战略之一。转型发展，创新驱动，如春潮奔涌于荆楚大地。自主创新，浴火重生，湖北将从"中国制造"迈向"中国创造"。湖北是文化资源大省，打造"精神高地"，形成中部崛起的"文化支点"，是"创新湖北"的一个重要内涵。

湖北省独特的地理位置和特殊的商业功能，使湖北企业形成了善于接纳新事物的开放姿态，形成了"一本多元"的企业文化特征。自20世纪80年代企业文化概念进入中国以来，尤其是党的十七届六中全会召开以后，湖北省企业顺时应势，在原有丰厚底蕴的基础上，主动将建设先进企业文化融入社会主义先进文化建设大潮之中，一大批企业结合自身行业特点创建了各富特色的企业文化，涌现出大冶有色、长飞光纤、中建三局、中铁十一局、中铁大桥局、东风汽车、百步亭集团、武钢、美尔雅集团、蓝特集团"湖北省十大优秀企业文化品"。在文化引领企业发展方面，葛洲坝集团的"丰碑文化"、中建三局的"争先文化"、中国电信湖北公司的"天翼文化"等企业文化占高致远、自信豪迈，成为企业发展壮大的精神旗帜。在文化带动职工学习成才方面，武钢公司设立工人科技园，江汉油田创办职工创新工作室，搭建职工技术培训交流平台，极大地激发了蓝领工人的创新、创造热情。湖北省企业文化的影响无处不在，功能作用得到全

---

* 赵玮，湖北企业文化研究中心，教授。

方位释放，一大批先进企业文化深刻影响着荆楚人民，并汇入社会主义先进文化建设潮流，成为推动湖北科学发展的强大精神力量。

围绕企业文化建设，湖北企业思想认识不断深化，文化载体日益丰富，文化领域大幅拓展，文化机制焕然一新，文化功能全面发挥，形成了发展企业文化的浓厚氛围，构建了鄂企业文化竞争力的强大气场。

一　湖北企业文化创新研究的特点

（一）独特的"荆楚文化"是湖北企业文化创新的原动力

湖北是荆楚文化的发祥地，荆楚文化的特质，可以概括为"积极进取、开放融合、革故鼎新、至死不屈"或者为"筚路蓝缕"的创业精神、"抚夷属夏"的开放精神、"一鸣惊人"的创新精神、"深固难徙"的爱国精神、"止戈未武"的和合精神等。刘玉堂的研究表明，在荆楚文化影响下的湖北人，既具有"睿智机敏、自信包容、刚毅果断、英勇顽强"的优秀性格，同时，也存在"重情感而轻理智""重开拓而轻守恒""重竞争而轻协作"的性格缺陷。重情感、轻理智使湖北企业的制度文化带有浓厚的感情色彩。

湖北企业创新还表现在创业能力上，创业能力强显示了湖北企业植根于文化底蕴深厚的荆楚文化所特有的张力，湖北企业的创业能力也体现了当今湖北科教大省的优势。企业的创新不是"游击战"，应该是"阵地战"——立足长远，沿着既定的战略不断对企业的生产技术、管理与服务模式进行改造。以文化产业为例，"鄂军"文化品牌异军突起，江通动画、盛泰传媒、金三峡印务等带动报纸期刊、出版发行、数字网络、电影放映和影视动漫优势文化产业集群的形成。文化创新塑造凝聚力、提振精气神，更在于彻底破除计划经济的思维定式，树立起"产业第一、企业家老大"的理念，在全省上下形成了重商、亲商、悦商的人文环境。

企业文化建设的范围由国有企业向民营企业拓展，由大中型企业向小微型企业拓展，由文化积淀丰厚的百年名企向新兴产业、高新技术企业拓展，企业文化发展浪潮席卷荆楚大地，呈现千帆竞发、百舸争流的良好态势。

（二）民营企业纷纷崛起是湖北企业文化创新的生力军

"天上九头鸟，地下湖北佬"，这一方面是在赞扬湖北人的精明强干，另一方面则指出了湖北人不善合作的本性。这种性格特征在湖北省企业制度选择上，表现为家族制企业；在生产经营上，表现为习惯于自成体系。在湖北省，大多数企业选择了家族式组织模式。家族式企业并不是落后企业的代名词，世界上许多知名企业也是家族式企业。这种企业在成长过程中，企业文化建设显得更为重要。一大批民营企业的成长与可持续发展要求有独特的企业文化，企业文化在民营企业中有着强烈的凝聚力，对于企业树立形象，稳定员工起到了重要的作用。越来越多的企业家认识到，企业文化是企业生存和发展之灵魂，是提升企业核心竞争力的必由之路。湖北宜化集团董事长蒋远华在带领集团公司扭亏为盈、逆势扩张的过程中，充分认识到"管事必先管人，管人必先管思想"，并通过重塑宜化文化，构建企业统一价值观，激发了全员自觉、自动、自发工作的积极性，成功扭转了企业危机，尝到了文化制胜的甜头。民营企业湖北蓝特集团创立"以人为本创天下、以智为本先天下、以搏为本富天下"的"三本文化"，坚持职工文本、人尽其才，实现了发展主体以人为本、发展动力以人为本、发展目的以人为本的创业思想，形成了企业人才竞争优势。

这些企业构成了企业文化创新的新主体，其形式与内容更加与时代接近、与新生代员工接近，是企业文化创新的新动力。

（三）借势"中部崛起"战略为创新提供政策支持

围绕建立创新型国家和实施中部崛起战略目标，中部六省纷纷积极整合资源、完善机制、优化环境，自主创新已由此前的技术创新为主，逐步发展为包括制度、管理、技术和服务等各要素聚集的集群创新，区域创新体系日渐形成。

2004年，国家正式启动"中部崛起"战略，2007年，将武汉城市圈确定为"两型社会综合改革试点城市"，这些战略举措带动了湖北省新一轮经济增长。"十一五"期间，湖北省构建促进中部地区崛起重要战略支点也取得实质性进展。武汉城市圈"两型"社会建设综合配套改革试验区、东湖国家自主创新示范区等重大改革创新试点获国务院批准。武汉城市圈"两型"社会建设、鄂西生态文化旅游圈建设、湖北长江经济带新一轮开放开发，分别于2007年、2008年、2009年启动，构成了事关长远、覆盖全省的"两圈一带"总体发展战略。

湖北省企业文化建设经历了由个别企业先行一步、独立摸索、单一推进，到党政、企业、社会团体、科研机构和社会各层面齐抓共管、联手推进的发展历程，企业文化建设形成了良好的整体运行机制。

（四）利用知识密集特点为创新驱动提供科技优势

中部六省，尤其是武汉、长沙、合肥等城市是我国重要的科教基地，科技实力雄厚，位居全国前列。湖北省内各高校日益关注企业文化领域的研究，武汉大学、华中师范大学、湖北经济学院等高校先后成立企业文化研究中心，从传承楚商文化、促进中部崛起、构建中三角经济区等广阔视角开展深入的理论和实证研究，为企业文化建设提供了有力的智力支持。

在武汉光谷，依托华中科技大学、武汉邮科院等一批科研机构，坚持自主研发，一批企业在光电子器件设计与制造、光纤制造、光通信设备等领域创造了一系列"中国第一"，使我国光纤通信成为高新技术中与发达国家差距最小的领域之一。目前，武汉光谷以平均每天十多项专利的申报速度，成为我国光电子信息领域参与国际竞争的知名品牌。这里瞄准国际前沿领域，以战略性新兴产业研发为导向，立足光谷科技资源和产业基础，以光电子信息、生物医药、新能源环保和高新技术服务为重点，汇聚国际顶尖创新资源，构建集技术研发、中试孵化和产业生成为一体的创新价值链，形成一批高水平的原始创新成果并迅速实现产业化。

"精英云集，共筑梦想"已成为湖北省吸引人才的新口号。湖北省正在全面实施"千人计划""百人计划""黄鹤英才计划"及"3551人才计划"，这都将加快聚集具有全球战略眼光的企业家和世界一流的科研人员，特别是拥有改变世界梦想的创业者和科学家。这将大力培育以"创富"为核心，创意、创新、创业并举的价值观，营造"敢于冒险、勇于创新，宽容失败、开放包容"的企业文化。

二 湖北企业文化创新的发展现状

（一）湖北省大力推进"创新湖北"的文化建设

"十二五"是湖北加快构建重要战略支点的关键时期，今后十年乃至更长时期，是实现湖北科学发展、跨越式发展的黄金增长期。湖北省已经进入全面启动"创新湖北"建设的关键时期和"黄金十年"。整合创新资源，发挥创新优势，挖掘创新潜力，把创新作为动力之本、发展之源，使经济社会发展转入要素驱动与创新驱动并举、科技进步和创新推动并重的轨道，以创新驱动湖北跨越式发展。

发展文化创新是创新驱动的"原动力"。推进"创新湖北"建设，关键是深入解放思想、创新观念，形成有利于创新的发展文化。解放思想永无止境，创新发展永无止境。解放思想是干事、创业的逻辑起点，是总动力、总闸门和总开关，是科学发展的第一动力。作为典型的内陆省份，湖北从任何方向走出国门，都要经过两个以上的省份，解放思想的任务尤其繁重。要创新思想观念，进一步强化各级领导干部、企业家和全社会的创新意识，营造"崇尚创新、宽容失败、鼓励竞争"的社会意识和文化氛围。要以思想大解放为先导，拓展发展视野、培育发展文化、优化发展环境、拓宽发展空间。要以创新文化带动发展文化，创新发展文化，在推进思想解放中构筑湖北跨越式发展的"精神高地"，在创新发展文化中凝聚湖北跨越式发展的"强大气场"，让思想解放的火花在荆楚大地上绽放，让创新创造创业的源泉在荆楚大地涌流。

对于企业而言，创新更是灵魂，是推动企业发展的不竭源泉。企业文化只有以创新为精髓，把创新的基因植入到员工的思想中去，才能引领企业在未来的发展中不断开辟新的天地。像松下电器、IBM、英特尔等百年企业之所以生存至今，就在于其创新精神长盛不衰。湖北要加快构建促进中部崛起重要战略支点的步伐，湖北企业要走上发展的快车道，就应当继承和弘扬楚人博采众长，敢破敢立的创新精神，培养企业创新文化理念，营造注重创新、激励创新、保护创新、勇于创新的文化氛围，尊重员工的首创精神，积极培养和引进创新人才，建立完善激励自主创新的人才评价和奖励制度，动员企业员工投身到自主创新的伟大事业中去。

（二）县域文化发展魅力显现

湖北省第十次党代会指出：弘扬社会主义先进文化、发展和培育现代文明，是富民强省的题中应有之义，要积极推进文化体制改革，促进文化大发展大繁荣。县域文化是文化建设的根基，必须立足实际，发挥优势，坚持文化自觉，增强文化自信，打造县域文化"软实力"，让县域文化成为地方凝聚力量、激发活力、推动发展的重要支撑，成为转变经济发展方式，实现科学发展、跨越式发展的重要力量。"国民之魂，文以化之；国家之神，文以铸之。"县域文化可以说是文化建设体系的基层、基础。努力打造县域文化发展魅力，打好、打牢这个基层、基础，对于文化强省建设至关重要。

在文化价值理念建设方面，用文化"以文化人、以文铸魂"的功能，促进人的思想解放、观念创新。广水市"七山一水二分田"，具有人多地少干旱缺水的特点，也因此形成了广水人坚忍不拔的性格。改革开放后，广水有20多万儿女长年外出打工，从而形成打工经济特色，如北京"排骨村"、上海"不锈钢产业园"、广州"灯饰城"等广水人的创业品牌。"归依文化"是县域文化的一个重要特点。中国人讲求"落叶归根"，是一种根植于血脉和骨髓中的文化浸润，如"连氏文化"就是国民党荣誉主席连战先生祖辈几代人在广水创造的家族文化，是广水市县域文化的重要组成部分。近年来，我们充分发挥连氏文化的"归根"作用，推进广水连氏与台湾连氏的联系，促进交往交流，取得了一定的成效。

（三）由文化大省向文化强省的历史性跨越

建设文化强省，是湖北省委、省政府从构建重要战略支点工作全局出发做出的重大战略部署，是贯彻党的十七届六中全会精神、顺应人民群众新期待的直接体现。我们要抓住机遇，乘势而上，抢占文化制高点，以深化文化体制改革为抓手，奋力实现湖北由文化大省向文化强省的历史性跨越。

当前，结合湖北实际，建设文化强省，需要把社会主义先进文化体现到精神文化产品创作、生产、传播各方面，将湖北的楚文化、三国文化、神农文化、红色文化、宗教文化、土家文化等丰富的文化资源转化为文化产品、文化精品，转化为文化事业、文化产业，着重在把文化资源优势转化为文化软实力和社会生产力上下功夫。

着力培育有利于发展的重商文化。建设重商文化，是从文化自觉高度推动湖北科学发展、跨越式发展的"破题"之举，是我们当前迫切需要推进的一项重要工作。传承荆楚文化，弘扬重商精神，以文化软实力构筑湖北跨越式发展的"底气"，让创造财富的源泉涌流荆楚大地，是当代湖北人的历史责任和时代使命。一切落后皆缘于思想落后，一切进步皆始于思想创新。我们所倡导的重商文化不同于传统意义上的"重商主义"，是适应市场经济，有利于发展的文化，包括人们在合理追求财富，追求创造价值，促进发展过程中所形成的思想观念、价值取向和社会意识。营造重商文化，需要思想的再解放、观念的再更新，实现思想认识上的与时俱进。要通过宣传引导、政策激励，在全社会努力营造"亲商、利商、留商、暖商、敬商、懂商、悦商"的浓厚氛围，为全省科学发展、跨越式发展提供良好人文软环境。

（四）扩大开发了文化旅游业

湖北省旅游局介绍，全省旅游业持续高速增长，实现了"三大历史性转变"：旅游产业由国民经济一般性产业向战略性支柱产业转变，旅游发展态势由单打独斗向整体推进转变，旅游市场格局由旅游集散地向旅游目的地转变。

国家旅游局将武汉城市圈和鄂西生态文化旅游圈作为旅游管理体制综合配套改革试验田；鄂湘赣三省旅游局率先签署旅游合作发展协议，加快推进旅游一体化发展；海峡两岸首个旅游联盟成立；鄂渝联手整合长江三峡旅游资源，迈开区域旅游合作新步伐。目前，旅游业的引擎带动功能进一步发挥，已形成大旅游、大市场、大产业的发展格局。

湖北省3家企业被命名为第五批国家文化产业示范基地，分别是宜昌金宝乐器制造有限公司、武汉亿童文化教育发展有限公司、湖北盛泰文化传播有限公司，入选数量居全国前列。这3家企业借助国家文化产业政策和文化体制改革大环境，善于深挖、用好当地文化资源，把文化元素融入企业经营和市场化运作之中，增强企业文化特色和文化内涵，具有较强的持续发展能力和竞争力，经济效益和社会效益也显著增强。

（五）涌现了一批"文化兴企"的优秀企业

借助文化强省的劲风，一大批企业发起了"文化兴企"的活动，提出了适应本企业特色的文化创新理念。以蓝特集团、武汉钢铁公司、三江集团为代表的优秀企业起到了楷模作用。

1. 蓝特集团："三本文化"凝铸企业之魂

早在 1996 年，蓝特集团抓住参与全省首批民营企业股份制改造的机遇，举办了民营企业文化建设研讨会和座谈会，集思广益，聚智论证，创立了"以人为本创天下、以智为本先天下、以搏为本富天下"的蓝特"三本文化"。"三本文化"是辩证统一、有机结合、彼此承接的企业文化整体。它既蕴涵了发展主体以人为本、发展动力以人为本、发展目的以人为本的创业思想，也凸显了勇于创造、敢为人先、与时俱进的创新精神，还展示了艰苦创业、惠及民生、富裕社会的创富宗旨。

公司一直把握市场需求与政策导向的结合点，把注重企业效益与讲求社会效益统一于促进经济社会发展的全局之中；把握经营者事业发展与员工价值追求的结合点，把企业发展目标与员工发展目标统一于创新企业经营管理的整体之中；把握企业持续发展与促进社会和谐的结合点，把履行社会责任、促进共同富裕统一于企业发展战略的目标之中；把握生产经营与文化建设的结合点，把建设先进企业文化、提升发展软实力统一于增强企业发展力的战略之中，实现了科学发展、和谐发展、跨越发展。公司荣获全国文明单位、全国精神文明建设先进单位、全国模范劳动关系和谐企业、农业产业化国家重点龙头企业、国家 AAA 级档案馆、就业与社会保障先进企业、守合同重信用单位、模范职工之家、民营企业思想政治工作先进单位，湖北省先进基层党组织、湖北省"双强百佳"企业、思想政治工作十佳单位、十大优秀企业文化品牌、百佳纳税人、"发展强党建强"百佳企业、最佳文明单位、荆州市最具社会责任感企业特别贡献奖等荣誉。董事长杨忠洲荣获全国五一劳动奖章、中国物流十大年度人物和湖北省十大经济风云人物等光荣称号。

2. 武汉钢铁集团："四个每一天"

武钢是新中国成立后新建的第一个特大型钢铁联合企业，是国内重要的板材生产基地。武钢联合重组鄂钢、柳钢、昆钢后，已成为生产规模近 4000 万吨的特大型企业集团。2011 年，武钢再次跻身世界 500 强行列，位列第 340 位，较 2010 年提升 80 位。作为中央和国务院国资委直管的国有重要骨干企业，武钢始终把社会主义核心价值体系作为职工文化建设的重要内容来抓，提出了创建劳动关系和谐企业和"幸福武钢"的口号。武钢工会自觉融入中心，服务大局，紧扣工会基本职能，从武钢实际出发，创造性地提出了"四个每一天"的工作理念，即"组织职工干好每一天，突出维权关爱每一天，和谐健康快乐每一天，工会工作创新每一天"，通过卓有成效的实践运用，在武钢第三次创业中发挥着越来越重要的作用。

3. 三江集团："三江文化成就航天伟业"

三江集团结合行业特点，创造性地提出并实践"把政治资源转化为企业资源、把政治优势转化为文化优势、把政治工作转化为管理要素"的新时期党建思想政治工作总体思路，构建了独具特色的三江集团军工文化体系，为集团各项事业的发展提供了强有力的文化支持。

作为国有军工企业，三江集团的基础义务和根本责任是执行国家意志和体现国家利益。"团结争气"作为三江精神的核心，既源自三江人早期艰苦创业的实践，也是无数三江儿女为了祖国的航天事业，为了国防现代化建设"献了青春献终身，献了终身献子孙"的真实写照。几十年来，三江人以"十年磨一剑"的气概，成功研制出"型号"产品。填补了国家在该型航天产品领域的空白，三江集团由此成为中国三线基地独立研制生产全型号系统的先行者。进入 21 世纪，三江人更是传承和发扬"团结争气、艰苦创业、求实自强、改革创新"的传统精神，以国防现代化建设为己任，不断探索航天领域先进技术，精心锻造出一代又一代神剑的璀璨光芒，使型号产品走上系列化发展轨道。

三 湖北企业文化创新中存在的问题

湖北地处内陆，受市场经济和国际化的冲击相对沿海地区来说慢一点，对外开放吸纳能力仍显不足，集成和应用国内外科技资源仍然不够，钢铁、汽车、水电、光电子信息、纺织、机械、医药、建材、粮食生产等支柱产业在生产技术水平、产品品种结构、单位产品物资消耗以及劳动生产率和规模效益方面，与国际先进水平仍有较大差距，与国内先进水平也有一定距离。湖北企业要缩小以至于消除这种距离，实现国内领先、国际一流，就必须认识到开放的重要性和长期性，继承和弘扬楚人海纳百川、兼收并蓄的开放精神，营造湖北开放型企业文化，引领企业加大对外开放的力度，扩大对外开放的领域，提升对外开放的层次和水平，充分发挥对外开放的作用。

（一）企业文化建设层次低且形式单一

湖北省企业并非不注重文化建设，只是这种文化建设层次较低。随着人们物质生活的逐渐丰富，员工工作的目的也不再是简单地获取物质利益，是否能够实现其自身价值、工作是否快乐等精神追求日渐成为其工作的目标，甚至是核心目标。这些问题也正是企业文化建设所要关注的。日本的松下公司能够发展壮大至今，一个重要的原因就是其对员工的培养，松下公司把企业看作"培养人才的公司，并且兼作产品"。企业的价值观是企业的灵魂，价值观的内化需要采取多种手段，企业家的价值追求、企业家的知识与能力结构、人格魅力等，具有相当重要的作用，我们可以将其称为企业家的非职权影响力。

（二）企业文化建设缺乏个性

企业文化的生命力不在于标准化，而在于个性化。唯有符合地域特点和企业特点，且具有一定先进性的文化，才具有真正的价值。调查发现，湖北省大多数企业的企业文化大同小异，相互模仿，忽视了自己的个性；特别是一些专业性强的企业，其企业文化甚至没有体现行业特征。如中商集团和中百仓储是湖北两大知名超市。但不管是其员工对顾客的服务态度还是超市的内部形象都没有显示出在文化建设方面的差异性。所以当人们购物时并没有对其中一家有特别的偏好而只是选择方便的地点。相反，沃尔玛、家乐福等超市却总是能吸引顾客。

（三）企业文化力难以转化为竞争力

企业文化作为一种高级管理模式，需要发展到一定的阶段才能将原有的价值理念整合成独具特色的管理模式和经营方式。而就湖北省企业经济基础来看，其发展规模还处于工业化初级阶段，多数企业处在创业的初期或发展的转型期，企业文化的积累还不够，所以很难使企业文化成为其核心竞争力的重要组成部分。

（四）未能充分利用湖北省人才资源

与中部其他省份相比，湖北省更具有实现创新的优势和条件。湖北省现有高等院校85所，各类科研机构1158家，大学生、科教人员、两院院士和历年发表国内外论文、获奖科技成果、承担的国家级科技计划项目均居全国前列。但在全省逾69万户纳税人中，从事信息、计算机、软件业的只有6000多户，这与湖北科教大省的地位极不相称。从每年大学生就业流向来看，大多数毕业生选择了北上广东部沿海等城市，留在省内的非常少，湖北省企业应采取措施对策，将人才留住，只有充分利用人才，才能更好地实现创新，为社会和企业创造出更大的财富。

（五）就企业文化理解层面来说，表现为高度重视却认识不够

有70%以上的人认为企业文化非常重要，并且有80%以上的人（包括主动和被动）都愿意参与企业文化活动。但是，他们对于企业文化的认识多停留于表面，没有充分认识到企业文化的外在表现其实不过是内在的企业精神（尤其是企业基本价值观）的反映。

（六）就企业经济效益和社会责任的关系来说，表现为认识正确却理解不透

有70%以上的人认为企业文化必须体现伦理精神，强调企业文化的伦理底蕴，因而他们十分重视企业的社会责任，并且能够参与企业的社会公益活动，不仅如此，还有55%的人认为企业应该同时兼顾企业的经济效益和社会责任。然而，他们中的大多数人却都没能认识到企业的经济效益和社会责任之

间的内在一致，用企业经济效益和社会责任之间"非常态"的矛盾关系代替了企业经济效益和社会责任之间"常态"的一致关系，因而认为企业很难兼顾经济效益和社会责任。

（七）就企业文化的基本价值观来说，表现为强调共性却忽视个性

调查结果显示，被调查者中大多数都能认识到企业文化的基本价值观必须体现某种伦理精神（这与他们对于企业文化伦理底蕴的认识相一致），因而十分注重将"以人为本""诚信""创新"等作为企业基本价值观的主导。但是，他们却没有意识到企业的基本价值观虽然应该体现一般的伦理精神这一共性，不过这一共性必须能与企业自身的个性结合起来，否则就很有可能成为一种不切实际而且过于笼统的"空洞口号"。

（八）就贯彻企业文化来说，表现为贯彻措施不错却忽视了整合

我们发现，虽然多数企业都采取了某些具体有效的措施（例如，通过系统的"CIS"设计，或者通过一些激励措施，或者通过组织一些具体的活动）来贯彻企业文化，但是，很多企业都未能在系统整合的层面上贯彻企业文化。

四　实施湖北企业文化创新，打造湖北创造新动力

（一）继承传统文化，形成特色的企业文化品牌

现代城市文化具有相似性与相通性，并且受西方文化尤其是美国文化的冲击较深，而传统文化却具有相异性，不同的区域有不同的文化，城市圈在发展中应吸收传统文化符号，恰当利用。湖北企业圈不仅具有地理优势，圈内企业还具有相似的文化传统、文化特点与文化习俗，在数千年来文化积淀过程中，深深地融入了楚文化底蕴，近代社会转型过程中又融入了具有商业特色的江汉文化。企业文化属于文化的一部分，在城市圈中的企业也被深深打上了楚文化和江汉文化的烙印，以武汉为中心，对圈内企业文化进行整合开发，形成具有荆楚特色的企业文化品牌。

（二）注重人的因素，树立以人为本的理念

企业文化是企业成员集体的创造被其享用、认同、继承和更新的文化，这就决定了企业文化建设必须坚持以人为中心，充分发挥人的作用，努力做到合理用才。因此，企业必须把人才资源的开发利用作为改革和长期发展的战略目标。要树立以人为中心的管理思想，提高员工的技术操作水平和技术创新能力，增强企业的整体实力。武汉城市圈除武汉之外，其他城市的城市化进程都不快，我们在注重员工物质生活追求的同时，也要注重员工精神生活的追求，注重人的因素，树立以人为本的理念，通过人的建设不断提高企业的凝聚力、战斗力和市场竞争力。

（三）坚持科学发展观，建设企业和谐文化

和谐文化是以崇尚和谐、追求和谐为基本价值取向的思想文化，它融思想观念、思维方式、行为规范、社会风尚为一体，反映着人们对和谐社会的总体认识、基本理念和理想追求。和谐文化所推崇的是人与自然的和谐，所倡导的是人与人的和谐，所强调的是人与社会的和谐，所主张的是人与自我的和谐，所追求的是人与社会全面发展的和谐。湖北各市的经济发展水平不一，严重阻碍了湖北城市的和谐发展。而文化对经济与社会的影响是非常明显的，往往会表现出二重性，即起积极推动或一定程度的限制甚至阻碍作用。和谐文化，孕育着和谐发展，它所倡导的是科学的发展观，是经济社会的协调发展和共同进步的保证。西方企业文化特别重视人与人的和谐，上至老板，下至员工对企业的文化是认同的，他们也崇尚人与自然的和谐及企业与当地社会的和谐。在社会转型的新时期，我国企业文化应该是一种健康向上的和谐文化，我们必须坚持科学发展观，树立正确的价值观和行为规范，提高员工整体素质和实力，形成企业发展的强大动力和后劲。

（四）提倡开拓创新，反对中庸之道

西方企业文化鼓励员工不断锐意进取、开拓创新，做前人未做过的、超凡的事业，以体现个人的个性价值；而传统的中国企业文化则要求人们不偏不

倚、持中庸之道，保持与多数人的行为和轨迹的一致，否则会受舆论谴责，自己内心也会出现不安，唯恐被大家认为是出风头或者有个人英雄主义倾向。因此和西方员工相比，我们的员工能保持稳定，但不善于预见未来的企业风险，缺少创新发明的动力。湖北省除武汉外，其他几个城市缺少规模大的企业、整体市场竞争能力不强。虽然一些企业已经初具规模，但与全国的龙头企业相比还有较大差距，更不用说与国际龙头企业相比了。在这种情况下，建设企业文化更应该提倡开拓创新，只有创新才有发展，才能建立真正的湖北新特区。

（五）以武汉为中心，发展企业文化教育

企业职工的思想文化素质直接决定企业文化的水平和发展速度。一个文盲和半文盲充斥的企业是建设不了先进的企业文化的。要提高员工的工作效率，就必须大力发展企业文化教育，进行智力投资。在现代社会生活中，西方企业文化是没有集中培训这一说法的。提高自己的文化素质是自己的事，自己应该合理安排。而武汉城市圈的企业，有相当一部分员工文化素质不高，因此，我们应该下大功夫，以武汉市为中心，对员工进行集中培训，将新的思想、新的观念、新的知识、新的技能传授给职工，开阔其视野，尽可能提高职工的福利待遇，丰富职工的业余文化生活。只有广大员工的思想文化素质提高了，精神需求才会随之强化，从而为发展企业文化奠定现实的基础。

（六）就地取材，建设先进的企业文化

湖北是全国的教育大省，而武汉作为湖北的中心城市，高等学校更是居全国前茅，每年有大批的毕业生奔向全国乃至世界各地，然而留在武汉城市圈发展的并不多。究其原因：一方面，高校学子希望有更好的发展；另一方面，部分企业不相信本土培养的学生，造成人才流失。圈内不仅要欢迎外来学子，更应该学会就地取材，让这些有理想、有文化、有道德的新人成为企业的新生力量，从而更快地建设先进的企业文化。

企业文化对企业的生存和发展有着不可替代的重要作用。一个企业的所有凝聚力不是来自资源和技术，而是来自企业文化。建设湖北企业文化，要防止两种错误倾向：一是认为中国传统企业文化一无是处，一切都是照搬抄袭，不加分

析，不辨良莠，直接把美国的模式全盘端来；二是盲目自大，总认为中国传统企业文化是最好的，无须学习西方先进国家企业的经营管理理论和经验，因循守旧，致使无法识别精华和糟粕，全盘否定西方先进国家的模式。建设企业文化，首先，要承认湖北企业中有相当一部分企业管理比较粗放，企业文化与科学管理的要求仍有一定的差距，企业的经营机制不健全、不完善，经营目标模糊，经营约束软化，还不能很好适应市场竞争需要；其次，应大胆引进国外先进的企业文化，吸取其优秀的成果，为我所用；最后，要树立成功的信心和勇气，敢于打破旧的传统，不断超越自己，充分发扬自己的政治、经济、意识形态和传统文化的优势，将外来文化的精华融合、纳入武汉城市圈的企业文化建设之中，构建有中国特色的企业文化，引领圈内企业走向全国、走向世界，推动湖北两型社会建设和综合改革试验迈出重要步伐。

（七）加强企业文化创新与市场实际的结合，增强危机意识

湖北省企业处在急剧变化的市场和科技环境中，经济全球化的发展，知识经济的迅速成长，促使企业转轨变形，以应对变化。因此，现有的企业文化是肯定不能适应未来更加严酷的全球市场竞争的，企业文化的创新必须紧扣市场脉搏，顺应市场发展趋势。一旦企业文化停止了新陈代谢，企业核心竞争力的更新与再造也会相继停止，由此带来的后果可以想象。因此，必须不断对企业现有的文化进行诊断，为企业文化与市场经济协调发展提供依据和保障。当确认企业文化带有抵制创新或是不符合市场实际的时候，就应该有步骤地对企业文化进行创新和变革。

（八）强化企业学习能力，注重企业文化创新

在知识经济时代，知识是创新的基础，学习是知识的来源。企业只有不断提高自身的学习能力，才能实现持续创新。企业文化创新是企业创新的核心。在企业发展的不同阶段，企业文化创新是推动企业前进的原动力。打造企业文化竞争力，要求企业能够主动根据内外部环境变化不断发展，创新自身文化。对于湖北企业而言，既要看到企业发展难得的历史机遇，更要看到企业面对的诸多可以预见和难以预见的风险挑战。一方面，社会转型、经济转轨、企业转

制的深入推进，要求企业主动转变发展战略、经营战略，而不是墨守成规、停滞不前。另一方面，信息时代各种新的观念、理论层出不穷，员工思想动态变化明显。因此，加强企业文化创新，使企业文化更富有吸引力和感召力，给员工以憧憬和力量，企业文化才会更有生命力、竞争力。

（九）拓展企业文化的内涵，提倡科学冒险精神

我们讲提高企业文化品质，其中关键的一环，就是拓展企业文化内涵。有关企业文化的内涵，已经有众多的学者进行过深入研究，基本包含了共有的价值观念、共同的行为模式、共同的感觉氛围、外在的企业形象等。笔者认为，提倡科学冒险的精神，也是拓展企业文化内涵的一条必要途径。在如今激烈的市场竞争中，大中型企业已经经历了产品竞争、技术竞争和服务竞争阶段，现在已迈入了文化竞争阶段。既然存在竞争，那么就一定存在机遇，要想抓住机遇，就需要鼓励和提倡冒险精神。爱迪生通过上千次的实验才发明电灯，这种执着的科学追求精神，也应该引入企业文化创新建设之中。湖北省的企业文化，应该拥有宽容失败的宽阔胸怀和执着精神，创建符合企业战略的新型企业文化。

中国传统文化对企业核心价值观的影响

涂爱荣*

中国传统文化是在长期的历史演进中积淀而成的，它凝聚了一个民族的伦理道德、风俗习惯、人生观、价值观等丰富内容。它是以儒家文化、墨家文化、道家文化、法家文化等为主体的文化体系，在长达两千多年的封建社会里，儒家思想一直在官方意识形态领域占据着正统地位，对中国文化起着广泛而深刻的影响。可以说，儒家文化代表着中国传统文化的思想主流。中国传统文化内容极其丰富，如，国而忘家、公而忘私的奉献精神，上善若水、厚德载物的包容胸怀，见利思义、以义制利的道义观念，贫贱不移、威武不屈的高风傲骨，自强不息、坚忍不拔的进取意识，仁者爱人、尊老爱幼的仁心情怀，和而不同、兼收并蓄的宽宏气量，诚实守信、与人为善的人格品质，兼爱非攻的和平理想，道法自然、天人合一的生态理念，等等。其中许多关于价值观的讨论和思考，能够而且应该成为现代企业核心价值观构建的根本。

一　中国传统文化：现代企业核心价值观的源头活水

企业核心价值观是企业解决其在发展过程中矛盾的一系列精神准则和伦理规范，是企业中群体对企业目标的认同和所期望达到的一种精神境界。企业核心价值观是企业文化以及整个企业的灵魂，它渗透到企业的方方面面。长期以来，中国企业发展企业文化，建构企业核心价值体系，主要是借鉴西方或日本的管理思想与模式，而较少从中国传统文化中汲取养分。由于各国的国情不

---

* 涂爱荣，湖北企业文化研究中心，教授。

同、历史文化背景相异，企业建构核心价值观的导向与理念也应该不同。我国具有博大精深、源远流长、兼容并蓄、和而不同的传统文化，为企业塑造核心价值观提供了丰富的资源，是企业核心价值观永葆生机的源头活水。只有扎根于中国传统文化的道德伦理之中，才能构建具有中国气派、中国特色的企业核心价值理念，以此增强企业竞争的软实力。

（一）中国传统文化的人本思想：现代企业"以人为本"理念之"源"

人本思想是中国传统文化中的一个重要理念，中国传统文化给予"人"极大的关注，关心芸芸众生的生存状态和生存需要，认为"人"是天地所生万物中最灵、最贵者。《尚书·泰誓》中说："惟天地，万物之母；惟人，万物之灵。"《孝经》中则借孔子的名义说："天地之性，人为贵。"这句话中的"性"字，是"生"的意思。在中国传统文化尤其是儒家文化中，"仁"是其核心概念和内容，儒家经典《论语》中共有一百多处谈到"仁"，孟子将"仁"解释为"仁者爱人"，韩愈提出"博爱谓之仁"。可见，"仁"即是"爱"。中国传统的"仁爱"思想，即是要求人们替别人着想，同情人，敬重人，相信人，关心人，帮助人，待人以诚，施人以惠，这是一种十分可贵的道德精神。"仁"从构字法上讲是个会意字，二人，说明人并不是孤立于社会的，而是处于一种人际关系中，儒家正是把人和人际关系作为自己理论的立足点，而人际关系最基本的要求就是"爱"。在儒家看来，在世间万物中，人是最宝贵的。孔子在答鲁哀公之问时说："为政在人，取人以身，修身以道，修道以仁。仁者人也，亲亲为大。"（《礼记·中庸》）可见，儒家极其关注人并把人与人之间的爱作为处理人际关系的主要准则，从此意义上讲，儒学即是仁学。儒家的人本思想在人类社会文明进步的历史长河中，起着协调人际关系、缓和社会矛盾、维护社会秩序稳定的积极作用，并被后来的思想家所继承、阐发和弘扬。现代企业管理的核心是对人的管理，中国传统文化中关注人、重视人的思想与现代企业文化"以人为本"的核心价值观念有相通之处，都重视人的因素，突出人的主体作用，中国传统文化中这种重视人的思想成为现代企业以人为本思想的理论之源，对企业文化建设大有裨益。

（二）中国传统文化的和谐思想：现代企业"团结协作"精神之"基"

许多企业都强调团结协作精神，团结协作的一个前提和基础就是员工之间、企业之间关系的和谐。人与社会的关系既包括个人与个人、个人与群体之间的关系，也包括群体与群体之间的关系。现代社会中充满了各种各样的矛盾和利益关系，"利之所在，天下趋之"（苏洵《上皇帝书》），妥善协调和正确处理各种利益关系，是实现人与人之间、企业与企业之间关系和谐的关键，否则，将直接影响企业乃至社会的安定团结。追求和谐是中国传统文化的主旋律，和谐思想是中国传统文化的思想精华。中国传统文化在对待人与人、人与社会、人与自然等多方面关系的时候，总是自觉不自觉地把和谐放在首位，如"和为贵""家和万事兴""天人合一"等。在人际关系上，强调和谐有序，追求实现"仁者爱人""礼之用、和为贵"的和谐社会。《尚书》中有"协和万邦""咸和万民"的名言，这表明，在国家尚未形成的时候，先民就已经把和谐作为治理天下的最高境界了。孔子提出"和为贵"，并把"和"作为区分君子和小人的主要标准："君子和而不同，小人同而不和"（《论语·子路》）；孟子提出"天时不如地利，地利不如人和"（《孟子·公孙丑章句上》），强调"人和"对于成功的重要性。可见，儒家和谐思想的特色是侧重人际关系的和谐，注重从人性本身出发调解人际关系，其根本宗旨在于以中庸、中和作为个体为人处世的行为准则，通过谋求人际关系的普遍和谐，达到天下为公、世界大同的理想。另外，道家的"知和曰常""与人和者，谓之人乐"的思想，墨家的"兼相爱，交相利""尚同""非攻"的思想，都以"和"作为最理想的社会生活状态。现代企业所倡导的团结协作精神必须以企业内部员工之间的"和"以及外部企业与企业之间的"和"为基础，不和的氛围和环境必定成为企业发展的桎梏。和谐思想处处闪耀着管理者的睿智，它的积极作用不仅在于能够化解人际关系的紧张和冲突，还在于员工间通过彼此的理解和沟通，实现同心同德、相互协作，从而提升企业竞争力。

（三）中国传统文化的诚信思想：现代企业"诚信立企"追求之"本"

诚，言为心声，对内诚于己，就是不自欺；信，恪守诺言，对外信于人，就是不欺人。市场经济在很大程度上是契约经济、信用经济，一个企业是否讲诚信，直接决定着它能够走多远、飞多高。中国传统文化中诚信思想极为丰富，儒家典籍《论语》中"信"字先后出现了 38 次。儒家认为诚信是个人安身立命的基本前提和基础。孔子说："人无不信，不知其可也，大车无輗，小车无軏，其何以行之哉！"（《论语·为政》）他倡导的"主忠信，行笃敬，虽蛮貊之邦，行矣"（《论语·卫灵公》）、"与朋友交，言而有信"、"信近于义，言可复也"（《论语·学而》），认为"民无信不立"（《论语·颜渊》）等主张，庄子也认为："凡交，近则必相縻以信，远则必忠之以言。"（《庄子·人间世》）这些诚信观都可以成为现代企业诚信之树的根本。晋代学者杨泉在《物理论》中，对诚信的社会作用也做了论述，他指出："以信接人，天下信之，不以信接人，妻子疑之。"诚与信是一个完整的统一体，不诚则不可信，信必见其诚，所以汉代王通说："推之以诚，则不言而信。"宋明理学家程颢也说："诚则信矣，信则诚矣。"这些都表达了中国传统文化倡导言行一致，强调恪守诚信的思想。诚信是个人立身之本，是国家立国之本，也是企业立企之本。企业确立自己"诚信立企"的价值理念也必须从中国传统诚信思想中汲取养分，并将这种理念扎根于中国传统文化之中。

二 促进与制约交织：中国传统文化对企业核心价值观的影响

由于受到历史的、阶级的、社会的局限，中国传统文化精华与糟粕并存，决定了它对企业核心价值观的影响是促进与制约交织的。

（一）传统文化的精华有利于企业核心价值观的构建

中国传统文化重视整体利益的道德价值取向有利于企业核心价值观的

构建。中国传统文化在个人与他人、社会、群体的关系问题上，始终强调舍己从人、先人后己、舍己为群，在"义"与"利"的关系上，把代表整体利益的"义"放在代表个人利益的"利"之上，强调"义以为上""先义后利""义然后取"，主张"见得思义""见利思义"，反对"见利忘义"。只有发扬重视整体利益的道德精神，发挥道义的巨大力量，才能帮助人们克服在市场经济条件下斤斤计较个人私利、见利忘义的倾向，自觉关心集体的利益。企业经营要涉及各方面的利益关系、利益诉求，要做百年品牌，就要兼顾各方利益，要符合道义，"企业家身上要流着道德的血液"。

中国传统文化所倡导的创新进取精神有利于企业核心价值观的构建。《易经》中"穷则变，变则通，通则久"、"天行健，君子以自强不息，地势坤，君子以厚德载物"是对中华民族勇于创新、刚健有为、自强不息精神的集中概括和生动写照，也是现代企业管理员工需要具备的素质。企业在确立自己的核心价值观时，应将这种开拓创新、积极有为的思想作为激发员工奋发向上的价值导向，形成积极向上的企业文化，充分调动企业员工的积极性、自主性、创造性，增强企业的向心力和凝聚力，使整个企业充满生机和活力地向前发展。

中国传统文化所推崇的伦理精神有利于企业核心价值观的构建。中国传统文化实质上是一种伦理型文化，重视仁、义、礼、智、信、勇等道德追求，主张吃苦耐劳、勤俭节约的生活态度，倡导"己所不欲，勿施于人""成人之美""以直报怨"的人际交往观念和友爱思想等，有助于企业价值观、道德观的培养和建立，对企业良好风气的形成及共同价值目标的确立有积极作用，它能够使员工产生一种积极向上的精神，引导或约束员工的行为。

（二）传统文化的糟粕制约着企业核心价值观的构建

中国传统文化中的官本位思想制约了企业民主精神的形成。中国长期的封建专制统治使上下等级森严，尊卑观念浓郁，使得在一个群体内部成员之间尊卑贵贱的界限格外分明。官本位思想一定程度上形成了中华民族麻木不仁、窒欲守节、压抑个性、逆来顺受、息事宁人、谨小慎微等消极民族性格、惰性心理和阿 Q 精神，这种思想在企业中主要表现为家族化或官僚化，从而导致话语权上的"一言堂"，决定权上的独断专行，形成极其鲜明的"领导人文化"。企业文化建设、企业核心价值观的确立主要取决于企业领导的个人倾向和个人意愿，制约了企业民主精神的形成。

中国传统文化中的因循守旧思想制约着企业创新精神的发扬。因循守旧传统与创新精神相冲突。中国数千年农耕社会的主要特点在于其结构上的超级稳定性，在这样的社会结构内，人们安于现状、因循守旧、不思进取、囿于常规，崇拜祖先和圣人，畏惧官僚，这些恰恰是中国几千年农业社会形成的问题。反映在文化上，过分崇拜经典，"述而不作，信而好古"（《论语·述而》），反映在思想上，崇尚日出而作、日落而息悠闲散漫的生活方式，鄙视商业生产、重义轻利，再加上中庸思想的束缚，窒息了劳动人民创造社会物质财富和对大自然的积极探索、开发、利用以及对自然科学发明创造的强烈动机与热情，极大地禁锢了现代企业创新意识的培育，导致创新精神不足，模仿严重。

中国传统文化中的宗法观念制约了企业人际关系的发展。中国古代社会是以自给自足的自然经济为基础的农业文明，是以血缘关系为纽带的封建宗法制社会，宗法制度的一个重要特征是以血缘亲疏来辨别同宗子孙的尊卑等级关系。在宗法制度下，中国人对自己人身与生命价值的认识被限制在人与人和人与社会的人际关系的狭小圈子里，把生命的大部分时间花费在迎合周围的人方面，而不能像西方人那样注意从人与大自然的关系中去寻找自身的创造力量和生命价值，这种宗法观念在现代企业中最大的影响就是人际关系中裙带关系严重，企业内部容易形成小集团，任人唯亲。

三　超越与创新：扎根于传统文化的现代
企业核心价值观的构建

中国传统文化是千百年来中华民族在社会生活实践中积淀的特有智慧与历史经验，其中包含很多富有哲理性、真理性的精华，但是受历史的、阶级的影响又不能不打上阶级的烙印，带有时代的局限性，必然是精华与糟粕杂处，在扬弃传统文化建构现代企业核心价值观时必须坚持继承与创新相结合的原则，弘扬与时俱进的时代精神，不断丰富企业文化的内容，超越创新，赋予其现代意义，给予其现代诠释，实现创造性转换。诚如张立文所言："传统文化的转换和延续，不在于寻找它与现代化的连接点，或某一命题的继承，而是在于传统文化精神的承传。"要坚持科学的原则，实现传统文化的超越与创新。

（一）坚持批判地继承的原则

中国传统文化既有历史的包袱，又有宝贵的经验，这就决定了我们在对其进行现代转换的过程中，既要批判、剔除其中过时的、打上封建时代烙印的思想，肃清其消极影响，又要继承、吸收其中具有恒久价值的思想，取其精华，弃其糟粕，用马克思主义的表述叫"扬弃"。中国马克思主义先驱者李大钊在《青春》一文中说："如果我们能以审慎的科学精神去追溯中国传统文化的发展轨迹，辨析其优长与缺失，审度其弃其抑扬之所在，将有助于我们冲出历史之桎梏，涤荡历史之积秽，新造民族之生命，挽回民族之青春。"批判地继承的原则要求把批判与继承有机地结合起来，在批判的基础上继承，在继承的同时不忘批判，既不能食古不化，更不能颂古非今。因此，对于中国传统文化，一方面必须积极利用，另一方面又必须勇于打破，这实质上是继承与创新的问题。社会在发展，时代在变迁，必须立足于当前的经济形势和企业的实际，有意识、有目的地挖掘传统文化中的宝贵资源，对其中与现代企业核心价值观相容、相通的因素消化吸收并加以改造、创新，实现现代转换。

（二）坚持继承民族传统与弘扬时代精神相结合的原则

传统文化所蕴涵的、世代相传的思维方式、价值观念、行为准则，一方面具有浓厚的历史性、遗传性，另一方面又有强烈的现实性、变易性。江泽民在谈到对待传统文化的态度时也指出："必须继承和发扬一切优秀的文化，必须充分体现时代精神和创造精神，必须具有世界眼光，增强感召力。"坚持继承民族传统与弘扬时代精神相结合的原则既是一个理论创新的问题，也是一个方法创新的问题。中国传统文化的精髓不仅可以与市场经济相容，而且能够成为现代企业核心价值观的深厚基础，更能使我们的企业突出中国特色，即中国作风、中国气派。要继承民族传统，必须将企业核心价值观扎根于中国传统文化的丰厚土壤中，使之成长为根深叶茂的参天大树。企业文化之所以能显示出新的生命力，不仅在于它具有全新的物质基础，还在于它继承和吸收了传统文化中的优秀成分并展现出了与时俱进的时代性特征，并与当前政治、经济的状况与要求相结合。要弘扬时代精神，必须具有开阔的视野、宽广的胸怀，放眼世界，展望未来。只有这样，才能使中国传统文化的合理因素在新的历史时期、新的世界局势中永放光芒，才能使现代企业核心价值观既植根于传统文化的深厚土壤之中，又融汇于世界文化的大潮中。

（三）坚持合理吸收与现代转换相结合的原则

对于中国传统文化，要具体问题具体分析，剖析中国传统文化，发现其中存在三种情形：其中一部分超越了历史局限，不论是在当时还是在今天，都属于思想精华，如大公无私思想、自强不息精神、诚实守信意识、重义轻利思想、贵和尚中精神等，这一部分可以合理吸收，直接或间接用来为构建企业核心价值观服务；还有一部分由于受当时社会经济条件的限制和封建旧制度的制约而形成不利于企业发展和创新的思想观念，诸如知足常乐、枪打出头鸟、有钱能使鬼推磨、息事宁人等，这些是传统文化中的糟粕，要予以摒弃。另外还有一部分是精华与糟粕交织在一起，对此，我们必须进行辩证的分析和科学的扬弃，对其中积极的、合理的因素实现创造性的转换，发挥其现实价值。如传统文化中的人本思想，必须剔除其中重"人治"轻"法治"的观念和森严的等级观念，对其注入民主法治思想、平等公平观念，实现现代转换，充分发掘其中重视人的因素的积极意义，把它吸收到现代企业核心价值观中来，才能做到古为今用。

"只有民族的才是世界的"，现代企业核心价值观只有植根于中国传统文化，合理吸收其中的积极因素，剔除消极因素，企业才能走向世界，面向未来，创造辉煌。

参考文献

1. 涂爱荣：《宋明理学家德育方法思想研究》，湖北人民出版社，2007。
2. 祁润兴：《陆九渊评传》，南京大学出版社，1998。
3. 《江泽民文选》，人民出版社，2006。
4. 黄钊：《中国道德文化》，湖北人民出版社，2000。
5. 郭齐家：《中国教育思想史》，教育科学出版社，1987。
6. 林语堂：《孔子的智慧，老子的智慧》，陕西师范大学出版社，2006。
7. 程昌明译注：《论语》，山西古籍出版社，2001。
8. 梁海明译注：《孟子》，山西古籍出版社，2004。

楚文化对湖北企业文化发展的影响

彭书雄[*]

　　"文化"有狭义与广义之分，作为地域文化的楚文化也不例外。"楚"既是地域概念、民族概念、国家概念，但更是文化概念。从狭义上讲，楚文化是指楚国存在的 800 余年间，楚人所创造的文化。如从广义上看，楚文化是指楚国存在期间楚人所创造的以及楚国灭亡后楚地人所创造的物质财富与精神财富的总和（楚地是指以现代湖北区域为主体的范围），它是中国古代覆盖南方广大地区、有鲜明特色的地域文化，它与北方中原文化一起共同构成了华夏文化的主体，是中华文化的源头之一，是中国传统文化的重要组成部分，是世界古代文化的高峰。

一　丰富的楚文化内涵

　　楚文化有着十分丰富的内容，它为湖北经济发展，尤其是文化产业的发展，提供了重要的资源支撑。依文化的"三分法"而言，楚文化同样包括物质文化、制度文化和精神价值文化三个层面。就物质文化层面看，楚国的陶器、铜器、铁器、漆器、丝织品、玻璃、水陆交通网、交通工具、城市建设和各种建筑物都独具特色，代表了中国古代物质文明建设的最高成就。就制度文化层面而言，楚国的"井田制"（公有制）、金属货币制、以国（王）君为首的中央集权制与县制、车步骑和水军合一的军事编制，保证了楚国长期稳定的发展局面，使楚国的三种文化建设一直位居中国古代文明和世界古代文明的前列。就精神文化层面看，其成就更加突出，神农传说、老庄哲学、庄骚文学、

---

　　* 彭书雄，湖北企业文化研究中心，教授。

许行农学、武当道教与武术、楚乐楚舞楚画楚雕艺术以及"三国历史文化""武汉首义文化"和"红色革命文化"等构成了楚文化中精神价值层面的精华。"神农文化"传说中华文明始祖炎帝神农搭架采药、为民治病、发明农业、教民耕种的历史,是中华文明从渔猎时代向农耕时代转变的标志性事件。神农架原始森林,素有"天然动物园""物种基因库"之称,是最富特色的世界级旅游文化资源。以道教武术、建筑风格、民风民俗、人文景观为独特内涵的"武当文化",也是世界级文化遗产。清江流域是"土家文化"的富集之地,有"清江天下秀,长阳歌舞乡""八百里清江美如画,三百里画廊在长阳"的美誉。以三峡库区优美的自然风光、"三峡人家"淳朴的民俗风情和现代水电之城为特色,构成了具有浓厚地方风格的"三峡文化"。这些文化将成为"鄂西生态文化经济圈"建设的重要资源。此外,"三国历史文化""武汉首义文化""红色革命文化"等都将是湖北文化产业发展的重要支撑性资源。

二 独特的楚文化精神

楚文化不仅具有丰富的内容,更具有独特的精神价值。楚先民不仅为我们创造了精美绝伦的物质文化,还为我们留下了当年激励楚人奋发图强的精神财富。研究楚文化精神对于创建湖北特色的企业文化有着十分重要的价值与意义。概而言之,楚文化的核心精神主要表现在以下几个方面。

一是筚路蓝缕、自强不息的创业精神。从楚民族的发展史来看,楚人是在商末周初之际,从北方中原祝融部落的一支转徙到南方丹阳(今湖北枝江与当阳一带)这个荆棘丛生的蛮荒之地的。到西周末年,楚族仍然是一个实力很弱小的民族。公元前1100年,周王分封熊绎为楚王,建立楚国。其时,土地不足百里,文化十分落后,备受北方诸夏之国的歧视。为了改变楚国现状,楚王熊绎带领楚族"筚路蓝缕,以启山林",通过五代人近百年自强不息的艰苦创业,终于把一个实力弱小的南方小国,建成了一个实力雄厚的泱泱大国,土地由不足百里而扩展为5000里,带甲百万,车千乘,骑万匹。这种"筚路蓝缕,自强不息"创业精神不仅成为楚国强盛立国之根本,而且也成为中华民族文化中的宝贵精神财富。

二是追新逐奇、敢为人先的创新精神。楚国创新精神的形成主要是基于楚国发展与壮大的现实需求、楚人特有的创新禀赋以及楚人刻意显示"不服周"的现实需要。正是基于上述动力，楚国在政治、经济、文化、艺术等各个方面都进行了大量的创新。政治上，首创王制、县制与法制；经济上，楚国首创使用金属货币制（金银铜钱）；哲学上，创立了能与北方儒家哲学比肩的老庄道家哲学，其"道法自然""清静无为""柔弱胜刚强"等思想对中国古代社会产生了深远影响；文学上，庄子散文，以想象夸张之奇特，独步古今奇文；屈原《楚辞》，以狂放、激烈与悲亢之审美风格突破了《诗经》的"温柔敦厚"诗风，开启了诗歌由群体创作走向个人创作的新时代；艺术上，楚帛画、漆画、雕刻、音乐等都体现了楚国独特与高超的艺术水平。

三是独立自主、深固难徙的爱国精神。楚国是在严重的民族生存危机中站立与强大起来的。恶劣的自然环境与列强的外部压力，大大激发了楚人独立自主的民族观念和强烈的忧患意识。在反抗强暴与发愤图强的过程中，楚人形成了优良的爱国传统。对国家爱得深沉，忧得强烈。据史书记载，楚将战败，往往引颈自尽；士兵被俘，则面向家乡楚国方向慷慨赴死，其场景十分悲壮。楚人强烈的忧患意识与爱国情怀，在屈原及其作品中表现得最为典型。这种爱国主义精神已经深深地融入中华民族的精神文化之中，成为凝聚人心、战胜一切困难的精神动力和制胜法宝。

四是兼收并蓄、抚夷属夏的开放精神。楚文化在发展过程中，以海纳百川之胸怀，开放之心态，北和诸夏，南抚蛮夷，兼收并蓄，融汇中原文化、巴蜀文化与吴越文化之精华，使楚文化彰显出开放、多元与务实性的特征。楚人主张民族融合，善于取长补短。楚人学习周文化，以超越周文化，学习吴越的青铜冶炼技术与中原的铁器制造技术，从而使自己的铜、铁冶炼技术达到很高的水平。正是这种兼容与开放，使楚文化显现出极强的生命力与创造力。这种包容精神也凝聚在中华民族的传统文化之中。

五是一诺千金、笃实守信的诚信精神。"楚人重然诺"，楚文化是非常重视诚信的。楚汉相争时，楚国有个很讲诚信的人名叫季布，史书有传："得人千金，不若得季布一诺。"这就说明诚信是楚文化的重要精神之一。关于"诚信"，老子也有言："故失道而后德，失德而后仁，失仁而后义，失义而后礼。

夫礼者，忠信之薄而乱之首"（《老子》第三十八章）。也就是说，大道沦丧了才有道德，道德沦丧了才有所谓仁爱，仁爱沦丧了才有道义，道义沦丧了才有礼仪，礼仪这种东西，是最缺少诚信的，是祸乱的源头。另外，第八章中的"言善信"；第二十三章中的"信不足焉，有不信焉"等都表明了老子对"诚信"的重视，只不过是人为的东西出现以后，人们真正的诚信被遮蔽了，没能得到很好的体现。于是我们又返回"道"，只有在有"道"的状态下，人们的诚信才能得到最好的体现，这是更高层次的真正的诚信，从而去除一切人为的虚假成分。

六是激情奔放、浪漫玄幻的理想精神。楚文化极富浪漫主义理想精神。这种精神的形成首先与楚地的自然环境有密切的关系。楚地位居"两江"与江汉平原，此处山峦起伏，林木茂盛，大江湖泊流淌其间，其天气时而云雾缭绕，时而晴空万里。这种山环水绕的地理环境、绚丽多姿的气候景观，为楚文化浪漫主义精神的形成提供了良好的前提条件。其次楚地属于水稻渔猎经济区，较之于北方，楚人谋生更为容易，人们也有更多精力去进行精神追求。最后楚地盛行巫风巫术，人神同位，酒文化发达，这让楚人的主体意识得到了充分释放。正是基于上述几个方面的综合影响，才形成了楚文化激情奔放、浪漫玄幻的理想情怀。这种情怀对于弘扬主体人格，强化创新意识，创新楚文化特色起到了非常重要的作用。

七是"商农工贾"、商农并重的经济观念。楚国地处长江中、下游地区，属典型的农耕渔猎经济区。但由于受山地丘陵影响，楚地的农业文明远达不到北方中原的高度。楚族入主汉江后，却在短短的百余年间，建立起了强大的楚国，创造出了绚丽夺目的楚文明。究其原因，楚国的发展并没有完全照搬北方中原的发展模式，而是走出了一条多种经济成分并存、商农工贾并举的独特发展之路。楚国"商农工贾"的社会分工排序与北方中原"士农工商"的社会分工排序明显不同。中原诸国以农为本、以工商为末。而楚国极其重商，"商为四民之首"，楚商可出于楚王左右，亦可与朝臣同受重赏，范蠡弃高官而为富商大贾，王室胄子亦官亦商。这些充分说明了商业、商人在楚国有着极高的社会地位，楚国有着重商的文化传统，亦见楚国的商品经济活力和发展水平远甚于中原列国。

三 楚文化精神对湖北特色企业文化发展的影响

企业文化与企业相伴而生，文化强，则企业强，文化弱，则企业衰。独特的楚文化精神，是实现湖北企业文化特色发展的理论之源，也对湖北企业文化的发展产生了深远的影响。

从历史上看，湖北工商业发展史，其实就是一部湖北企业文化的演进史。先秦楚国的崛起，得益于楚国先民所铸就的楚文化精神以及"重商"的文化传统。正是基于楚商文化的因素，楚国很早就形成了发达的商业与繁华的都市，并依此而走上了富国强兵的道路。楚国"商圣"范蠡的成功，与其出生地的楚文化、道家文化和立业地的齐鲁文化（儒家文化）的影响密不可分，与楚国和齐国都具有的"重商"传统密不可分。受其熏陶，范蠡既兼具儒道两家文化之长，又博采法家与墨家之智，使其具有儒家"穷则独善其身，达则兼济天下"的人文情怀，又有道家"顺应""至柔""无争""利他"的人格魅力。这两种文化精神作用于范蠡的经商实践，使其具有比其他商人更高的智慧和"济世"的情怀。他提出的"人弃我取，人取我与，为消费者谋"的经商思想，更凸显了他对消费者利益的人文关怀，使其商业之根牢牢深扎于服务"百姓需要"和"社会需求"之上，并以一流的诚信精神和良好的商业道德，始终承担着一个商人应有的社会责任，从而得道多助，让其财源滚滚，商业之树长青，世称陶朱公。

湖北近代工商业发展史，实际上也是一部传承楚文化和楚商文化精神的企业文化发展史。明清以来，汉口是全国有影响的商业名镇，楚商在全国也有一定的影响力。尤其是在1889年晚清重臣张之洞督政湖北以后，他弘扬楚文化精神，继承楚国的"重商"传统，以"大商务"观，兴商学、开商智、鼓商情、减商负、集商力，由此推动了湖北工商业的快速崛起。一大批楚商，在"自强不息""敢为人先""兼收并蓄""报国爱国""笃实守信""浪漫玄幻"等楚文化精神的感召下，秉着科技救国与实业救国的理念，谱写了一曲繁荣湖北工商业的凯歌，使湖北成为近代中国洋务新政的三大中心之一，现代化水平居全国内陆城市之首。一批近代杰出的楚商及楚商品牌，宛如璀璨群星，耀眼全国。政治家兼实业家张之洞、地产大王刘歆生、纺织大王徐荣廷、水电火柴大王宋炜臣等都是当时极具影响力的楚商。汉阳制造业闻名全国，"汉阳造"成为当时最有影响的品牌。京汉铁路公司、汉阳铁厂、湖北枪炮厂、湖北布纱麻四局、汉口既济水电公司等一批楚商企业也快速崛起并闻名全国，开创了近代中国工商业发展的"湖北模式"。从上述商人和企业崛起的背后，我们不难窥见，一部近代湖北工商业发展史，实质上就是楚商及楚地企业不断弘扬楚文化与楚商文化精神的历史。

企业发展靠特色，特色形成靠文化。现代新楚商崛起，企业文化必须先行，走特色发展之路。没有文化，就没有特色；没有特色，就没有品牌；没有品牌，企业就不可能实现长久的可持续发展。一流企业与品牌的形成，靠的就是特色企业文化的支撑。在 20 世纪八九十年代，湖北工商业继续弘扬楚文化精神，曾经自强不息，兼收并蓄，锐意进取，开放创新，开当时风气之先，引领了我国经济改革发展初期的时代潮流。湖北率先提出"中部崛起，两通起飞"战略，率先向海内外开启城门，实行城乡通开、城城通开，缔造大市场、大流通格局，使武汉商业发展水平位居全国之首。销售过亿元的企业，武汉就有 12 家；全国百家最大零售商场，武汉就有 7 家；武汉有 6 家商业上市公司，全国绝无仅有；汉正街小商品批发市场成为闻名全国的第一街；武汉率先改革商业管理体制，首设"商委"；武汉率先创新商业发展模式，超前发展商业"量贩店"、超市连锁店、购物中心、"销品茂"，发展商业城市圈等，全国商业改革的很多点子都来自湖北人的创造。短短几年间，在这片曾经孕育过辉煌楚文化的湖北大地上，诞生了一批有影响的楚商企业与楚商品牌。进入 21 世纪后，湖北人继续秉承优秀的楚文化精神，继续推进"中部战略支点"建设。国家级东湖高新开发区、武汉"中国光谷"、武汉国家级"两型社会"建设试验区、"两圈一带"经济区等项目继续领跑湖北企业与经济发展。近年来，湖北省企业自觉地进行企业文化建设，结合楚文化精神和自身行业特点创建了湖北特色的企业文化，已经涌现出"湖北省十大优秀企业文化品牌"，2011 年全省有 24 家企业入围全国企业文化建设优秀单位，武钢集团、东风汽车、大冶有色、长飞光纤、百步亭集团、蓝特集团等企业通过不断加强企业文化建设，进一步凝聚了人心，提高了员工的精气神，为企业发展注入了可持续动力，取得了良好的社会效益和经济效益。因此，加强特色企业文化建设，将会为增强企业的生命机能，实现企业健康可持续发展，提升企业核心竞争力，提供不竭动力。

楚文化对湖北企业文化发展起促进作用的同时，其消极因素，如缺乏协作与拉帮结派、恋家怀土与固守本地、眼界狭隘与短视行为、关注近利与不慕高远等因素对湖北企业文化的发展也起到了负面作用。由于缺乏协作精神，湖北企业内耗严重，"窝里斗"现象突出，这直接影响了湖北企业的做大与做强。使湖北很难出现像海尔、联想、长虹、蒙牛等那样的"企业航母"，也没有形成在某个行业领先全国的"企业集群"，更没有出现在中国经济舞台上有影响的重量级人物。而急功近利与短视行为，使湖北企业发展缺乏长远的战略眼光，湖北企业在改革开放初期形成的大好局面，终没有持续下去。如今，当年湖北一些有影响的知名企业和品牌早已成明日黄花，销声匿迹了。"莺歌"哑了、"荷花"与"红山花"谢了、"长江音响"不响了、"鹦鹉"不叫了、"红桃K"不OK了、"合力28"没活力了。就是当时位居全国十大百货商场的"武商"和"中商"，如今在与外国商业和省外商业的竞争中，也早已没有了优势，就是全国商业第一街的"汉正街"，如今也已被浙江义乌小商品市场所取代。还由于受楚文化恋家怀土与固守本地观念的影响，湖北企业小富即安，不去开拓市场，结果止步不前，很快消失在市场经济的大潮之中。这些企业和品牌由盛而衰的背后，不能不说有着楚文化负面因素的影响。

纵观楚商从古代、近代到现代的发展过程，我们深刻地感受到，特色企业文化建设是实现企业长久发展的生命线，谁拥有特色文化优势，谁就拥有竞争优势。湖北企业发展必须走特色发展之路，内涵丰富的楚文化和楚商文化，是楚商崛起的思想与智慧之源，是实现湖北"中部战略支点"的优先条件；楚商崛起是湖北"中部崛起"的经济支撑；而楚商和楚商文化的发展，必须做好、做足、做优"楚文化"这篇大文章。湖北特色的企业文化建设，必须通过"挖古"与"创新"，不断挖掘楚文化及中国传统文化资源，以实现企业文化发展的中国化、湖北化、楚文化化。通过对楚文化及传统文化的挖掘、创新、阐释与转化，实现"楚文化资源发展的当代化"，"楚文化资源经济化"，"湖北经济发展的楚文化化"，以促进楚商文化的发展，推动楚商在全国众多商帮中异军突起，真正建立富有湖北特色、湖北风格与湖北气派的企业文化。

参考文献

1. 刘玉堂：《楚文化发展历程考述》，《荆州师专学报》1987 年第 4 期。

2. 王峰、黄莹：《楚人文化心理论略》，《湖北大学学报》2010 年第 1 期。

3. 黄宏信：《楚文化的基本精神》，《江汉论坛》1990 年第 12 期。

4. 罗运环：《论荆楚文化的基本精神及特点》，《武汉大学学报》2003 年第 2 期。

5. 刘玉堂：《楚民族精神略议》，《华中科技大学学报》2004 年第 5 期。

6. 周家洪：《楚文化的创新精神及成因》，《荆州师范学院学报》2002 年第 4 期。

7. 杨甫念：《楚文化精神的时代意义》，《中国文化报》2004 年 2 月 21 日。

行　业　篇

Industry Reports

湖北金融企业文化建设发展状况报告

王国红*

一　金融企业文化的内涵、特征与组成要素

（一）金融企业文化的内涵

金融企业文化作为企业文化的支脉，从属于企业文化范畴，是指在金融机构经营管理活动中形成的企业精神、价值观念、道德规范、管理制度、行为准则、工作作风、人文环境以及全体员工对企业的责任感、荣誉感之总和。金融企业文化是金融业在发展过程中形成的以企业精神和经营管理理念为核心，凝聚、激励金融业各级经营管理者和员工归属感、积极性、创造性的经营管理理论。金融企业文化建设，主要是指以培育金融企业精神为核心，以全面提高员工整体素质为基准，以树立金融业良好形象为重点，以实

---

* 王国红，湖北企业文化研究中心，教授。

现金融业稳健发展战略为目标，在总结、提炼和培育鲜明的企业核心价值观和企业精神的基础上，形成充满生机而又符合金融业实际的管理理念和合规行为准则，保障金融机构依法合规经营，理性规避风险，有效防范案件，促进其稳健发展的制度建设。

金融文化非常复杂，涉及金融理论体系和操作体系的创立。从某个角度来讲，"金融"包括"金融物"和"金融人"。金融是资金的融通，资金是人的物质财产的货币表现。因此说到底资金融通是人的行为，人的行为就要受到文化的影响，或者说就蕴涵着文化。因此，金融文化就是金融领域相对于资金、技术、法规等"金融物"来讲的着重于解决"金融人"问题的一个命题，就是人在主导资金运动过程中的精神反映，亦即人在什么精神状态下指导资金的运动。这种精神状态又通过一定的形式反映为金融理念、金融法律，再作用于人的具体行为。如果用三个字表述，金融文化即金融之"形而上"；如果用两个字表述，金融文化即"诚信"（经典作家称金融是道德的事物）；如果用一个字表述，金融文化即金融之"道"。"诚信"是金融文化的基本元素，"形而上"是对金融文化的广度概括，"道"是金融文化的深度聚焦。

（二）金融企业文化的特征

金融文化涉及许多方面，但同所有的行业文化一样，它也具有以下几个基本特征：一是区域性。由于受社会文化、地方文化和民族文化的影响，不同国家和地区的金融文化在形成和发展的过程中，具有不同的特色和魅力，这种金融文化一旦形成就会产生巨大的感召力和凝聚力，铸就金融业的文化竞争力。如中国传统文化中的"诚信为本"、"重义轻利"和"君子爱财，取之有道"等有代表性的人生观、价值观就对中国金融文化产生了深刻的影响。而"关注风险，注重人员需求"，则更多地体现在国外的金融文化中。二是共识性。金融文化是随金融业的产生而形成的一种非正式的制度文化，是员工对于金融业发展方向、经营理念、价值取向的共识。共识达成程度的高低将决定能否有效激励企业的员工，提高员工的团队合作能力，因而直接影响企业的效率。三是变化性。任何一种企业文化的发展都应不断推陈出新、与时俱进，金融文化也不例外。随着宏观环境的不断变化以及适应企业自身不断发展壮大的需要，金融业应适应新的形势，不断推陈出新，有选择地发扬和摒弃金融文化。美国花旗银行的成功经验表明，其"创新为赢"的金融文化宗旨对其发展起到了至关重要的作用。

（三）金融企业文化的组成要素

1. 金融企业物质文化建设

企业物质文化是由企业员工创造的产品和各种物质设施等构成的器物文化，它是一种以物质为形态的表层企业文化，是企业行为文化和企业精神文化的显现和外化结晶。一方面，它受企业精神文化与行为文化的制约，具有从属性、被动性；另一方面，它又是人们感受企业文化存在的外在形式，具有形象性和生动性，是企业文化的重要组成部分。企业物质文化主要包括企业环境、企业器物、企业标识等。金融企业的环境文化建设是其中最重要的内容之一，包括内部环境和外部环境，其设计优劣会给企业和储户带来积极或负面的影响。

（1）金融企业的外部环境。这又可分为金融企业视觉识别、金融企业建筑外观形象、金融企业储蓄网点橱窗设计、金融企业经营环境等。

金融企业视觉识别的基本要素主要有：企业名称、企业标识、企业标准色、企业宣传标语、口号等。其中金融企业标识是指把金融企业的理念、性质、规模、产品的主要特性要素传达给社会公众，以便被识别和认同的视觉语言。金融企业标识具有象征企业荣誉，代表企业的产品、观念和行为的作用。在企业识别的要素中，标识应用最广泛，使用频率最高。标识可用于店面招牌、广告、传票、办公用品、制服等。因此，它既是决定所有视觉设计要素的主导力量，也是综合所有视觉设计要素的核心。标识既是情报，又是媒介，发挥着传播的作用。标识要取得良好的传播效果，要求设计者一方面自己深刻理解其所代表的象征意义，另一方面考虑所设计的标识要切中社会公众的心理，以唤起心灵上的共鸣。

金融企业建筑外观是指金融建筑的形状、式样、外部装修等，是储户对金融企业"包装"的视觉初步接触点。成功的建筑外观主次分明，每个局部形态和整体形态都具有协调感,不论是对称或不对称的造型,都能取得平衡的效果,有着经反复推敲的优美比例和使整体产生连贯性的韵律。这样的建筑本身就是一种引人入胜的艺术形象创造。这种优秀的艺术创造展示在消费者面前,使之惊叹之余更加深了对企业的印象。要达到这样的效果,首先,须选择合适的装饰材料,它是体现企业的经营风格,充分反映企业良好形象的重要手段。其次,色彩装点也是建筑外观设计中不可忽视的一个重要方面。再次,灯光照明在建筑外观设计中也起到了重要作用。最后,不同的建筑外观风格应在一定程度上反映企业的经营性质。

金融企业储蓄网点橱窗设计,是指以宣传内容,如金融许可证上允许经营的业务范围、企业精神、企业口号、服务宗旨等为主体,通过布景、道具和装饰画景的衬托,并配合色彩、文字、灯光和说明向消费者展示商品,传达企业信息并美化环境的一种艺术形式。一种构思新颖、主题鲜明、风格独特、妙趣横生的橱窗设计,可以与整个企业建筑结构和内外环境构成生动的立体画面,给大众以强烈的视觉冲击,起到美化企业形象的作用。金融企业的储蓄网点橱窗设计,要恰到好处地反映金融企业的声誉及金融企业的精神。

金融企业经营环境包括消费者在企业中视觉所能触及的一切现象,如办公场所的布置、办公设备、服务设置和办公用品的摆放、存取款环境、灯光、声响、温湿度的调控等。企业经营环境的设置应充分体现企业的经营性质,反映企业的经营风格,并根据企业实际情况进行经营场所布置,配备现代化的经营设备,以展示企业现代、高效率、高品位的形象。其中办公室的整洁度是办公室环境布置的一个重要的和不可忽视的方面;同时合理配置办公设备和办公用品也极为重要,还要重视办公室内装饰协调及高品位和办公室内的物理环境。总之,要从各方面努力,给顾客一个良好的印象,以有利于吸引顾客。

(2)金融企业的内部环境。金融企业创造一个融洽、和谐、向上的内部环境,不仅能使企业员工处于审美氛围中,产生强烈的审美消费欲望和愉快感觉,更重要的是能给社会公众树立良好的形象,使企业行为突破一种单纯经济利益的界限而上升为审美情趣,进而促使企业经营活动上升到新的境界。良好的金融企业内部环境可以从以下几个方面营造。

第一，企业招牌。一个具有强烈吸引力的招牌，往往具有明显的识别作用，顾客能从五光十色的招牌中认定自己心目中的名牌，直接寻找自己的目标。金融企业要有恰当的招牌，以吸引顾客。

第二，视觉环境的营造。金融企业的视觉环境的营造是不容忽视的，通过富有吸引力的视觉环境，可以反映出金融企业的品位与精神风貌，员工可以亲自感受这种环境，从而更富有激情地去工作，提高工作效率。在营造视觉环境的过程中，我们需考虑如下因素：首先，视觉环境的心理效应，给工作人员营造能产生和谐协调，引起美感，诱发情感，造成假象的心理效应的视觉环境；其次，采光和照明的配合，使之既能满足工作的要求，保护工作人员的视力，又能美化环境，给人以美好形象；最后，装饰和色彩的选择也极为重要，装饰和色彩选择得当，有助于企业营造一种优雅的氛围和独特的美感，从而有效提高企业员工的工作效率。

第三，听觉环境营造。工作场所的听觉环境与企业形象、人的形象是息息相关的，走进一个柔和、快而不乱、乐声柔美的环境中，令人心情舒畅，也会给人留下好的印象。为了改善室内的听觉环境，通常可采用播放音乐的办法来达到抑制噪声的目的。好的音乐能陶冶身心，提高效率，改善气氛。但在播放音乐的过程中，播放音量、播放时间和乐曲类别既要考虑工作性质、特点及周围环境，又要考虑个性特征、年龄、生活经历和风俗习惯等因素。

第四，嗅觉环境的营造。工作场所内空气、温湿度也是环境营造的重要内容。室内二氧化碳气体浓度过高或过低时，都会使人产生不舒服的感觉。而清新宜人的空气、适中的温湿度，一方面可以满足工作人员的心理需要，由此产生舒服、愉快的心理感受；另一方面可以展示企业的精神风貌，在公众中树立良好形象。保持清新宜人的空气即良好的嗅觉环境，能使人精神愉快，心情舒畅，从而最大限度地调动工作人员的积极性。

2. 金融企业行为文化建设

企业行为文化是企业人员在生产经营、人际关系中产生的活动文化，它是以人的行为为形态的中层企业文化，是一种动态的企业文化，可以从以下几个方面来讨论。

（1）金融企业目标。企业目标是以经营目标形式表达的一种企业观念的形态文化。企业目标作为一种意念、一种符号、一种信号传达给企业人，引导企业人的行为。金融企业是经营货币的企业，其目标在于兼顾"三性"的前提下寻求最大的经济效益。

（2）金融企业制度。企业制度是企业根据自身特点，为保证正常的生产经营秩序，最大限度地提高生产经营效率而制定的适用于本企业的行为规范。它与所有制度一样，精确性、稳定性、权威性是企业制度的基本属性。企业制度文化是企业在长期的生产、经营和管理实践中生成和培育起来的一种文化现象，它与企业行为文化有着密不可分的联系。

（3）金融企业民主。企业民主的核心是一种"以人为本"的价值观和行为规范。它使企业的每个成员都深深感受到这一精神支柱的存在，一种文化、民主气氛的存在，从而在思想上归属这个企业，为企业做出最大的贡献。

（4）金融企业文化活动。企业文化活动是为了发挥德、智、体、美教化功能而培育起来的各项活动。金融企业作为一种特殊形式的企业，各种企业文化活动不可缺少。因为金融企业的工作业务均与资金直接有关，容易造成单调、烦躁的情绪，所以更要通过各种企业文化活动调动全体员工的积极性。

（5）金融企业人际关系。企业人际关系是企业在生产过程和工作、活动中形成的人与人之间的交往关系，是生产关系的一种表现形式。在不同的生产组织、生产条件、社会意识和人文氛围下，呈现不同的特征。企业中人们围绕生产而进行的各种相互交往与联系，就构成了企业的人际关系。和谐的企业人际关系可以使金融企业员工劲往一处使，把企业当自己的家，时刻把企业放在心上。金融企业要实现目标，更需要经营管理人员、会计人员、政工人员等相互协调，共同完成。

3. 金融企业精神文化建设

企业精神文化，是支撑企业文化体系的灵魂，是企业在生产经营中形成的一种企业意识和文化观念，它是一种以意识为形态的深层企业文化。企业精神文化主要包括企业哲学、企业价值观、企业精神、企业道德等方面。

（1）企业哲学。企业哲学的根本是企业的人和物、人与经济规则的关系。目前，人本主义已成为西方企业哲学的主流，金融企业同样需要以此来指导自身的文化建设。

（2）企业价值观。企业价值观作为企业人的共同信念，为企业生存和发展提供了基本的方向和行动指南，是达到企业的目标所奉行的基本行为准则，为全体员工提供判断是非的标准和调节行为及人际关系的导向体系。根深蒂固的价值观提供了衡量内聚力的尺度，企业没有共同的价值观就是一盘散沙；企业没有正确的价值观，就不可能沿着正确的轨道前进。

（3）企业精神。企业精神是现代意识与企业个性结合的一种群体意识。金融企业作为一种特殊的企业，培育起适合社会主义市场经济的金融企业精神不可忽视，恰当的金融企业精神可以使企业更好地发挥主体作用，更加积极地进行创造性的活动，同时可以协调金融企业内部各岗位人员的活动，使之产生一种向心力。

（4）企业道德。金融企业道德主张从我做起，加强个人的思想修养，主张自我价值在为社会服务中得以实现。金融企业经营着全国的货币资金，因此，首先，要强化职工的道德意识，树立社会主义道德意识；其次，制定企业道德和职业道德规范，约束所有员工的行为；最后，完善企业道德评价措施，奖励先进，教育不足，以全面提高全体人员的道德意识和道德观念。

二　金融企业文化建设的意义

近年来，随着社会主义文化建设总体进度的加快及金融媒体的大力宣扬，金融文化建设受到业界和学界的广泛关注，目前已被提到了一个全新的高度，其建设的重要性也为大家所共识，其意义主要表现在。

一是可以塑造金融企业的核心竞争力。企业核心竞争力是企业所独有的，具有垄断性及持久性等特点，难以被模仿和替代，并能够为客户及企业带来长期利益的竞争能力。不同的金融企业文化所蕴涵的核心价值观是不同的，因此由特定的金融企业文化所形成的金融业核心竞争力也是难以替代和复制的。积极向上的金融企业文化一旦形成，对内会作用于员工，对外会作用于顾客，其所起到的激励、凝聚及沟通作用会从根本上提升企业的竞争力。

二是可以提升金融企业经营管理水平。目前，国内金融企业与发达国家的同行相比，在管理水平、风险防范等方面还存在较大的差距，这些差距归根结底是文化上的差距。国内某些金融业受管理文化、业务文化以及制度文化不健全的影响，经济案件时有发生，如齐鲁银行的伪造票据案。此外，有些金融业内部的绩效机制不合理，没有较严格、规范的奖惩制度，员工的积极性得不到有力的刺激。因此，可以通过加强金融企业文化建设，通过思想理念、道德规范、价值观的凝聚统一，促进员工行为协调一致，才可有效地降低管理成本，提高效率，不断提升经营管理水平。

三是可以增强员工凝聚力。当前，金融业的竞争日益激烈，要培养和建设一支高度凝聚、观念新、战斗力强的员工队伍，就必须加大金融企业文化建设，用文化所产生的强烈的归宿感和信念来激发员工的积极性、创造性和主动性，使金融机构的生存与发展始终处于正轨，在竞争中立于不败之地。美国花旗银行的成功经验表明，依靠公正而高效的激励机制、良好的亲情化氛围等金融文化战略，银行有效吸引和留住了大批优秀员工，为银行的可持续发展提供了人才保证。

三　湖北金融企业文化建设的现状

我们以湖北银行和汉口银行为代表来分析湖北金融企业文化建设的现状。

（一）湖北银行的金融企业文化建设现状

湖北银行虽然成立时间很晚（2011 年开业），但在金融文化建设上取得了不错的成绩，在"2011 中国·武汉金博会暨理财总评榜"中荣获"2011 年度最佳成长型银行"和"2011 年度最佳中小企业融资服务银行"称号，黄石分行南京路支行荣获"2011 湖北十佳优质文明服务金融机构"称号以及武汉市政府授予的"金融机构支持武汉经济发展突出贡献奖"等称号。取得上述成绩与该行重视企业文化建设紧密相关，文化建设的突出表现是。

1. 凝练战略，指导和推进企业文化建设

该行高度重视企业战略的制定，以"最具成长价值的零售银行"为战略目标，在利润最大化的同时，追求员工自豪感、归属感最大化，银行品牌价值和社会影响力最大化，以实现湖北银行与员工、股东、客户以及社会的"价值共享，和谐共赢"。这一战略可具体化为：

> 企业愿景：最具成长价值的零售银行
>
> 企业使命：价值共享，和谐共赢
>
> 核心价值观：诚载未来，创赢天下
>
> 企业精神：敬业奉献，创新拼搏
>
> 经营理念：稳健灵活，务实高效
>
> 发展理念：规模制胜，质量致远
>
> 管理理念：以人为本，规范精细
>
> 服务理念：专注细节，突出便捷
>
> 人才理念：品德为上，绩效为先
>
> 品牌口号：一诺至诚，一心至臻

以企业理念宣导为抓手，在全行倡导开放、包容、和谐、关爱、凝聚、规范、创新的企业文化。湖北银行是一家年轻的银行，员工来自五湖四海，不同的思想、经历、个性在这里整合交融。为了使大家加强沟通，增进理解，加强协作，湖北银行迅速在全行营造和谐向上的浓厚氛围，董事会从战略高度明确提出了"最具成长价值的零售银行"的发展愿景和"价值共享、和谐共赢"的战略使命，通过举办 MI 策略营运、演讲比赛、春节晚会、职工足球比赛等活动，增强员工对企业理念的认同感和对湖北银行的归属感，使之在潜移默化中转变成全行每位员工的价值取向和共同追求，逐步形成具有湖北银行特色的企业文化，提升企业的软实力。

2. 重视合规文化建设

面对错综复杂的经济形势，董事会高度重视内部控制和风险防范，始终把安全运营放在工作首位。一是严格授权管理。董事会审议通过了《湖北银行股东大会对董事会授权方案》《湖北银行董事会对董事长授权方案》和《湖北银行董事长对行长授权方案》，在《公司章程》的基础上，进一步明确了"三会一层"的职责边界。二是批准发布了一系列风险管理制度。先后批准发布了《湖北银行内部控制指引》《湖北银行信息科技风险管理办法》《湖北银行声誉风险管理办法》《湖北银行风险管理委员会工作细则》和《湖北银行内部审计制度》，逐步建立覆盖全行各类风险的全面风险管理体系。三是建立以风险为导向的内部审计体系，广泛开展信用风险、操作风险和信息科技风险检查，加强对高风险领域的审计监督。四是加强关联交易管理。严格执行监管部门关联交易有关规定，完善关联交易管理流程，对各类交易对手进行分析认定，明确交易环节和审批权限，对确定的关联交易严格把关，逐笔审核，确保关联交易保持在股东大会和董事会审定的范围内。五是强化对重点风险的日常管理。定期听取经营管理层阶段性风险管理状况评估报告，了解银行经营过程中面临的主要风险，尤其是监管部门特别提示的政府融资平台贷款风险、房地产行业贷款风险等，以及"三个办法一个指引"的实施情况，要求管理层严格落实监管要求，深入开展清理规范和相关压力测试工作，确保稳健发展和合规经营。

3. 加强企业形象宣传，打造特色企业文化

2011年通过举办隆重的开业庆典和分行更名换牌仪式，参与2011年中国－武汉金融博览会，承办京剧艺术节和湖北银行业与新闻媒体联谊会等大型活动，开展了声势浩大的企业形象宣传和业务推广活动，在《金融时报》《经济日报》、《湖北日报》、《楚天都市报》，以及湖北电视台等新闻媒体进行了多维度报道，有效宣传了湖北银行"新银行、新机制"的企业形象，极大提升了该行的知名度和美誉度。

4. 高度重视投资者关系的管理与维护

该行建立了自己的门户网站，通过网络平台、电子信箱和传真电话，建立起与股东沟通的有效渠道。及时发布经营管理重大信息；重视做好投资者来访接待，及时答复投资者咨询，详细解答本行投资者关注和关心的问题。通过与投资者的沟通和交流，客观传递本行投资价值和可持续经营理念，树立负责任的良好企业形象。

5. 重视行徽设计

湖北银行的行徽如图1所示。

图1　湖北银行行徽

这一行徽有如下意义。

（1）标志以稳重大气的方形为主造型，突出银行稳健务实的整体气质；协调一致的四方融合形象，寓意湖北银行全方位发展，顺利向全国进军。

（2）标志副造型既融入了曾侯乙编钟和楚刀币的意象，又具有鼎的千古神韵，代表着信任、稳重、一言九鼎，象征着湖北银行对人们的一种承诺。同时，标志又形似一扇面向世界的"未来之窗"，传达出深远的时代寓意，即开一扇窗，世界并不遥远；放眼四海，荆楚文明将再放异彩，以此整体凸显湖北银行承古拓今的金融文化理念。

（3）图形底部弧线代表冉冉升起的红日，寓意崭新天地，为标志整体注入了无限生机与活力。紫色渐变的色彩运用，赋标志以"紫气东来"的美好寓意，寄托了湖北银行蒸蒸日上的发展愿景。

（4）标志独特透视效果的使用增加了图形的层次感，既能突出银行历史底蕴，又能表达创新发展、与时俱进的时代精神。

（5）整体而言，标志体现出古典与现代的结合，风格简洁而不失大气，寓示湖北银行以开放的心态融合四方，以稳健的步伐走向未来，致力于成为一扇展示湖北银行风采的未来之窗。

（二）汉口银行金融文化建设现状

汉口银行成立于1997年，远早于湖北银行，因此在金融文化建设上也比湖北银行成熟得多，更有成就。该行秉承"繁荣地方经济，服务城市居民"的服务宗旨，对内坚持"以人为本"，"'汉'聚全员智慧"；对外坚持"服务至上"，践行"思想为您服务"的核心理念，强化"服务地方、服务中小、服务市民"的市场定位。面向未来，力争打造一家"立足武汉、辐射中部、面向全国"有一定品牌影响力的区域性银行、上市银行、现代一流银行。仅 2010 年汉口银行在企业文化建设上就取得了很大的成绩，见表 1。

表 1   2010 年汉口银行取得的荣誉

表彰部门	荣誉内容
中国银监会	全国银行业金融机构小企业金融服务先进单位
中共武汉市委武汉市人民政府	2010 年度全市信访维稳工作先进单位
武汉市人民政府	2010 年度为我市经济社会发展做出突出贡献的金融机构和融资平台
湖北省公安厅中国人民银行武汉分行	2010 年全省金融安全保卫工作成绩突出集体
中国人民银行武汉分行	湖北辖内支付清算系统安全稳定运行竞赛优胜单位
中国人民银行武汉分行	2010 年度支付清算系统运行维护先进集体
湖北银监局	"建设防风险信息体系，促进银行业稳健发展"竞赛突出贡献集体
武汉市国家税务局武汉市地方税务局	2010 国库信息处理系统武汉市建设推广工作先进集体
中国人民银行武汉分行营管部	武汉电子支付安全系统升级工作先进集体
中国人民银行武汉分行营管部	2010 年度武汉地区金融统计工作先进集体
中国人民银行武汉分行营管部	2010 年度对账工作先进单位
中国人民银行武汉分行营管部	2010 年度武汉市国债发行统计工作先进集体
国家外汇管理局湖北分局	2010 年度执行外汇管理政策先进单位
中国银联	2010 年度创新业务贡献奖
中国银联	2010 年度受理市场拓展优胜奖
中国银联股份有限公司湖北分公司	2010 年度湖北省银行卡受理市场拓展优胜奖三等奖、2010 年度湖北省银行卡创新业务贡献奖
湖北省银行业协会	2010 年度"千佳文明规范服务示范单位"：汉口银行武昌支行营业室
湖北省经济建设先进典型评审委员会湖北省大型企业精神文明建设研究会	湖北省经济建设领军企业
2010 年度中国（湖北）理财总评榜组委会	2010 年度最佳科技金融服务银行
长江日报武汉市中小企业服务中心中国中小企业武汉网	武汉最受中小企业喜爱融资品牌：汉口银行·九通旺业武汉中小企业融资活力品牌：汉口银行·九通旺业
武汉市江汉区人民政府	2010 年度江汉区纳税先进单位

资料来源：2010 年汉口银行年报。

以上成绩的取得来自汉口银行较好的企业文化建设，其企业文化建设突出表现在精神文化建设和行为文化建设上。

1. 精神文化建设

（1）核心价值观。以"思想为您服务"为宗旨，以促进经济社会发展为己任，以满足重点客户核心金融需求为业务发展目标，以持续、有效创新为推动发展的核心手段，以银行核心价值提升为管理基准，以当责为文化核心。

（2）社会责任观。"创造价值、共同成长"，即为股东、客户、社会、员工创造优质价值；实现银行与区域共同成长，银行与客户共同成长，银行与股东共同成长，银行与员工共同成长。

历史使命：为武汉地区、为中部崛起乃至国家经济与社会发展提供金融服务。

客户使命：服务领先，逐步为客户提供综合化、全程满意的产品和服务。

股东使命：提升资产质量，为股东创造最大价值。

社会使命：以业务的持续改进提升金融服务质量，以自身健康发展服务于中国银行业的整体发展，实现回报国家、社会和人民。

员工使命："'汉'聚全员智慧"，为员工实现有尊严的工作、生活提供平台，帮助员工提高工作与生活质量，为员工的职业发展、自我价值实现创造良好环境。

（3）企业文化体系建设。由"生存文化"向"发展文化"过渡。构建以"当责"为核心，涵盖"价值、服务、创新、成长、执行力"等维度，明确精神层核心，形成制度层约束，落实物质层载体的企业文化体系。

2. 行为文化建设

（1）"人本位"的员工发展文化。第一，提升员工待遇，保障合法权益。认真按照《劳动合同法》的规定，通过开展集中的规范用工工作，进一步确立和增强依法用工、规范管理的观念，完善规范劳动用工管理的长效机制，促进银行和员工的和谐发展。该行建立了职工代表大会制度，充分发挥职工在民主管理、民主决策和民主监督中的重要作用。2010 年职工代表大会审议了《补充医疗保险管理办法》《行员劳动合同管理办法》《考勤休假管理办法》等制度，起到了动员广大职工参与并积极推动该行经营管理及改革发展的作用。在充分发挥薪酬激励与约束作用的同时，不断完善员工福利计划。员工除拥有国家规定的基本养老保险、基本医疗保险、失业保险、工伤保险、生育保险、住房公积金等各项法定福利外，还享有带薪休假、企业年金、补充医疗保险、定期体检等公司福利。重视对员工休息休假权益的保障，积极贯彻执行国家有关劳动时间、年休假、劳动保障、计划生育等方面的法律法规。在工余时间，组织举办各类球赛，以及联欢、歌咏、征文等活动，使员工享受比较丰富的精神文化生活。组织制作董事长亲笔签名的生日贺卡，发放给全行逢五、逢十出生的员工，将行领导对员工的关爱送到员工身边。在实践中逐步形成"职工有困难必访，有病、有伤必访，有生育必访，有婚、丧事必访，有家庭纠纷必访"等"五必访"工作制度。针对部分职工因疾病、伤亡、子女就学等原因形成相对困难的情况，工会组织从多方面给予慰问和帮助。仅2010年春节期间，就组织慰问困难职工、退休职工160人次，发放慰问金10.4万元。在2010年"夏送清凉"活动中，发放慰问金17.55万元，比上年增长60%。该行十分注重保障女职工权益，关心员工子女的成长。2010年为全行1377名女职工办理1528份女性安康保险。"三八"国际妇女节期间，组织开展了"好员工、好干部、好妈妈、好女儿、好媳妇"的"五好"评选活动，对34位女员工进行了表彰和奖励；向全体女职工赠送了励志书籍《女人成功靠自己》，扉页加装董事长写给女职工的热情洋溢的鼓励信；组织全体女职工到东湖梅园赏梅摄影。汉口银行出台了《员工子女高考录取奖励办法》，鼓励员工子女努力学习。"六一"儿童节前夕，组织开展了一封慰问信、一份节日礼品、一张报纸的"三个一"纪念活动，为14岁以下的员工子女送去节日的问候。

第二，加强员工培训，拓展成长空间。该行建立了系统的员工保障计划及职业发展支持计划，帮助员工规划和管理职业生涯，积极为员工成长创造条件。2010年投入490多万元经费，积极开展各类教育培训工作。全面推行管理人员聘任制，坚持干部定期交流制度，改进和完善管理人员考评机制，落实干部述职、任职谈话和巡视制度，切实加强了经营管理人员队伍建设，公平、平等、竞争、择优的用人机制逐步建立。通过多种有效措施，加大对优秀年轻干部的培养和选拔力度，把一大批政治素质好、业务能力强、工作业绩突出、群众公认的优秀人才选拔充实到了各级管理岗位。各级管理层结构进一步优化，整体力量得到增强。

（2）"股东权益至上"的投资者关系管理。董事会和管理层充分认识到投资者关系管理工作对于完善治理结构和经营管理水平，促进规范运作，提升核心竞争力、投资价值和股东价值，确保持续健康发展方面能够起到的重要作用。通过优化和更新公司网站，通过信箱、电话、网站等渠道，积极回应投资者普遍关心的重大问题，认真接待和处理股东的来函来访，与投资者进行充分、及时、有效沟通，推动公司不断提升公司治理与经营管理水平，增强了投资者的信心。

（3）关注民生的社会责任。第一，加大对中小企业支持力度。截至 2010 年 12 月 31 日，该行单户净敞口 1000 万元以下的小企业客户数为 845 户，增幅 115.56%；小企业表内外信贷业务敞口余额 34.89 亿元，增幅 233.24%，其中，表内贷款（不含贴现）余额 27.33 亿元，增幅达到 282.23%。全年无新增不良小企业贷款，小企业业务实现了健康快速发展。

2010 年，在中小企业金融服务中，根据中小企业经营特点和市场竞争的要求，除开展抵押和担保公司担保等传统业务品种外，积极尝试探索安全、高效的风险管理技术，在部分试点的基础上逐步推行新的信贷服务方式，全方位满足中小企业的资金需求。2011 年 12 月末，小微企业贷款（含个人经营性贷款）余额 111.4 亿元，比上年末增加 47.29 亿元，授信户数 9793 户，比上年增加 3220 户，全年累计发放 96.34 亿元，比上年增加 38.59 亿元，占全部投放总额的 13.35%，比上年增加 1.86%。

第二，加大对"三农"的扶持力度。2010 年，对农村、农业、农户表内外信贷累计实现投放 6.78 亿元，截至 2010 年末，本行涉农贷款余额（国标行业分类）4.24 亿元，占比 1.12%，较 2009 年末增长 1.89 亿元，增幅达 80.4%，远远高于该行全部贷款增速。其中，新增涉农贷款主要投向产业化农业企业。截至 2010 年末，与该行有贷款业务的武汉市级重点龙头企业 25 户，金额 3.23 亿元。2010 年，汉口银行积极响应人行武汉分行、营管部和省市区各级政府的号召，为黄陂农村金融服务综合试验区建设提供积极的信贷支持，在武汉市黄陂区农村金融服务综合实验区内累计发放贷款 1179 笔 4.87 亿元，各项贷款余额 3.71 亿元，比年初增加 3.06 亿元，增幅 474.13%。其中累计发放企业贷款（含贴现）178 笔 2.29 亿元，余额 1.05 亿元，比年初增加 0.85

亿元，增幅 425%；累计发放个人消费贷款 1001 笔 2.58 亿元，余额 2.48 亿元，比年初增加 2.22 亿元，增幅 833.89%。2011 年末，"三农"贷款 16.73 亿元，同比增长 294.59%。支持"两圈一带"建设项目 163 亿元，比同期增加 50 亿元，增幅 58.23%。

第三，加大对社区居民的扶持力度。多年以来汉口银行一直秉承地方银行、市民银行的宗旨，积极关注民生，支持下岗职工创业再就业，服务广大市民，努力为武汉经济社会和谐发展添砖加瓦。早在 2003 年，汉口银行就已经成为武汉市小额担保贷款的承办银行，积极支持武汉市全民创业，满足创业群众日益增长的业务需求。从最早在一家小额担保贷款业务经办行的基础上，增加到了现在的六家经办支行，通过不断扩大小额担保贷款的业务规模和合作区域，极大地满足了创业群众的需求。2010 年，为了使更多的创业群众受惠，该行又承办了硚口区小额担保贷款业务，解决了该区创业群众的资金需求。同时，还积极与武汉市总工会联系，展开业务合作，面向全市工会会员开办工会创业小额担保贷款业务，进一步扩大业务的覆盖面，为职工创业贡献绵薄之力。截至 2010 年 12 月 31 日，该行已累计发放小额担保贷款 5003 笔，累计投放 2.9 亿元，贷款余额达 2 亿元，为大量创业者提供了启动资金，成为促进"全民创业"的一支重要力量。开展"优质服务年"活动。为切实提升服务水平，满足市民服务需求，汉口银行将 2010 年确定为"优质服务年"，开展了一系列活动。首先，向社会公开做出服务承诺。2010 年 3 月 31 日，在《长江日报》等主要媒体上向社会公开做出服务承诺，引起社会广泛反响，获得各界好评。其次，提高服务规范化水平。出台了《柜面服务创优细则》等五项服务细则，制定了《汉口银行营业网点柜面人员服务标准》等十一项服务及评价标准；明确了《总行机关员工卡座物品摆放规范》《规范行服着装办法》《行长接待日制度》等有关工作制度。开展员工优质服务培训，引入"神秘人"检查制度，聘请第三方公司开展优质服务专项检查。

第四，大力支持公益事业的发展。汉口银行自成立以来，一直积极支持武汉市公共卫生事业的发展，充分发挥自身业务及网点优势，在资金结算、项目贷款、电子银行、财务顾问、理财咨询等方面为武汉市卫生系统提供了有力的支持与保障。2010 年 12 月 14 日，该行与武汉市卫生局签订战略合作协议，内容涵盖市各大医院基础设施建设、医疗卫生信息化工程、医院结算系统等领域。双方通过项目共享、信息交流，在银行授信、结算、理财、零售、国际业务、中间业务等方面实现了更好的项目合作及业务协作。此次战略合作是该行发挥总行经济效应，支持公共卫生事业，践行社会责任的又一具体举措，体现了银行服务民生、回报社会的价值理念。近年来，党中央加大了对保障性住房的推进力度，保障性安居工程建设取得了积极成效。汉口银行在为改善城市低收入居民的居住条件等重要的民生问题方面也做出了积极的努力，全力支持建设保障性安居工程。2010 年汉口银行在支持经济适用房项目开发建设的基础上，积极为满足条件的购房者提供按揭服务，累计办理按揭贷款 285 笔，贷款余额达 0.34 亿元。与此同时，为充分满足贷款职工的不同借款需求，该行还加大对公积金委托贷款的投入工作，将公积金贷款业务纳入个人贷款的业务重点，成立专业队伍，开展公积金贷款业务。截至 2010 年 12 月末，全行住房公积金委托贷款余额 3.52 亿元，较年初增长 0.72 亿元，增幅为 20.45%，全年累计发放达 1.34 亿元。

第五，改善服务功能，提升服务质量和品牌价值。全行按新 IS 标识整改、装修改造 22 家营业网点，79 家营业网点新增无障碍通道服务设施，服务功能进一步完善。在社会一系列服务评议中，该行及所属机构、员工先后获得各种荣誉，品牌力显著增强。武昌支行营业室荣获"中国银行业文明规范服务千佳示范单位"和"湖北十佳优质文明服务金融机构"、中山路支行等四家支行荣获"武汉银行业文明诚信示范窗口"称号、肖凌云同志获得"银行业十佳文明诚信示范明星"及"武汉五一劳动奖章"光荣称号等。

第六，开展金融公众服务周活动。2010 年，按照中国银监会、湖北银监局开展银行业公众教育活动的部署，该行认真履行社会责任，积极开展银行公众教育活动。2010 年 11 月 28 日，经过前期的精心筹备和周密部署，展开了大规模声势浩大的"2010 年银行业公众教育服务日"活动，通过全行性网点宣传、户外定点宣传、参与启动仪式、筹办"金融知识进校园"活动等多种方式，通过《长江日报》、新浪网、荆楚网等主流媒体宣传与现场宣传相结合，向社会公众普及银行业务常识和金融风险知识，提高公众对银行业的认知度，强化公众的金融意识和金融风险意识，积极承担了公众教育服务等社会责任。

第七，大力开展社会慈善活动。2010年4月14日，青海省玉树藏族自治州玉树县发生里氏7.1级地震。行党委号召全行干部员工发扬"一方有难，八方支援"的传统美德，积极向灾区人民伸出援手，慷慨解囊，捐赠善款，为灾区民众奉献爱心。全行共计1983人捐款，捐款金额达34.47万元。根据武汉市委办公厅和武汉市国资委共建办的统一安排和部署，该行与武汉市黄陂区姚集村、江夏区金口街南岸三村和前湖村三个村开展结对共建工作。2010年7月入汛之后，由于连日遭受特大暴雨袭击，三个对口扶贫点所在地区普降大到暴雨，行领导迅速深入受灾地点查看灾情，慰问当地灾民。共计拨付15万元的扶贫救助资金，用于帮助结对村尽快修复房屋、道路、沟渠等生活设施，恢复生产生活。2010年12月，为帮助姚集村和江夏区金口街前湖村改造基础设施，该行拨付了小康共建专项资金12万元。春节前，行党委拨付慰问资金2.4万元，给三个对口扶贫村特困户和五保户带去了冬日的温暖和节日的问候。

第八，妥善处理投诉。2010年，该行信访部门受理登记各类信访件49件，其中，来信29件。该行认真处理和对待每件来信，指定重要信访件由专人受理、处理，办理率达到100%，做到"事事有结果，件件有回音"。与上年相比，信访数量有所下降。

3. 环境责任

第一，实施节能环保企业信贷支持政策，推进循环经济发展。该行积极响应国家号召，围绕"两型社会"的建设和循环经济、低碳经济的迅速发展，积极支持绿色信贷、新能源、节能环保等产业。在行业投向客户选择政策中，明确地提出了支持武汉市15个战略性新兴产业。2010年末，该行节能减排类授信余额较年初增加50%以上，截至年末共为24户节能环保客户提供约18.49亿元信贷支持。

第二，控制"两高一剩"产业贷款规模，优化贷款结构。对于"两高一剩"行业，该行采取严格控制的信贷投放政策。严格控制对"高耗能、高污染"，钢铁、水泥、平板玻璃、煤化工、多晶硅、风电设备六大产能过剩的行业和造船、发电设备、重型设备和通用机械等可能产能过剩的行业的信贷投放。坚决压缩、退出落后产能贷款，禁止进入不符合国家产业政策和行业政策，工艺落后、质量低劣、污染严重、浪费资源的"十五小""新五小"企业、加工业、其他淘汰行业和国家发改委《产业结构调整指导目录》中限制类和淘汰类行业的企业。

第三，倡导绿色办公，构建节约型企业建设。全行上下深入贯彻落实科学发展观，积极开展以节约办公资源、降低办公成本、提高办公效益为主要内容的"绿色办公"，努力建设节约型机关。2011年，进一步加快在全行推行"公文电子化"的建设进程。上线新文档系统，规范行文报送程序，提高文件流转效率，明确办文责任，在有力提升本行文件管理水平的同时，积极推行"绿色办公"理念。2011年，全行积极倡导"绿色办公"，旨在普及绿色办公理念，让保护环境、节约资源、杜绝浪费成为银行每一个人的自觉行动。

四 湖北省金融企业文化建设的问题

按光大集团董事长唐双宁的观点，中国金融企业文化存在十大问题：一是贪大求快文化。盲目攀比，片面求大求快，进而形成风险隐患。二是粗放经营文化。贪大求快导致不是靠服务、靠效率，而是靠挖人挖出来业务。"人"不是有水平，而是有"关系"。三是发展趋同文化。同质化严重，都要"做大做强"，都搞零售转型，都扎堆在长三角、珠三角、环渤海，千行一面，毫无特色。四是轻视信用文化。认识不到诚信是金融之本，是命根子，为抢市场份额无所不用其极，不讲信誉，一锤子买卖。五是轻视法规文化。同"酒后驾车"一样，许多机构、许多从业人员在市场竞争中存在侥幸心理，没有遵纪守法的自觉意识，违规现象普遍。六是二元文化。中国的金融发展东中西部、城乡金融等不平衡，形成"二元金融"和"二元金融文化"。七是惩办文化。讲处罚多，讲教育少，形成惩办主义，而关系疏通好了又可以放一马。八是照搬文化。改革开放固然要学习国外有用的东西，但不能什么都照搬外国的。比如我们的公司治理，既搬来英美的独董制，又搬来欧洲的监事会制，这其实是叠床架屋、重复劳动，会加大成本、影响效率，可根据企业的不同情况选取一种就可以了。九是短视文化。不善于从长远、全局考虑问题。诚然，金融业的技术性很强，一定要懂技术，但凡事都有两个方面。首先要看路，其次才是拉车。南辕北辙不如原地不动。十是"井蛙"文化。盲目乐观，有如井底之蛙，缺少忧患意识。另外，只知金融不知其他，视野很窄，不知经济决定金融，不懂虚拟经济必须以实体经济为根。这十个问题在湖北金融企业文化发展中都不同程度的存在，尤其是以下几个问题特别需要重点关注。

（一）对金融文化建设的认识不足

从机构的角度看，有的金融机构即使设置了相应的企业文化管理部门，也是人浮于事，文化建设被淡化；有的金融机构片面地把企业文化建设与员工娱乐文化混为一谈，认为企业文化建设就是搞一些活动，做一些表面文章；有的金融机构虽移植了发达国家金融业的理念，导入了他人的企业文化，但多重视企业外部形象、员工行为规范等表面形式，而对经营理念、核心价值观等涉及深层内涵的文化关注不多，忽视了金融文化的管理功能，没能真正认识到金融文化对于金融业改革与发展的重要意义。从员工的角度看，在大多数的金融企业中，金融文化建设或多或少地忽视了文化的主体"人"的需求、情感和本质，员工的主人翁地位不能真正落实，人才得到再教育的机会也较少。工作对于员工来说更多的是谋生的手段，而非职场的权利和义务，更谈不上奉献与责任了。在此种情况下，员工对企业文化的内涵把握不准、理解不深，无法形成员工的"归宿感"，因而未能形成全员认同的文化价值观。

（二）金融文化建设体系不完善

金融文化建设是一个很广泛的范畴，它不仅包括金融企业文化的建设，也包括金融管理文化和金融体制文化的建设。湖北省金融企业文化建设，目前大多侧重在银行业方面，对非银行金融机构及新兴金融机构的文化建设重视不够。

（三）金融文化建设缺乏特色

企业文化旺盛的生命力和独特的魅力，来源于其自身的独创性。然而，现实中不少基层金融单位所搞的文化建设往往大同小异，缺少行业特色、单位特色、地区特色，例如许多金融机构，尤其是主营个人理财产品机构的核心价值观较为雷同，不易为外界特别是潜在客户辨识认知。这一方面是由于基层有关方面的高素质人才缺乏，特色金融文化建设工作呈现"心有余而力不足"的状态；另一方面是湖北省金融业对文化的特色建设认识不足，没有充分意识到文化的特色对金融业长期稳定发展的重要性。由于上述原因，湖北省的金融文化建设陷于低水平重复怪圈。

（四）企业文化建设存在着目标短期化行为

企业文化建设的渐进性和潜移默化性特点，决定了金融企业文化建设是一个长期的渐进过程，不可能一蹴而就，短期内对企业竞争力的提高难以产生有显著的效果，因此导致部分负责人在企业文化建设中存在急功近利的思想，不顾银行和地区实际，采取拔苗助长的方式，人为加快企业文化建设的进程，引起员工反感和管理层次的断档，阻碍了企业文化建设的顺利开展。另一个极端就是金融企业文化建设往往是说起来重要、忙起来次要，经营效益好时就想起搞一点所谓的企业文化活动，效益差时就少搞甚至不搞，缺乏一种常抓不懈的机制，缺乏一种持久的动力和发展后劲。

（五）金融企业文化建设形不成合力

从企业文化建设的现实情况来看，一方面职工参与度不高，基层一些员工对企业文化的内涵把握不准、理解不深、未能形成全员认同的企业价值观，另一方面银行的企业文化建设往往被看作工会、共青团等群众性组织部门的事务，业务部门常常觉得与自身不搭界而游离于企业文化建设之外，无法形成合力以推动全行企业文化的发展。

（六）存在舍本逐末的倾向

金融企业文化建设的指导思想和方法存在误区，企业文化建设重文字轻教育，企业文化实施者缺乏人文思考。银行企业文化建设更多地在物质文化层面和行为文化层面进行具体实施，而未在精神文化层面和制度文化层面加以探索，结果外表看起来轰轰烈烈，但内心里还是依然故我，陷入了形式化、表面化的误区。

五　改善湖北省金融企业文化建设的建议

改善湖北省金融企业文化可概括为：紧扣"三大"内涵，处理好"八大"关系，做好"九件"大事。

（一）紧扣"三大"内涵

（1）要把理念建设作为金融企业文化建设的灵魂，逐步形成统一的价值观。

（2）要把形象建设作为企业文化建设的关键，塑造银行的品牌形象。

（3）要把行为规范作为企业文化建设的根基，提高经营管理水平。要牢固树立"诚信立业、稳健行远"核心价值观指导下的五大理念："以市场为导向、以客户为中心、以效益为目标"的经营理念；"细节决定成败、合规创造价值、责任成就事业"的管理理念；"客户至上、始终如一"的服务理念；"违规就是风险、合规就是效益"的风险理念；"德才兼备、以德为本、尚贤用能、绩效为先"的人才理念。

（二）处理好"八大"关系

1. 把握好企业文化与企业战略的关系

企业文化与企业战略之间的关系是先有战略后有文化。每个企业都有自己的战略目标，战略不同，其需要的企业文化也不一样。所谓企业战略，第一是定位，第二是差异化。定位是什么，对于一个国际化的企业来说，是做一个小螺丝钉也要做到最专业化。每个企业都应该有自己的定位，如果企业的定位不清晰，就犹如一个人，如果方向没有定下来，位置没有定好，就不知道怎么做。同样的道理，如果有了非常明确的战略，就会明白下一步该怎么去做。但是如果只有战略而没有企业文化，那么这个战略也不可能落实。有战略没有企业文化的企业，就好比是无源之水、无本之木。所以企业战略与企业文化两者之间相辅相成，非常重要。

2. 把握好广泛性与特色性的关系

任何企业都是在特定的社会文化和行业背景下创立的，既有国家民族和行业的特色，同时在发展过程中又形成了各自的特点。一个企业的文化个性是区别于其他企业的根本属性，企业的文化个性源于企业特定的历史环境、人员组成及发展经历，它只为某个企业所有，只适用于该企业，是该企业生存、发展及历史延续的反映，是形成企业品牌和无形资产的基础。国有企业在打造企业理念、提炼企业精神方面，雷同化现象十分突出，形成了"千篇一律，万家齐唱"的局面。多数企业对企业精神的表述还停留在用单词组合的层面上，如"团结、奉献、求实、奋进、实干、创新、拼搏、开拓"等，就像标准化的组装零件。虽然说，这些词在一定程度上也反映了企业的精神风貌，但是组成的是"企业界"的精神，而非本企业的精神。所以，我们在培育自己的文化时，一方面要注意共性，同时更要注意个性的提炼与培养，做到共性与个性的有机结合。

3. 把握好近期目标与长远规划的关系

金融企业文化建设是一项艰苦、长期的系统工程，必须有计划、有目标、有步骤地推进。既要有长远的发展规划，又要着眼于近期效果，长短结合，一步一步地扎实推进。从近期目标看，要立足于企业现状，从企业实际出发，认真思考和制定本企业的文化建设规划，明确本单位的文化发展思路、奋斗目标和保证机制。从长远目标看，还要面向未来，明确企业文化建设的根本目标，努力培育和发展与现代企业制度相适应的企业文化，突出企业精神和品牌意识，不断提高企业整体素质，增强其凝聚力、向心力和竞争力。从两者的关系来看，企业文化建设的近期目标是实现企业文化长远规划的具体步骤，近期目标的实现和积累必然会促进长远规划的实现，有利于推动企业文化建设的持续稳定发展。

4. 把握好企业文化与业务经营的关系

金融企业文化作为企业员工共有的群体意识，渗透于经营管理的每一个阶段、每一个环节，如果离开业务经营这块土地，产生的文化只能是无源之水、无本之木，最后必将是昙花一现，不可能深深地根植于员工的心目当中。因此，在企业文化建设中，必须坚持同经营管理紧密结合，让经营体现文化，让文化统帅经营。

5. 把握好文化形成与持续发展的关系

企业文化作为现代企业管理的重要组成部分，它的存在有其产生发展成熟和逐步完善的内在规律，成功企业优秀文化的形成，也经历了几年十几年甚至数十年的不断完善和发展。企业理念的确立与价值观念的强化，直至得到企业内外部的认同，是一个持续积累的过程，只有坚持不懈、持之以恒，才能卓有成效。

6. 把握好文化主导与参与主体的关系

金融企业文化从形成和实施来说是企业家文化，从执行和运用来说又是员工文化。领导者的正确决策、身体力行、模范信守和孜孜以求，对于塑造和发展企业文化起着主导作用。同时，企业文化所确立的价值体系和行为方式，受体是员工，主体也是员工，只有全心全意依靠广大员工建设企业文化，"从员工中来，到员工中去"，才会收到事半功倍的效果。因此，在企业文化建设中，企业要注重把培养和发挥员工的主体作用作为着力点，使员工时刻处于企业文化氛围之中，耳濡目染、潜移默化，实现对企业文化的认同。

7. 把握好一贯性与创新性的关系

在实践中，既要坚持一贯性原则，把企业文化建设作为一项长期的战略任务来抓，又要树立发展和创新的观念，在实践中调整思路，在创新中寻求突破，在发展中不断升华，努力构建适合现代企业制度要求、具有一流水平的企业文化。当今社会是文明的社会，当今时代是文化的时代。金融企业在企业文化建设方面做了一些有益的尝试，还需要进一步深化和提升。金融企业，只要坚持不懈地研究和探索，坚持不懈地推广和实施，倾情打造，精心培育，就一定能让企业文化之花绽放出绚丽的光彩，让企业文化为银行改革与发展提供恒久的动力。

8. 把握好文化建设与思想政治工作的关系

企业文化与思想政治工作虽然都是"以人为本"，但是，两者又不可替代。其一两者的范畴不同。思想政治工作属于政治范畴，而企业文化则发起于企业管理，用之于企业管理，属于管理范畴。企业文化是直接指导和规范企业生产经营及员工行为的管理理论和管理方法。而思想政治工作的重点是从党的路线方针政策和道德教育出发，围绕如何维护和巩固社会主义政治和经济制度，促进整个社会生产力发展，形成良好的社会和企业风尚而开展工作的。企业文化建设涉及企业的风格、体制、政策及企业形象等各方面的管理实务，而思想政治工作主要包括思想建设、组织建设和作风建设。不难看出，两者虽有相似的目的，但在立足点、工作范围、实践要求、适应性方面有区别。其二两者适用范围不同。企业文化建设有着较强的个性，企业依据自身的实际为企业制定使命、理念及行为规范，当这些使命、理念和行为规范成为该企业广大员工的普遍行为时，便形成了本企业的文化。所以，一个企业的文化只属于本企业，企业经验是可以学习的，但企业文化是不能照搬的。而广泛意义上的思想政治工作的内容却可以适合于每一个企业。思想政治工作和企业文化建设，是我国企业中两项不同范畴但又都不可缺少的重要工作。两者的正确关系是，不能互相代替，却必须有机结合。一些优秀企业的实践已经充分证明，企业文化建设是思想政治工作渗透到经营管理中的极好途径和载体，可以使思想政治工作更具有针对性、实效性、主动性和时代感。与此同时，企业在建设企业文化的过程中，也应当很好地利用和发掘思想政治工作的资源优势来推动企业文化建设。

（三）做好"九件"大事

1. 承担社会责任应作为金融企业首选的经营战略

一个企业经营的战略方针反映了一个企业经营和管理过程中最基本的价值取向。金融企业在追逐利润的同时，应该始终把社会效益放在首位，要为社会提供更多更优质的服务，做到经济效益和社会效益的最佳结合。企业员工只有在正确的经营思想指导下，才能对企业和社会产生强烈的责任心，愿意承担起企业肩负的社会使命，敢于正视纷繁复杂的社会现象和妥善解决经营过程中所遇到的各种棘手问题，从而得到社会各阶层人员的认同，大大提升金融企业在社会公众心目中的形象，增强其对社会公众的影响力和感召力，增强人们对金融企业的认同感和信任度。这将有利于加强社会各界与金融企业的合作，从而提高金融企业的市场竞争力，增强企业活力，促进企业不断发展壮大。

2. 强化风险意识理念是增强金融企业竞争力的关键

在市场经济条件下，作为提供特殊商品和服务的金融企业，与其他企业相比具有更高的风险性，面临着来自多方面各种各样的经营和政策风险。而我国的金融企业又大多是脱胎于计划经济时代的国有商业银行，计划经济色彩浓厚，习惯了外无压力、内无动力的经营思想，竞争和风险意识薄弱。面对今天金融大开放的格局，我国金融企业已失去了其赖以生存的传统竞争优势，因此，湖北省金融企业应注意在全体员工中强化风险意识理念，使风险意识在每一个员工的心中生根、发芽，只有这样才能正确地认识与看待并时刻警惕和防范风险的发生，使企业在免受损失的同时获得风险收益。

3. "诚信至上"应作为金融企业基本的经营思想

随着中国金融市场开放程度的不断提高，来湖北省经营的国际金融组织越来越多，由于形形色色的各种金融机构的激烈竞争，湖北省传统金融机构的优势地位已不复存在，他们必须面对日益激烈的市场竞争环境并在竞争中求生存和发展。虽然影响竞争力的因素很多，但"诚信经营"应该成为金融企业文化的基本元素。因为金融企业经营的是特殊商品——货币资金，比任何其他企业经营的任何商品都具有更大的风险性和脆弱性。要赢得广大客户的信任，必须把诚实守信放在首位，只有这样才能使金融企业建立起长期的良好信誉，将优秀的企业形象展示给社会公众。

4. "以人为本"应作为金融企业的管理理念

人是一个企业旺盛生命力的源泉，是企业兴盛不衰的源泉，应成为企业管理的主体。随着现代金融业竞争的加剧，人才的竞争将日益激烈。目前，令金融企业最难以应对的是缺乏对其他竞争者有力的防范机制。少数掌握着最重要的客户资源、处于最重要岗位的员工，一旦失去对本企业的忠诚，就会或多或少地给企业带来损失。特别是相对于具有丰富管理经验的外资银行，中资银行不能提供丰厚的待遇和灵活多样的激励机制，因此外资银行对大量的优秀人才产生了极大的吸引力。因此，现代金融企业之间的竞争也可以说是人才的竞争，为了吸引和留住人才，就必须将"以人为本"作为金融企业的管理理念。在金融企业内部要创造以人为中心的人本文化，重视人的合理需求，尽量使每个员工都能有实现自我价值的机会，在企业经营管理的全过程始终突出人的重要地位。在金融企业外部从重视对人的个性化服务入手开拓市场，为市场提供多样化、满足不同客户需求的服务。在经营与服务中充分调动和发挥员工的工作积极性和主动性，使员工的思想境界不断得到升华，并使其自我价值得到实现，让每一位员工在工作中都能充分施展自己的才华，将自身的前途与本企业的命运紧密结合起来。唯有如此，员工才能体会到工作带来的快乐，才能将满腔热情投入工作中去，愿意与企业生死相依、荣辱与共。

5. 金融创新是增强金融企业活力的重要手段

存、贷、汇作为传统金融业务，目前在金融企业业务构成中的主体地位正受到挑战，其业务量所占的比例正逐渐减少。这种状况持续下去，将对金融企业产生非常不利的影响。为此，金融企业要想求得生存和发展，就必须在不断创新金融产品和服务手段上下功夫。通过创新提高金融企业的经济效益，最大限度地减少成本与费用支出，创造使客户满意的舒适的营业环境，拓宽自己的业务领域，引导市场需求，满足客户对金融产品的新要求。只有金融创新理念在金融企业经营过程中占据主导地位的情况下，才能激发每一位企业员工勤奋思考、勇于探索、积极向上的创新精神，为提升企业的竞争能力而贡献自己的全部力量，最终塑造出不拘一格、独具特色的先进的金融企业文化。

6. 有效的激励机制是金融企业快速发展的动力源泉

激励即是通过某种方式激发人的行为，并促使其以积极的状态表现出来的过程。事实上，人有着巨大的潜力和创造力。如果其他条件不变，一个人工作绩效的大小，主要受激励程度高低的影响，所以，科学有效的激励机制能够有效地吸引和使用人才。因为物质激励、精神激励和发展激励是互相联系、共同作用的有机体，可以将三者结合起来进行运用。通过激励机制，能够使金融企业广大员工不断激发出新的工作热情，愈加爱岗敬业，整体精神面貌焕然一新，对自己和企业的前途充满信心，对我们国家的金融改革和经济发展充满希冀，并为此奉献自己的全部力量。

7. 打造学习型团队是保证金融企业与时俱进的先决条件

随着我国开放程度的扩大，进入湖北省的外资金融机构越来越多，他们有着先进的国际金融管理经验。要使湖北省的金融企业在激烈的金融竞争中不落后于人，终身学习是唯一的选择。金融企业的员工必须充分认识学习的紧迫性与必要性，只有学习才能跟上科技的进步、时代的发展和金融竞争的步伐，才能适应企业对人才提出的新的更高的要求。作为金融企业应该把学习新知识作为一项工作任务来抓，把学习成绩作为升职晋级的条件，使金融企业的员工养成渴求新知识、孜孜不倦的学习习惯，在企业中形成良好的学习氛围，做到与时俱进，在知识经济时代抢占先机。

8. 团队精神是增强金融企业凝聚力的有力保证

专业协作是企业现代化的客观要求，金融企业也不例外。这就要求金融企业员工有较强的团队精神，在工作中能够做到精诚合作、互相扶持、密切配合，为企业的共同利益不计较个人的得失，甚至牺牲个人利益，为企业共同价值观的实现而忘我工作，把金融企业打造成奋发向上、团结一致的集体。

9. 培养一批勇于担当的金融家

创建卓越的金融企业文化需要一批对社会负责、对企业负责、勇于担当、具有真正政治家素养的金融家。他们能以企业长远发展为己任，以报效社会为己责，"苟利国家生死以，岂因祸福避趋之"，不在乎一时的利害得失，不计较个人的功名利禄。追本溯源，金融企业的价值观说到底就是金融家的价值观。金融家身体力行，率先垂范，积极投身于卓越的金融企业文化创建，既对企业文化本身产生巨大影响，也为卓越的金融企业文化创建提供了组织保证。金融家的观念与金融企业员工的自觉践行相结合，将使卓越的金融企业文化不断充满生机和活力。可以说，创建卓越的金融企业文化的过程也是培养和塑造敢于担当的优秀金融家的过程。

参考文献

1. 约翰·P. 科特、詹姆斯·L. 赫斯科特：《企业文化与经营业绩》，中国人民大学出版社，2004。
2. 罗长海：《企业文化学》，中国人民大学出版社，1991。
3. 刘洪钟、孙丽、刘红：《组织效率、企业文化与日本银行业的兴衰》，《当代金融家》2005 年第 6 期。
4. 蒋峦、谢卫红、蓝海林：《企业竞争优势理论综述》，《中国软科学》2005 年第4 期。
5. 雷巧玲、赵更申、段兴：《民企业文化的测度及其对企业绩效的影响研究综述》，

《科技进步与对策》2006 年第 6 期。

6. 李成彦：《企业文化对组织效能影响的实证研究》，上海师范大学硕士学位论文，2005。

7. 陈万宁、周双喜、周敏李：《企业文化测度与诊断实证研究》，《市场周刊·研究版》2005 年第 10 期。

8. 张勉、张德：《企业文化测评研究述评》，《外国经济与管理》2004 年第 26 期。

9. 董丽丽：《企业文化测度体系的构建及其管理》，《武汉理工大学学报》2006 年第 8 期。

10. 占德干、张炳林：《企业文化构建的实证性研究——对四个不同类型企业的调查与分析》，《管理世界》1996 年第 5 期。

11. 汤敏聪：《学习型组织的特征及意义》，《中外企业文化》2003 年第 1 期。

12. 黎永泰：《企业文化管理初探》，《管理世界》2001 年第 4 期。

湖北物流企业文化建设发展状况报告

袁声莉*

湖北地处祖国中部，坐拥长江中部流域的黄金通道，京广、沪蓉几大铁路枢纽贯通境内，公路路线四通八达，20 条国际航线可直达世界上很多国家和地区，2012 年底，"汉新欧"国际货运专列开通，该货运专列横跨六国，打通武汉至欧洲陆上大通道，境内可实现空铁联运、水铁联运、水路联运等多种联运方式，具有发展现代物流业的天然优势。改革开放 30 多年来，湖北物流产业得到迅猛发展，经营规模不断扩大，管理水平不断提高，出现了华中航运集团有限公司、武铁物流、武汉中远物流有限公司、武汉万吨冷储物流有限公司等一批战略导向鲜明、经营理念先进、管理规范的文化先进企业，为湖北物流业实现科学发展、跨越式发展奠定了坚实的基础。随着国内外物流产业竞争的日益剧烈，我国法制化建设的不断深入，全社会对物流服务的品质要求不断提高，湖北物流企业文化建设必须不断与时俱进、加快创新，遵循企业文化建设的内在规律和要求，紧密结合物流行业的特点，体现先进的湖北地域文化，科学构建湖北物流企业文化体系，整合物流文化建设的内外资源，不断创新物流文化建设的平台、方法与工具，培育出更具活力和竞争力，能够切实推进湖北物流企业管理上水平、业务上档次、人才上素质的先进物流文化。

一 湖北物流企业发展状况

（一）总体发展水平不高，竞争优势不明显

当前，湖北上规模的第三方物流企业有 200 多家，以及数千家从事第三方

* 袁声莉，湖北企业文化研究中心，教授。

物流业务的中小型和微型物流企业，初步形成了立足武汉、服务湖北、面向华中乃至全国的物流服务网络。2010年湖北现代物流增加值1075亿元，占第三产业增加值的比重约18%，物流增加值占GDP的比重约6.8%。2011年，湖北物流业增加值增长16.6%。"十二五"时期，湖北物流业增加值力争突破2000亿元。

改革开放30余年来，湖北物流业起步晚，体制机制建设滞后于东部沿海省份，经济总量长期不高，诸多因素严重影响了物流业发展。湖北大型物流企业偏少，难以支撑大生产大流通的需要。当前，湖北省产生了九州通集团、武汉商贸控股集团等本土物流企业知名品牌。九州通集团在全国医药流通行业排名第3，武汉商贸控股集团位列2009年中国物流企业50强第29名，2010年主营业务增长到32亿元，在中部六省中排名第一。但大企业不多，从物流企业排名来看，湖北省历年进入全国物流企业百强的企业数量只有1~2家，拥有物流百强企业个数在全国仅排在第11~15位（见表1）。综合各方面情况，湖北物流业综合实力和管理水平在全国范围内没有明显的竞争优势。

表1　各省物流企业在我国百强物流企业中的个数

序号	省　份	2008年	2009年	2011年	2011年排序
1	北　京	15	14	17	1
2	山　东	17	12	14	2
3	广　东	11	11	14	2
4	河　南	11	6	9	4
5	福　建	11	13	9	4
6	上　海	6	8	7	6
7	天　津	1	2	7	6
8	重　庆	1	1	3	8
9	河　北	4	8	3	8
10	浙　江	4	3	3	8
11	江　苏	11	7	2	11
12	广　西	0	3	2	11
13	湖　南	2	2	2	11
14	四　川	2	2	2	11

续表

序号	省　份	2008 年	2009 年	2011 年	2011 年排序
15	湖　北	1	2	2	11
16	安　徽	1	0	0	15
17	新　疆	1	1	1	15
18	山　西	0	0	1	15
19	黑龙江	0	0	1	15
20	辽　宁	2	1	1	15
21	陕　西	0	1	1	15
22	云　南	0	1	0	16
23	江　西	0	2	0	16
24	吉　林	0	1	0	16
合　计		100	100	100	合计 24 个省

注：没有西藏、贵州、青海、甘肃、宁夏、内蒙古、海南 7 省份的资料。

（二）"育牌"工作积极，知名品牌偏少

进入 21 世纪以来，湖北省加大了品牌培育力度，各地政府和行业协会在推动物流企业做大做强方面出台了一系列扶持和奖励政策。如前所述，湖北省政府和协会组织近几年积极组织物流企业开展评级工作，极大地推动了企业管理上水平，经营增实力，取得了可喜成绩。2011 年，湖北省 A 级物流企业总计达到 124 家，其中 AAAAA 级有 4 家，AAAA 级有 39 家，AAA 级有 48 家，AA 级有 29 家，A 级有 4 家。以百强物流企业涵盖 24 个省市区为基础计算，全国 110 家 AAAAA 级物流企业，24 个省平均每省占 4.58 个，湖北省 4 家，低于平均数；全国 576 家 AAAA 级物流企业，24 个省平均每省占 24 个，湖北省 39 家，高于平均数；全国 751 家 AAA 级物流企业，24 个省平均每省占 31 个，湖北省 48 家，高于平均数；全国 309 家 AA 级物流企业，24 个省平均每省占 13 个，湖北省 29 家，高于平均数。除了 AAAAA 级企业低于全国平均数，AA、AAA、AAAA 级企业数量均高于全国平均数，显示湖北省借助物流产业综合评比这一平台，一定程度上推动了全省物流企业的发展。

当前，国内外知名物流企业看好湖北未来前景，纷纷布点入驻。来湖

北投资设点的国内著名物流企业有中外运集团、宝供物流集团，国外的有丹麦马士基、美国联邦快递、日本日通、英国英运、世界第二大航运公司瑞士地中海航运公司。与国内外实力雄厚的物流企业相比，湖北省享誉国内外的本土知名物流企业少，辐射带动作用及社会影响力有限。根据中国百强物流企业统计数据，近 5 年来，进入物流百强的企业只有武汉商贸控股集团、九州通医药集团股份有限公司、武汉中原发展汽车物流有限公司三家（见表 2）。

表 2　2008~2011 年百强内的湖北物流企业

年份	排名	名　　称
2008 年	50 强	武汉商贸控股集团
2009 年	排名 29	武汉商贸控股集团
	排名 83	九州通医药集团股份有限公司
2010 年	50 强	武汉商贸控股集团
2011 年	50 强	武汉商贸控股集团
	排名 85	武汉中原发展汽车物流有限公司

武汉商贸控股集团。武汉商贸控股集团全称武汉商贸国有控股集团有限公司，2000 年在原武汉市工业品集团、副食品集团和粮油贸易企业的基础上正式成立，是经武汉市国资委授权，专门从事国有资本营运和对外投资的企业法人。2001 年，武汉商贸集团旗下第一家国有控股公司——湖北省商业仓储运输有限责任公司正式挂牌运营。2002 年，与武汉物产控股集团合并组建新的商贸控股集团。发展至今，该集团在商贸物流及配套服务领域已初步形成冷链物流、建材物流、铁路集装箱物流、食用油加工配送、钢材加工配送、商贸物流配送、汽车物流、应急储备供应、信息集成服务等专业分工。当前，该集团整体通过国家 AAAAA 级物流企业论证，并有 4 家 AAAA、4 家 AAA 物流企业。下属子公司有肉联食品公司、万吨冷储公司、正达物流公司、世通物流公司等多家子公司。集团注册资本 6.14 亿元，现有企业 21 家，资产总额 60.8 亿元。武汉商贸控股集团本部员工中，研究生以上学历者占总人数的 26.5%，本科学历者占 55.9%，专科学历者占 17.6%。集团秉持"选择合适的人，做

合适的事"的人才理念，倡导"企业的发展伴随着员工的进步，员工的进步推动了企业的发展"。"十一五"期间，集团主营业务收入年均增长59.70%，利润总额年均增长64.70%，净资产收益率年均增长25.56%；2011年集团实现主营业务收入42.56亿元，利润3.55亿元。集团连续4年跻身中国物流企业50强，在湖北省率先通过国家AAAAA级综合服务型物流企业认证，是湖北省及武汉市重点物流企业。集团占地面积3000余亩，经营网点遍及武汉三镇及全国部分省市，拥有12条铁路专用线，1个水运码头专用泊位，总面积58万平方米的大容量仓库，其中高低温冷库容量18万吨，食用油库存储容量10万吨，为中部地区最大的冷库和食用油存储库。"十二五"期间集团将坚持"创新、集成、特色、跨越"的发展思路，完善物流金融和物流信息两大平台，努力打造百亿元大型现代物流产业集团。

九州通医药集团股份有限公司。该公司发轫于改革开放之初的1985年，是一家以西药、中药和医疗器械批发、物流配送、零售连锁以及电子商务为核心业务的股份制企业。2000年，九州通在国内开创的"低成本、高效率"的医药商业模式被中国医药界誉为"九州通模式"，并成为中国医药物流发展的主流模式，铸就了享誉中国医药行业的九州通品牌。迄今为止，九州通已在全国21个省会城市设立了21家省级子公司（大型医药物流中心）、在27个地级市设立了27家地市级分公司（地区医药物流配送中心）及近400个终端配送点，形成了覆盖全国大部分县级行政区域的物流配送网络。为顺应中国医药市场的变革，九州通医药集团采取多方措施促进核心业务的增长，2011年公司核心业务西药、中成药继续保持稳定增长，全年实现销售收入225.07亿元，较上年同期增长16.06%。

武汉中原发展汽车物流有限公司。该公司成立于1984年，数十年来，公司艰苦创业，与时俱进，从小到大，从弱到强。现公司团队有管理人员300人，汇集了优秀的物流管理中青年人才，其中大专以上学历者约占90%；轿运车司机近800人，平均年龄35岁，其中具有10年以上驾龄、专业从事商品车运输的驾驶员占70%以上；大型专用大马力、多功能轿运车超过400辆，年商品车运营量超过40万辆。被评定为"道路运输经营许可证"二级资质，是一家集商品车运输、货运、仓储、汽车销售、汽车修理、物流信息咨询为一体的规模化经营、现代化管理的民营企业集团。公司总部设在武汉，在全国设有 5 个商品车仓储中心、5 个独立子公司、5 个质检站、30 个常驻办事处以及 5 个轿运车维修保养中心。

以上三家企业在湖北乃至全国都有一定知名度，九州通医药集团股份有限公司还创立了在全国医药物流领域具有里程碑意义的"九州通模式"，但在企业实力、国际竞争力、管理水平等方面与国内外知名物流企业相比，还存在较大差距。如武汉商贸控股集团与中国诚通控股集团有限公司相比，实力上差距悬殊，中国诚通集团总资产近 700 亿元，是武汉商贸控股集团的 10 倍。而在荣获"2012 年中国物流业品牌价值百强企业"和"2012 中国十佳物流企业"两项大奖的中远物流面前，湖北物流企业在国际化视野、海外开拓能力、综合服务水平上只能算小学徒。

（三）产业区域分布不均衡，行业结构不合理

一是地区发展不平衡。突出表现在大中城市发展快，小城市和广大农村发展不足。大多数上规模的物流企业聚集在武汉市等中心城市，统计显示，在 124 家 A 级企业中，88 家在武汉市，36 家在武汉市之外的地市县，其中 10 家在襄阳市，11 家在宜昌市，荆州市 2 家，黄冈市 3 家。二是行业发展不均衡。湖北物流业在医药物流、汽车物流、商贸物流领域发展相对成熟，但在快递物流领域发展滞后。随着电子商务的迅猛发展，全社会对快递服务的需求与日俱增，而湖北快递业发展却相对迟缓。湖北快递企业规模偏小，总的业务规模在全国排名第十，与快递业务收入最高的广东相比差距近 13 倍。按照我国快递业收入排名，第一方阵为 EMS 和顺丰，第二方阵为申通、圆通、汇通和韵达，而湖北本土品牌没有一家。湖北省快递业软实力亟待提升。由于企业规模小、集约化程度低，行业经营无序，信息安全、商品安全事故时有发生。2010 年，全国快递业服务总体满意度排名中，沈阳排第一位，石家庄、广州分列第二、第三位，武汉排第 14 位。

除以上三个方面的特点外，湖北物流行业市场开放程度失衡，引进的远远大于走出去的，本地企业国际竞争能力和国际市场开拓力严重不足。此外，湖北物流企业总体上发展理念落后，发展的前瞻性不强；企业经营管理水平亟待

提升，信息化程度不高；资金实力弱，基础投资乏力；人力资源管理能力不强，员工归属感、忠诚度低，人力资源的作用得不到发挥。

二 湖北物流企业文化的发展阶段及基本特征

文化是企业的基因，有了企业就产生了企业的文化。湖北自从出现了物流企业，也就出现和形成了湖北物流企业文化。从国际上来看，现代物流业发展从 20 世纪 80 年代开始，经历了起步、发展、成熟三个阶段。从湖北省来看，现代物流业发展萌芽于 20 世纪 90 年代，20 世纪 90 年代末至 21 世纪初，湖北省新成立和组建了一批物流企业，当前活跃在湖北省物流各领域的上规模的企业大多是那个时候成立的。21 世纪以来，随着工业化、信息化、城镇化、市场化、国家化的深入发展，湖北省物流业进入加快发展的新时期。从企业文化层面来看，湖北物流企业文化经历了从现代物流文化萌芽、物流文化的初步发展两个阶段，目前正处于物流企业文化快速发展阶段。

（一）现代物流企业文化的萌芽阶段（20 世纪 90 年代中期以前）

这一时期，湖北现代物流企业尚处于萌芽阶段，现代物流与供应链理论刚刚被引进中国，现代物流理论还只是停留在理论探索的层面。传统运输业、仓储业占据主导位置，上规模的仓储、运输、邮政企业以国有、集体所有制企业为主，经营战略不被重视，品牌意识淡薄，主动参与市场竞争意识不强，市场化的用人体制机制尚未真正建立。总体上来讲，企业发展现代物流的内生动力不足。由于观念滞后、管理模式不能适应新形势的要求，传统仓储、运输企业在市场竞争中处于不利地位，不少企业经营难以为继。在政府的主导推动下，传统仓储运输企业开始对企业产权制度进行探索性改革，湖北传统物流企业逐步从计划文化的禁锢中解放出来，从而开启了湖北物流企业市场文化的帷幕。这一时期，民营物流企业诞生，武汉均大储运有限公司（九州通医药集团股份有限公司的前身）等民营物流企业成立（见表3）。

表3　湖北A级物流企业成立时间表

企业组建时间	总个数	AAAAA级	AAAA级	AAA级	AA级	A级
1949年之前	0	0	0	0	0	0
1949~1978年	7	1	5	0	1	0
1979~1988年	3	1	2	0	0	0
1989~1998年	18	0	6	6	4	2
1999年之后	68	2	20	33	12	1
年份不详	28	0	6	9	12	1

（二）物流企业文化初步发展阶段（20世纪90年代下半期~2010年）

20世纪末，一批活跃在湖北物流领域的物流企业开始组建，如何发展现代物流，还处于摸索阶段，大多数企业面临的问题是如何生存下去，管理模式粗放。进入21世纪以来，现代物流与供应链理论从理论的圣坛走进实践层面，湖北第三方物流企业由小到大、由弱到强，逐步发展壮大起来。可知，超过70%的湖北A级物流企业成立于1999年之后。62家成立于2001年以后，占A级企业总数的2/3。从国内外先进企业文化建设的经验来看，企业文化有其自身的发展规律。文化依附于企业，先进文化由最初提出到真正形成需要一定的时间。海尔文化引起世人瞩目从1985年算起总共经过了7年，《华为基本法》的提出也是在华为诞生后的7年，湖北物流企业形成时间比较晚，优秀文化基因还需时日去积淀、改进和完善。企业文化核心观念最终成为员工普遍共识，成为推动物流企业发展核心动力不是一朝一夕的事情。从现代物流层面来看，湖北物流企业诞生于20世纪90年代下半期，至2010年，前后只有10来年，物流企业文化还处于初步发展的阶段。尽管如此，在一批企业领导者和文化建设专家的推动下，在这一时期，湖北物流企业文化仍然取得了一些不容忽视的成就。一些物流企业开始有意识地推动先进企业文化建设，聘请专家进行文化诊断，实行系统性文化建设，出现了九州通医药集团、大道物流等建设企业文化的代表。

这一时期湖北物流企业文化呈现出以下基本特征：市场主导企业竞争成为

主流，部分企业进入文化自主、文化自觉阶段，企业经营方式呈现多元化，管理系统不断优化，一些企业引入 ERP 系统，探索建立供应链物流体系，制度管理、规范管理渐入人心。

受各种因素的影响，物流企业文化建设存在一些不容忽视的问题，如诚信问题，物流企业重视硬件建设而忽视信息技术、人才队伍等软件建设。如在汽车物流领域，大多数汽车物流企业尚未运用物流信息管理系统、电子数据交换以及全球卫星定位系统等技术。企业在人才队伍开发与建设上的投资较少，致使汽车物流企业普遍感到缺少适应现代汽车物流业发展要求的各层次人才，尤其是缺少理论与实践双全的中高层次人才。

（三）物流企业文化快速发展阶段（2011 年至今）

十七届六中全会把文化事业上升为国家战略，全社会形成合力全面推进先进文化的建设的局面，社会文化氛围日益浓厚，未来一个时期，湖北物流企业必将迈入文化大发展时期，越来越多的物流企业重视优秀文化的建设，越来越多的企业领导者和管理者将自觉地运用先进文化引领企业各项事业的发展，越来越多的员工更愿意并积极配合企业文化建设工作，并将先进文化理念主动融入日常工作之中。2012 年，武汉商贸控股集团荣获了"湖北省模范劳动关系和谐企业"荣誉称号，还先后组织了以"企业爱员工、员工爱企业""我身边的优秀共产党员"等为主题的演讲比赛。越来越多的湖北物流企业加大了企业文化建设力度。

三　湖北物流企业文化价值取向的实证研究

企业文化价值取向是企业文化的核心元素。文化价值取向的清晰度、先进性、时代性，很大程度上决定了物流企业文化建设的方向和未来。

我们采用网络调查的方法，对湖北省 124 家 A 级物流企业进行了全样本调查，调查的内容是每家企业是否有明确的价值取向以及价值取向的内容。以"诚信"为关键词的共有 42 家企业，其中 AAAAA 级企业中有 2 家，AAAA 级企业中有 13 家，AAA 级企业中有 16 家，AA 级企业中有 9 家，A 级企业中有 2 家。

以"快捷"为关键词的共有 21 家企业，其中 AAAAA 级企业中有 1 家，AAAA 级企业中有 4 家，AAA 级企业中有 9 家，AA 级企业中有 5 家，A 级企业中有 2 家。以"创新"为关键词的共有 24 家企业，其中 AAAAA 级企业中有 1 家，AAAA 级企业中有 8 家，AAA 级企业中有 8 家，AA 级企业中有 7 家。以"服务"为关键词的共有 42 家企业，其中 AAAAA 级企业中有 1 家，AAAA 级企业中有 13 家，AAA 级企业中有 19 家，AA 级企业中有 8 家，A 级企业中有 1 家。以"共赢"为关键词的共有 6 家企业，其中 AAAAA 级企业中有 1 家，AAAA 级企业中有 1 家，AAA 级企业中有 2 家，AA 级企业中有 2 家（见表 4）。

表 4　湖北物流企业文化价值取向的频次

关键词	涉及公司数目	AAAAA 级		AAAA 级		AAA 级		AA 级		A 级	
诚　信	42	0.34	2	0.5	13	0.33	16	0.33	9	0.31	2	0.50
快　捷	21	0.17	1	0.25	4	0.10	9	0.19	5	0.17	2	0.50
创　新	24	0.19	1	0.25	8	0.21	8	0.17	7	0.24	0	0
服　务	42	0.34	1	0.25	13	0.33	19	0.40	8	0.28	1	0.25
共　赢	6	0.05	1	0.25	1	0.03	2	0.04	2	0.07	0	0
合　计	135		6		39		54		31		5	

调查发现湖北物流企业文化建设呈现如下特征。

企业文化的作用正在为越来越多的物流企业所重视。行业中实力较强的企业注重文化设计与宣传的多元化和体系化，一些企业进行了系统性的文化构建，从企业发展战略、企业精神、共同价值观、员工行为管理等方面，多角度、多层面、多层次融入文化思考，用共同价值观、共同思想统领物流企业各项工作。2005 年，九州通集团为了符合企业"二次发展"的战略需求，为企业的再次腾飞提供新的精神动力，集团在开展"企业文化建设现状调查"的基础上，组成专门的企业文化建设班子，经过充分的调研、提炼和论证，设计开发出了企业理念识别体系（MIS），最终形成了《九州通集团企业理念手册》，提出了："企业形象定位系统"、"企业核心理念系统"、"企业基本理念系统"、"企业单项理念系统"和"企业理念延伸系统"五大体系。

现代信息技术正在为越来越多的企业所采用。一部分企业注重运用网络信息平台宣传企业经营理念、企业精神，扩大文化影响面。企业独立网站、中物在线（中小物流交流平台）是两种最常用的网站信息平台，此外还有中国物流网、中国企业在线、湖北企业网等平台。但必须看到，在部分企业借助网络信息平台扩大企业文化影响力的同时，还有相当多的企业忽视网络信息技术在文化建设、经营管理中的积极作用。真正在文化建设中自觉运用现代网络技术的企业毕竟还是少数。全省3000多家物流企业，A级企业只有124家，约占总企业的4%，而在A级企业中，只有49家企业建立了独立网站，仅占A级企业的39.5%；还有75家企业尚未建立自己的网站，占A级企业的60%。在124家A级企业中，运用"中物在线——中小物流交流平台"的企业有34家，用百度能够检索到的企业有4家，完全无法通过现代网络技术查询的A级企业有37家。

建立了企业自己的网站，并不意味就能运用好网站的强大宣传功能。调查显示，在拥有独立网站，并且首页有企业文化分类的企业中，A级企业有30家，占全部124家企业的24.2%，其中所有AAAAA级企业都建立了独立网站，并在首页有企业文化分类的栏目设置，在AAAA级、AAA级、AA级企业中，开办企业独立网站，并在网站首页专门安排了企业文化内容的分别有11家、12家、3家，分别占AAAA级、AAA级、AA级企业总数的28.2%、22.2%、9.6%。

真正运用网站有效宣传企业文化理念的只有30家（见表5），仅占建立独立网站企业的61%，还有19家企业在网站上没有突出企业文化的元素，白白错失了网站载体在文化宣传上的强大功能。真正运用网络信息技术在醒目位置旗帜鲜明地宣传企业文化，推广企业经营理念和企业精神的企业大约占湖北物流企业总数的1%。

级别越高的企业越注重企业文化建设。表5显示，随着企业A级层次的提高，运用网站系统宣传企业文化的比重越大。从AAAAA级企业到AAAA级企业，再到AAA级企业，直至AA级企业，最后是A级企业，通过系统化设计有意识地宣传企业文化的企业分别占所在级别企业总数的100%、28.2%、25%、10.3%、0%。

诚信和服务是大多数企业所推崇的文化价值取向在124家A级企业中，有33.9%的企业把建设诚信文化和服务文化放在企业文化最重要的位置，在AAAAA级企业中，有一半的企业把诚信视为文化建设最重要的要素。诚信和服务被确立为企业最重要的核心价值观，符合时代要求，反映了湖北物流企业

表5　独立网站企业的企业文化宣传情况

总数	独立网站个数	主页有企业文化分类的个数	有企业文化分类所占比例（%）
AAAAA 级（4）	4	4	100
AAAA 级（39）	20	11	28.2
AAA 级（48）	20	12	25
AA 级（29）	5	3	10.3
A 级（4）	0	0	0
总：124	49	30	24.2

文化的基本趋势是健康、积极、务实的。安得物流有限公司总经理卢立新从企业角度来看物流行业的核心价值观，他总结了十六字精髓："诚信负责、合作共赢、服务光荣、有序创新。"诚信对各行各业都很重要，但对物流行业来说尤为重要，因为，物流行业"业务地理位置的分散性、服务的不可储存性、供应渠道的零散性"，使"诚信更关乎企业的竞争力和股东价值"。仅次于诚信、服务的是企业对创新的重视，有 19.4% 的企业强调和鼓励创新，排在第四位的是"快捷"，重视程度占全部 A 级企业的 16.8%。关心人和发展人成为优秀物流企业文化的重要标志。武汉大道物流是武汉市一家 AAA 级物流公司，该公司主要从事零担物流，在湖北省及周边地区具有一定的影响力。该公司十分重视企业文化建设，注重培养员工敬业爱岗、细致严谨、诚实守信的工作作风。该公司借助每半年一度的军训比赛、六天的月休、设置"奖单"、聚会补贴、一年一度的"大道之星"评选活动、到上海德邦物流公司学习等制度，提高员工素质，凝聚员工向心力，满足员工的职业追求和精神需求。我们在与公司员工交流的过程中，发现该公司员工表现出很强的企业归属感。刚转正不久的一位员工告诉我们："公司大多数是'80后'的年轻人，在公司上班感觉随时充满活力，公司最吸引我的地方就是公司较好的发展前景及企业文化。"该公司人力部主管吴秀莲女士说，公司比较注重员工的职业技能培养与学习，会安排员工到其他物流公司参观、学习。在湖北物流领域，把关心人、爱护人、发展人作为企业文化建设重要内容的不只有大道物流一家。譬如华中航运集团有限公司将"以人为本、诚信经营、关爱员工、奉献社会"确立为企业核心价值观；枝江市兴港装卸运输有限责任公司倡导"以人为本、诚信经营"

的文化理念；九州通医药集团股份有限公司提出"我们的领导为员工服务，员工为客户服务，客户是我们的上帝"的行为规范；武汉顺丰速运有限公司提出"诚信、正直、责任、服务、团队的核心价值观以及诚实做人、认真做事"的企业精神。

四　湖北物流企业文化建设存在的主要问题

当前，湖北物流企业文化内涵挖掘不够，打造强势物流企业文化尚未成为普遍认知，以文化软实力打造物流品牌、优化物流企业基因、强壮物流企业机体的自觉意识不强，物流企业文化建设投入不够。具体体现在大多数企业缺乏清晰的物流发展战略，总体水平不高，文化发展不均衡，竞争文化发展不够，开放文化发展迟缓，规约文化水平不高，创新文化尚待提升，文化整合程度偏低。

湖北物流企业文化发展迟缓，总体水平不高。中国交通运输协会常务副会长王德荣认为："尽管中国物流的文明历史源远流长，但是在工业化进程中，作为供应链一部分的物的流动的科学管理的现代物流，在我国发展较晚，物流文化也比较欠缺、苍白。"当前，湖北物流企业文化发展迟缓，总体水平不高，这与湖北物流企业自身发展水平不高有密切关系。如前所述，湖北现代意义上的物流企业诞生时间只有十年左右，起步比较慢，尽管也出现了像九州通集团等重视文化建设的先进典型，但湖北物流企业文化总体水平低下的事实不容置疑。绝大多数物流企业规模小，企业领导主要关心的是如何发展业务，如何使企业赚钱，对事关企业发展质量和发展后劲的文化建设思想上不重视、认识上不清晰，文化建设既无组织保障，也无人员、资金支持。

物流企业文化发展不均衡。在公路物流、铁路物流、港口物流、航空物流、仓储物流、快递物流、商贸物流七大物流服务领域，企业文化发展不均衡。总体而言，公路物流文化、铁路物流文化、航空物流文化、商贸物流文化发展相对较好，港口物流文化、仓储物流文化、快递物流文化发展相对较差。目前，大多数仓储物流企业主要以传统仓储、运输、配送、流通加工为主，仓储经营方式由仓储管理退化到仓储出租，仓储技术发展不均衡，缺少法规和体制机制的支持，经营管理水平不高，规约文化、专业文化发展不足。湖北港口物流总体上还处于传统物流阶段。中国经济改革研究基金会国民经济研究所所长樊纲指出，武汉是内陆大通道和交通枢纽，有区位优势，但截至目前，武汉内河运输的优势依然没有得到充分发挥。物流企业规模小，缺乏龙头企业，专业化服务水平还比较低，现代物流意识狭隘，物流专业人才匮乏，企业整体经营管理方式落后。快递物流是近年来湖北发展最快的物流服务，业务量年增长率达到40%以上，但组织形式落后，缺乏明晰的发展战略，管理方式陈旧，职业化程度偏低，人员结构不合理，人员素质低下，没有规范的用人制度、业务和职业技能培训制度，企业文化还处于随意性发展状态。

竞争文化发展不够。企业主体市场竞争力不强，危机意识以及应对危机的能力不强。物流市场缺乏公平竞争环境，政府干预的成分较多，一定程度上制约了市场机制的发育，致使企业自身生存能力培育迟缓，依赖心较强，主动拓展国内外市场的信心不足、执行力不够。物流企业内生机制尚未完全形成，政策性物流的色彩较浓，依靠国家政策，吃政策饭，而不是吃市场饭，吃用户饭，吃顾客饭的心理比较普遍。一旦缺乏政策作支撑，物流企业究竟有多大的成本化解能力和拓展市场的能力都还是未知数。在众多物流企业中甚至不排除少数企业完全依靠政府各项优惠政策或者依靠政策实现行业或地域垄断得以维生的可能。

开放文化发展迟缓。伴随着湖北省引进外资力度的加大，在向其他国家物流企业打开大门的同时，本土物流企业走出去乏力，目前几乎为零，物流服务的进出口严重不对称。在引进外资的过程中我们学习动机还不够强、学习能力亟待提升，仅仅满足于引进资本，缺乏引进中的学习投入和本土人力资源的开发投入以及转化投入。

规约文化水平不高。企业缺乏明确的战略目标，决策者决策定力不够。物流企业成功的因素往往不仅限于某一个方面，善于结合企业内外资源确立自身努力方向，凝聚力量，是取得成功的重要因素。德邦物流将自己精确定位为"零担物流零售商"，聚焦于公路运输中的零担物流市场，从不涉及合约物流、冷链物流等细分市场。当前湖北物流企业缺乏明确的战略目标，决策者决策定力不够突出表现在企业战略目标不明晰，没有长远的规划。调查显示，95%以上的企业没有明确的战略构想，业务战略定位不明确，业务领域分散。大多数企业业务范围不明确，什么赚钱做什么，难以形成产业优势。法制意识不强，违规现象普遍。在物流企业中交通环节违规现象普遍，运输超载，不按相关规定办事。人才流失严重，不讲诚信。物流标准化推进缓慢，制约全社会范围内物流效率的提高，阻碍全社会物流资源的有效整合。此外，物流业中低端市场竞争无序，乱象频生。

创新文化尚待提升。国内物流企业的翘楚德邦物流的发展表明，坚持走创新之路，企业才有生命力，企业做经营就像做人，必须踏踏实实，寻求内涵发展。该公司在明确了"零担物流零售商"的定位后，将目标聚焦于公路运输中的零担物流市场，以内涵式发展为突破口，以网点为基础、通过服务吸引客户，绝不盲目追赶潮流，图短平快之利。反观湖北物流企业发展现状，普遍存在管理上安于现状、不求进取的现象。调查表明，相当多的物流企业实行的是粗放式经营，关注重点是业务拓展，忽视管理创新，片面地注重从外部获取政策效益，忽视从内部挖潜提升管理水平、降低成本，走内涵化道路动力不足，为企业进一步稳健发展、有效应对国内外先进企业竞争埋下了隐患。技术创新缺乏远见，舍不得投资。

文化整合程度偏低。物流业是一个特别要求各要素协同运作的产业，是一个特别依靠资源整合、以资源整合赢得效率和效益的产业。物流作为供应链的一个部分，它通过对物的流动的科学管理，实现从上游到下游各个环节的链接，物流作为为各个环节服务的行业，不仅链接供应链上下游众多企业，同时物的流动空间范围很大，作业环节很多，又要组织很多单位完成各个作业环节，要实现高的服务质量，没有统一的文化是无法保证服务质量的。为此，企业应具有很强的整合意识和协同意识，但目前绝大多数的湖北省物流企业对全社会物流资源进行整合的动机不强、力度不够、效果不明显。

五　湖北物流企业文化的发展方向及要求

学习先进企业文化建设经验。物流文化建设的途径之一是遵循文化建设的规律。纵观优秀企业文化建设实践，企业文化走向大众化、成为广大员工的工作符号和行为语言，简洁、清晰、明了的口号是基本要求，物流文化品牌的核心元素往往是简单、容易上口、易于记忆的一个词、一句话。譬如中国物流百强企业之一的远成物流有限公司，用"超越"定义远成文化的核心。他们说："远成人的价值观的核心是超越。超越自我，超越对手。在超越的氛围里不断地创新，在创新的驱动下持续地超越。"这使远成始终保持旺盛生命力，也是远成永远向前的动力所在。以超越为根基，远成企业文化这棵大树现已枝繁叶茂，不仅能为远成挡风遮雨，而且源源不绝地散发出充足的"氧气"供员工呼吸。在这棵参天大树的庇护下，远成从无到有、从小到大，现已发展成为中国物流业界的百强企业，并向着跨国的多元化综合物流集团公司发展；远成人也因为有这些"氧气"才得以生存，并不断地成长。超越，永远是远成文化的主旋律！"超越"一语道破远成物流公司文化的精髓，简单、容易上口、易于记忆。

持续培育创新文化。消化吸收国内外先进物流企业文化建设的经验，目的是在学习借鉴的基础上结合自身实际进行文化创新，最终形成自身独特的企业文化。全力培育和构建创新文化，是湖北物流企业立足市场潮流、实现基业长青的必由之路。当前中国物流业要实现从引进消化吸收转向自主创新，这也是对湖北物流企业的文化呼唤。新时期湖北物流企业的竞争优势来源于不断的创新，在观念创新、技术创新、管理创新、流程创新、标准创新上取得实实在在的成绩，成为中国物流业乃至国际物流业的管理标杆、技术标杆、流程标杆、标准标杆。

着力构建规约文化。规约文化的核心是诚信文化。诚信是企业在市场经济中的立足之本，物流企业必须以诚信赢得客户，以诚信构筑坚强的价值链堡垒，以诚信推动制造业、商贸流通业及物流业的发展，承担起企业的社会责任。中国远洋集团的国际影响力充分证明了这一点。2009年6月，在世界经济最艰难的时刻，在美国发生历史上最大诈骗案——麦道夫诈骗案的时候，中国远洋却由于一直以来的诚信经营和社会责任感，在香港荣获了中华海外社会信誉颁发的2009年社会信誉企业集团的大奖，这证明了该公司具有极大的竞争优势。规约文化的建立既要依靠企业自身也离不开全社会的监督支持。在物流运作系统平台中嵌入物流信用评估系统是建立物流业诚信系统的重要途径。

有专家提出，在物流运作系统平台中嵌入物流信用评估系统，可以增加企业之间的信用，可以使物流企业信用信息的公示和对物流企业信用信息的查询更加直接，过滤掉不符合信用标准的物流企业。

用心打造和谐文化。和谐文化的核心是责任文化。有责任感的企业才是真正讲和谐的企业，有责任感的企业才会最终赢得和谐。中远文化，是我国物流企业中体现责任文化的标杆。中远集团在拓展海外市场的过程中用心打造企业社会责任，培育弘扬责任文化，真诚地为员工着想，竭诚为当地民生谋利，为企业赢得了和谐的发展环境。中国远洋集团曾应美国马赛州州长邀请，对方希望该公司开通从中国到波士顿的直达航线，以使当地面临失业的9000名员工得以保住工作。经过研究以后，该公司立刻决定派出公司船队直接开通了中国到波士顿航线，保住了9000人的就业岗位。一个有责任感的公司往往会收获尊重与回报。中远集团由于开通了从中国到波士顿的直达航线，在增进波士顿港口活力和经济增长力的同时，也得到当地政府的承诺——当地工人绝不在中远船上罢工，从2000年到2010年连续十年，波士顿工人没有在中远集团的船上发生过一次罢工，中远赢得了十年的黄金发展时期。

和谐文化的本质是人本文化。无论是管理人员还是一般基层员工，无论是脑力劳动者还是体力劳动者，公司都应给予尊重付出爱心，体现大同精神。如浙江川山甲供应链公司，从"川山互动，一甲天下"，升华到"川山互动，共甲天下"，从自然之"和"到社会之"和"，提倡和谐共生、合作共赢，共同扛起一个太阳。上海万家物流公司主推培训文化，把"仁德创富、承己惠人"作为企业的核心理念，把企业变成学校，让员工成为伙伴。德邦的"工作在德邦、发展在德邦、快乐在德邦"蕴涵着人本文化。在和谐文化中，还包含了包容理解的意思。王德荣副会长认为，物流行业既为高端技术业服务，又为原材料行业服务，物流企业内部既有高技术作业，也有手工作业，而行业自身存在问题又多，所以更需要文化的包容，需要相互尊重、理解、协调与配合。

和谐文化的另一个体现是合作文化。物流企业在寻找与各利益关系之间的共同利益、共同目标和双赢（多赢）方式的基础上，追求和谐的氛围、合作的关系、合力的强势、合利的共享。合作在物流企业外延结构上的体现即共同打造高效优质供应链，要奉行供应链成员"双赢（多赢）"原则。合作文化在物流企业内部管理上的体现即团队管理。物流企业为客户提供的服务，往往包括从码头、机场、公路到海关、检疫，从陆路运输到仓库及生产线，从接单到转单，从进货到配货，从单一信息到综合信息处理，从点到线到面等供应链一体化管理。这就要求物流企业各部门、各环节之间必须充分、紧密地合作，一切以及时、高质量的服务满足客户的需求为中心。

不断发展绿色文化。具有中国绿色物流领军企业之称的远成物流认为，绿色物流是物流企业长青的法宝。王之泰（2011）提出物流管理有两个基于：一是基于实物本身，按照实物本身的特点和运动规律管理；二是基于社会环境，按照社会需要和社会环境对物流这种运动的制约和许可进行管理。物流管理赋予物流以理性和秩序，最终要达到的目的是物流和社会其他经济活动的融合，追求合理物流。湖北经济社会发展越来越注重环境保护以及人类生活品质，只有绿色物流、低碳物流才符合湖北当前和未来的经济社会发展需要，绿色物流文化是湖北物流企业文化的基本元素，构建绿色文化是湖北物流企业体现社会责任、实现健康发展的基本要求。

不断发展绿色文化，要将绿色理念潜移默化到生活与工作中，通过组织签名、各种宣传活动，在员工心目中牢固确立环保意识，引导他们养成环保、绿色的工作和生活习惯，在生活工作细节上支持环保、减少污染、减少成本。不断发展绿色文化，要强化物流企业各职能部门绿色环保职能。远成物流公司在企业内部规定，行政系统部门要做好空调温度、水电用量等的规范管理，各司门牌灯饰及广告灯饰都可采用 LED 节能灯；运作部门对车辆换新、车型、油耗、排放、驾驶行为习惯等方面加强管理，量化标准；营销部门强化做好物流方案的策划，使服务简便又有效率；财务、人力也有相应的措施与政策。以上措施推动整个管理体系都体现绿色物流的管理意识，人的行为都是"绿色的"。不断发展绿色文化，要善于谋划丰富多彩的业余文化活动，通过定期举办安全质量月、节能环保知识竞赛、员工岗位技能竞赛等活动，体现对员工工作和个人成长的关心，培育员工"绿色"心灵。不断发展绿色文化，物流企业还应在物流基地布局、物流技术投入和物流服务改善等方面综合考虑绿色环保的因素。

参考文献

1. 李静宇、刘光琦：《心海拾珠——业内人士谈物流文化关键词》，《中国储运》2012 年第 1 期。
2. 李静宇：《物流文化的纠结》，《中国储运网》2012 年第 1 期。
3. 本刊编辑：《打造绿色物流文化的远成物流》，《物流科技》2012 年第 1 期。
4. 王之泰：《物流文化的思考——两个重要概念》，《中国储运》2011 年第 11 期。

湖北商贸企业文化建设发展状况报告

周 庆*

　　企业文化是企业全体员工在长期的发展过程中培育形成并遵守的基本信念、行为规范、价值标准及最高目标。企业文化既是企业发展的灵魂，又是企业管理的最高境界，更是一种蕴藏着巨大能量的先进生产力。自从19世纪80年代中期西方商业文化理论传入湖北省以来，湖北省商贸类企业文化理论和实践取得了不小的成就，理论界和商业界乃至政府的有识之士都认为，文化和商贸流通业有着不可分割的联系，文化是商贸流通业的灵魂，它对商贸流通业的生存和发展有着重要意义。

　　湖北省作为中部的重要省份，特别是武汉作为全国重要的商业和文化中心，经过数千年的文化积淀，已经具备了较好的商业文化基础。但是随着改革开放的深入，湖北省要想与国际接轨，在商业文化建设上仍存在很大差距。因此，认真研究湖北商贸类企业文化建设的现状，探索湖北在新时期如何创建凸显具有自身特色的商业文化，具有十分重大的现实与历史意义。

一　湖北省商贸企业文化建设发展历程

　　中国商业文化的研究，是在商业部原部长胡平1988年的倡导下走向成熟的。1988年胡平首次提出商业文化的概念，1989年2月，胡平在《中国商报》发表谈话，正式提出商业文化建设的问题。1991年底，中国商业文化研究会成立，从理论和实践两个方面推动了商业文化的发展。同时，胡平在由中国商业出版社出版的《论商业文化》一书中，系统地阐述了商业文化的概念

---

*　周庆，湖北企业文化研究中心，副教授。

范畴。2008 年 5 月，由中国商业联合会主办的"首届中国商业文化建设高峰论坛"在北京举行，在此次论坛中，相关学者、著名专家以及企业家总结分析了新时期中国商业文化的发展特征，并就如何推动商贸类企业文化建设展开深入探讨。经过学术界、企业界、文化界的多年研究，立足于商贸企业的现实，我国目前已初步确定了商业文化学的学科体系。1991～1992 年，学术界主要以商业零售业为研究对象，基本确定了商业文化学的理论框架。商业文化学主要由商品文化、营销文化、环境文化、伦理文化四大板块组成，并以这个基本理论为指导推动商贸类企业文化的建设。

在商业文化学基本理论的指导和中国商业文化研究会的推动下，湖北省商贸企业都自觉不自觉地通过企业文化建设来规范商业行为、促进商业繁荣。其企业文化建设一般根据企业自身发展情况，主要分为三个阶段。

第一阶段，20 世纪 80 年代末到 90 年代初是基础建设阶段，主要是形成浅层次的企业文化。例如作为湖北商贸企业龙头的武商集团，1988 年，制定并实施《企业文化建设战略规划》。1989 年，通过向社会征集，确定了自己的司徽、司旗和司歌。

第二阶段，20 世纪 90 年代初到 21 世纪初是提高发展阶段，主要任务是强化基础管理，建立健全规章制度、道德风貌要求、经营目标等，加强员工培训，建立强有力的企业文化机制。例如 1993 年，武商集团创办了企业报《武商》，成为传播与继承企业文化的重要载体。2000 年 5 月，编写《武商发展史》一书，成为员工培训的重要教材。

第三阶段，21 世纪是形成特色阶段，主要任务是使企业文化建设系统化、科学化、规范化、个性化。例如 2008 年 10 月，武商修订并发布了《武商集团企业文化手册》，成为统一思想、规范行为的强大思想武器。重新发布的企业文化手册，是武商集团企业文化建设的大纲，它由 11 个部分组成：一是武商欢呼，二是科学发展篇，三是核心价值篇，四是企业精神篇，五是经营理念篇，六是管理理念篇，七是服务理念篇，八是人才理念篇，九是伦理道德篇，十是公众导语篇，十一是工作系统篇，使企业文化成为推动企业发展的强大动力。

综上所述，湖北省商贸类企业文化建设从理论到实践，经历了一个渐进的过程，把文化与经济结合起来运作的企业越来越多。如开展全国质量万里行活动、百城万店无假货活动、商业街建设、商业文化节等，湖北的商贸企业都有出色的表现。在营造商业文明的环境、提高商贸企业员工的素质和促进商贸业的发展中，商业文化发挥了积极作用。

二 湖北省商贸类企业文化建设发展现状

改革开放以来，湖北商贸流通企业发生了巨大变化，并且随着麦德龙、沃尔玛、家乐福等国外商业巨头的相继进入，以及个体、私营、股份制及其他经济的发展，新的流通方式、流通体制开始形成。目前，已基本形成多种方式、多种流通渠道、多种经济成分并存的大流通格局，商贸流通业发展迅速，购物环境和硬件设施不断改善。截至2010年底，湖北省商贸流通服务网点增至56万家左右。其中，销售过亿元的各类专业大型商品交易市场近230家，商品销售过亿元的大型商贸流通企业及集团179家，5亿~10亿元的26家，10亿元以上的12家，商业上市公司4家。5000平方米以上的大卖场356个，其中大型综合超市、仓储式商场、购物中心160个。湖北商贸类企业文化建设在继承传统文化、借鉴外来文化等方面取得了一定的进步，营业店堂、服务场所初具文化氛围；消费环境得到较大改善，从业人员的文化素质、道德水平得到提高，服务规范不断完善，现代商贸流通气息初步显现。围绕商贸类企业文化建设这一主题，湖北企业文化中心对湖北省商贸类企业进行了调查与访谈。此次调查与访问的企业涉及百货、连锁超市、便利店、专卖店、家电卖场、家装家居等商贸企业，接受调查与访问的公司有50家，调查结果如下。

（一）商业文化软硬件环境得到进一步改善

随着人民生活水平的不断提高，消费者文化素养、审美意识、消费需求层次也随着不断上升，消费者在购物时已不再是单纯地追求物质满足，而是提升精神享受，这就要求企业摆脱单调乏味的商业行为，用文化手段促进经营，营造温馨雅致的文化氛围，使顾客购物融于文化享受之中。在调查的企业中，90%以上的企业商业环境大幅改善，硬件环境方面的投入逐年上升，在商品陈列和内部装饰上，注重美观雅致和文化定位，包括和谐的背景、灯光、色彩、轻松的音乐、清爽的空气、方便的休息场地、通信设施等，以满足顾客的审美、休闲要求。尤其是大型商贸企业，基本上都进行了重新装修，不仅外部商业建筑造型别致，具有现代气息，而且内部营造了一流的购物环境，营业人员的服饰整齐、仪表端庄、谈吐文雅，使企业以一种高品位的企业形象永驻消费者心中。

除以上硬件方面的建设，湖北省进行了轰轰烈烈的创建文明行业活动，商业文化的软环境建设也得到很大改观。通过开展全国质量万里行、百城万店无假货等活动，"讲诚信、反欺诈"已蔚然成风。同时，在农贸市场中加强农残检测，设立"放心菜"直销区，并实行产品质量跟踪，确保市民吃上放心食品。商贸企业的"诚信"文化建设初见成效，商贸环境大幅改善。

（二）高度重视企业文化的建设与传播

调查显示，有95%的商贸企业有意识地、积极地开展企业文化建设，塑造品牌形象。其中，超过95%的企业都有企业口号、品牌宣传语、统一的店铺形象、着装和内部刊物，有15%的企业有企业之歌。同时，为保证企业文化的落实，近5%的企业设立了专门的企业文化事业部；超过50%的企业将企业文化工作设置在人力资源部；有约30%的企业由公司党委统一领导、公司党群工作部主抓，并明确了各基层单位企业文化建设工作由本单位政工部门负责；近10%的企业将此工作设置在战略规划部，还有约5%放在市场部。在组织机构上保障了企业文化建设的实施，如图1所示。

（三）企业文化正成为商贸类企业发展战略的重要内容

随着社会开放程度以及人的素质的不断提高，越来越多的商贸类企业认识到，企业的管理必须注重通过以价值观为引导的内在驱动力的培育，把刚性制度管理与柔性文化管理结合起来，提升员工的主动性和执行力，做到民主管理、自我管理，从而达到"人企合一"的境界。调查显示，越来越多的商贸企业把企业文化作为企业发展战略的一个非常重要的方面，将企业文化作为助推器，通过企业文化建设，确立了企业精神、树立了企业经营理念、开拓了企业管理思路，并且通过企业员工对企业发展定位、企业发展愿景的广泛认同，

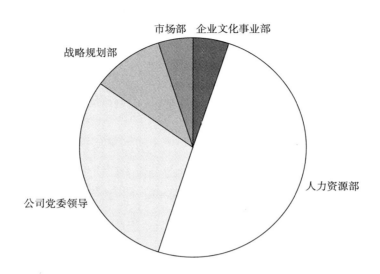

图1 企业文化建设的职能部门设置

这种认同又通过员工的生活价值观、劳动价值观和人生价值观得到了较好的实现，从而使企业文化较好地发挥对企业战略的积极保障功能，有效激发了企业发展的持久能动性，也使企业管理效能大大提高。

（四）建构了较为完善的现代商业制度

市场经济是竞争经济，也是法制经济。通过实施企业文化建设，几乎所有的被调查企业都建立了较为完善的现代商业制度，包括企业领导制度、企业决策制度、企业管理制度、企业奖惩制度、企业领导行为准则、企业管理人员行为准则、企业员工行为准则、企业公关行为准则等制度体系。通过建立完善相关制度，湖北省商贸企业的行为更加规范化、程序化、科学化。

（五）形成了"诚信"和"务实"的企业核心价值观

商贸流通业是社会服务行业，必须要求每个员工牢固树立"为人民服务"的思想，并以奉献精神作为理想的人生追求。在被调查企业的核心价值观中出现频率最高的词是"诚信"和"务实"，分别达到98%和92%。大部分商贸企业放弃了狭隘的经营思想，树立了社会营销观念，不仅考虑企业利益，而且考虑社会利益，艰苦创业，维护消费者利益，严把进货关、上柜关、销售关，不给假冒伪劣商品立足之地，认真履行了自己的社会功能和社会义务，树立了良好的企业信誉。

（六）建立了较为完善的培训制度

现在企业的竞争，归根结底取决于商贸队伍的建设。因此湖北省商贸主管部门和商贸企业都把员工培训当作一项战略任务来对待。一般企业都有长远规划，舍得资金投入，采取送出去、请进来、组织短期培训、举办技能竞赛等多种活动，提高全体员工的文化素质和业务技能。调查显示，80%的商贸企业建立健全了人才发展规划、招聘与培训机制，开展岗位技能竞赛和主题教育活动，利用政治理想教育、职业道德教育、敬业爱岗教育等，凝聚职工的思想，鼓舞职工的干劲，发挥职工的创造力。一般专门为员工开设的技能培训和企业文化培训课程，分别设置在开业前培训和营业中的定期与不定期培训中。一些企业每年用于企业文化培训的时长平均为40小时，其中40%的企业总经理会亲自参加培训。

（七）员工的整体素质普遍提高

通过实施企业文化建设，湖北省商贸企业员工的整体素质、思想水平普遍提高，文化结构明显改善。在被调查企业里，一方面，高职、大专、本科生占了在职职工的90%以上；另一方面，员工思想状况发生了比较明显变化，主要表现在员工队伍主流思想积极健康，如员工对企业文化建设有较强的认同感、对企业的归属感增强；对公司物质基础、品牌形象与信誉度认可度较高，接受学历教育、培训或进修的热情较高，学习紧迫感和自我提升意识强烈等。不断提高的商贸从业人员的思想文化素质，为湖北省商业文化的现代化奠定了良好的基础。

三　湖北商贸类企业文化建设的楷模——武商集团的企业文化建设

（一）重视企业文化建设是武商集团的光荣传统

重视企业文化建设，即重视"商魂"建设，是武商集团从20世纪80年代至今的光荣传统。

1988 年，武商集团制定并实施《企业文化建设战略规划》。

1989 年，武商通过向社会征集，确定了自己的司徽、司旗和司歌。

1993 年，武商集团创办了企业报《武商》，成为传播与继承企业文化的重要载体。

2000 年 5 月，编写《武商发展史》一书，成为员工培训的重要教材。

2002 年 11 月，编写《十年磨一剑》一书，纪念中国商业第一股——鄂武商上市 10 周年。

2008 年 10 月，根据集团董事长的提议，重新修订并发布了《武商集团企业文化手册》，成为统一思想、规范行为的强大思想武器。

企业文化手册发布以后，武商集团组织宣讲团，到各个经营单位宣讲企业文化内容，人手一册，反复学习与培训，使三万名员工又一次受到生动乡土文化的洗礼与武装。

（二）武商集团加强企业文化建设

武商集团加强企业文化建设，主要从三个方面展开。

1. 强化培训

武商集团从上到下建立了全方位覆盖的培训体系。集团专门建立了面积达 1 万多平方米的武商培训学院，拥有阶梯教室、多媒体教室、电脑培训教室等现代教学设备，是全国大型商业企业中规模最大的企办学院。学院每年聘请北大、清华、武大及台湾、香港等地的学者给武商管理人员上课，常年举办各类人员培训。武商集团的基础培训方式包括入职培训、晋级培训、轮岗培训、矫正培训、复训等。武商员工自豪地说：培训是一种提升，是一种创新，更是一种独特的企业文化。

2. 开展活动

武商集团内部流传着这样一句话：人的生命在于运动，企业的生命在于活动。举办多种类型的文化活动，是武商集团活力的源泉。2008 年，武商集团举办的重要活动有：双创劳动竞赛，以实现经营指标为目的，掀起了你追我赶热潮；"双比双争"竞赛，充分发挥党团组织活力，展现党员风采；"武商在我心中"主题教育活动，组织职工为实现五年发展规划做贡献；开展"两认真"教育活动，联系实际找差距，触动人心；开展员工利益与企业发展紧密联系在一起的大讨论，统一人心；举办先进员工巡回演讲报告，激励人心；展示三十年改革开放成果，鼓舞人心。

3. 重在实践

武商集团十分重视把企业文化建设与工作目标结合起来，融于经营管理的实践中去，不搞空对空的说教，让企业文化成为推动企业发展的动力，成为塑造人的灵魂的武器。例如："规模经营、集约发展、充分授权、全程监控"的指导方针，既是一种管理要求，也是文化建设内容。"以业绩论英雄"的用人理念，更是一种广大员工能感受、能认识的竞争标志，是激励团队前进的推动力。2008 年，武商集团把企业文化的核心价值观归纳为一句话：更大勇气变革，更高境界超越。更大勇气变革，是指不断创新、不断进取、不能守旧、不能守业。更高境界超越，是指目标更远大、境界更开阔。

武商人经过多年的经营管理实践，已逐步形成了企业所特有的经营管理思想、意识、观念和行为。武商集团的企业文化有着中国商贸类企业的鲜明特色，是指导今后企业行为、推动企业发展的强大动力与行为准则。

四 湖北商贸类企业文化建设存在的主要问题

不可否认，经过这几年的发展与实践，湖北省商贸类企业文化建设取得了不少的成就，涌现出一大批优秀企业。但同时，我们应当承认，湖北省商业文化无论在理论研究，还是在实际操作方面都存在许多不容忽视的问题。只有正视并解决这些问题，才能有效地推动湖北省商贸类企业文化的发展和进步。

（一）企业文化建设重形式而轻内涵

企业文化建设应看重本企业的价值取向能否起到强化凝聚力和激励作用，能否在员工心中产生共鸣。但一些商贸类企业热心于做企业文化的表面文章，企业文化重形式而轻内涵，空泛化严重。例如很多企业提出了不少口号，无论是走廊、办公室的墙上，还是卖场或广告招牌上都有形形色色、五花八门的标语口号，这些口号表述得很动听，也很简练，某些企业以为这些口号或标语贴出来或挂出来就是他们的企业文化。职工天天看见这些口号，但熟视无睹缺乏行动，他们的行为也与所提的口号不一致甚至相反。还有的企业则把企业文化变成了形象工程，外聘一些专家盲目导入 CI 系统，做应景文章，参观时说得上，检查时拿得出，虽然外观统一色调、统一标识，服装款式协调一致，但不在职工中深入宣传企业文化，不潜心做好文化"落地"的工作，员工不能对企业的理念达成共识，并固化为员工的自觉行动，这样会使企业文化流于形式。

（二）对企业文化的认识模糊

商业文化就是"以人为中心"的管理思想，它不同于"以技术为中心""以生产为中心"的传统管理模式，而是以提高企业和人的素质为核心，通过构筑企业文化的灵魂——精神文化、强健企业文化的骨骼——制度文化、充实企业文化的血肉——营销文化和塑造企业文化的表层——形象文化，来达到对内增强企业的凝聚力、对外树立良好的企业形象的作用，以提高企业的竞争力。但一些商贸企业由于对企业文化理论了解不多或理解不深，在实践中往往望文生义，认识模糊。在认识上主要表现为：一是把文娱体育活动等同于企业文化的根本，以为搞一些文化活动，赞助某演唱会或体育比赛，就是开展企业文化建设。例如一些企业把内部开展的文体活动当成商业企业文化，热衷于活动的轰轰烈烈，并将其作为商业企业文化建设的硬性指标来完成。二是企业文化与思想政治工作的关系纠缠不清，是相互交叉还是相互对立？是相互渗透还是相互涵盖？一些员工认为企业文化建设的实质就是原来的思想政治工作，就是要统一员工思想，使员工安心工作；还有的员工将企业文化建设比作社会范围的道德规范；一些员工对企业文化的建设与企业经营管理的关系等认识有较大的偏差。其实这些都是对企业文化的片面认识，不利于企业文化活动的开展和深入。

（三）盲目效仿、缺乏个性特色

企业文化是某一特定文化背景下企业根据自身发展阶段、发展目标、经营策略、企业内外环境等多种因素综合考虑而确定的独具特色的管理模式，是企业个性化的表现，不是标准的统一模式，更不是迎合时尚的口号标语。每个企业都有自己不同的创业和发展轨迹，由此应形成不同的企业文化。企业文化建设必须同企业的实际情况紧密地结合起来，才能达到建设企业文化的目标。但湖北省一些商贸企业在建设企业文化时，无视企业的个性和实际，一味地追求高、大、全，以为表述得越高大越好，结果从字面来看，许多商贸企业的文化雷同，缺乏个性特色。既不能体现组织的独特价值观和精神理念，又难以形成全体员工愿意共同遵循的价值准则，同时这种缺少企业自身风格的企业文化，也让消费者难以将其与其他同类企业区分开来，更难以培养自己的忠诚消费者，不利于企业的长期发展。

（四）部分领导和员工对企业文化建设的重视度不够

一是少数领导干部重视不够，在实际工作中单纯依靠经济杠杆和行政命令的倾向较为严重，把各项指标都与经济效益紧密挂钩，对思想工作和文化建设等有所忽视。二是部分员工参与度和重视度不够，主要表现在参加各种劳动竞赛、技能培训、文体活动等提升员工素质活动时的积极性不高，参与企业管理决策以及发挥主观能动性的热情不足，树立新观念、学习新知识的动力欠缺，甚至有的员工认为企业的主要任务是提高经济效益，企业文化建设就是形象工程，是玩虚的，没必要搞，也没时间搞。管理层和广大员工对企业文化建设的作用和重要性没能真正认同和理解。

（五）企业文化建设缺乏系统性和持续性

企业文化建设不是一朝一夕的事情，不能限定在什么时候完成，也不是短期就能完成的，企业文化的建设是长期性的、基础性的艰苦工作，只有长期、坚持不懈地开展工作，才能形成良好的商业精神和商业作风。但在实际中一些商贸企业在企业文化建设方面短期化行为严重，急于求成。最为突出的表现就是虎头蛇尾，难于持续。很多企业往往采取短兵突击的战术，缺乏长期系统的规划，一开始轰轰烈烈，兴师动众，又是开研讨会，又是聘请专家，又是成立研究会，又是制定企业文化建设纲领，而过去不久便偃旗息鼓，再也没有任何实际行动。

（六）企业文化建设"落地"的各种保障措施还不够到位

目前，湖北省商贸企业都十分重视企业文化建设，但却普遍存在一种现象：即投入很多精力提炼总结企业理念和价值观，在给员工发放一本印刷精美的《企业文化手册》，进行一轮大张旗鼓的导入宣传培训之后，很少有企业对照手册逐项落实，从而使得企业文化建设无法落到实处，建设效果也大打折扣。其主要原因就是企业文化建设"落地"的各种保障措施还不够到位。所谓企业文化落地，主要指的是企业的价值理念得到广大员工的高度认同，并与其个人的价值观和思维模式融为一体，在各项经营管理制度、政策和方案中得到充分体现，并转变成企业的经营行为和各级管理者、广大员工的日常行为，从而使企业长期经营业绩得以不断提升。因此，为企业文化建设落地提供各项保障措施十分必要，包括组织保障、制度保障、宣教培训保障、物质投入保障等。

五　加强湖北商贸类企业文化建设的对策建议

（一）湖北商贸类企业文化建设的工作重点

日趋激烈的市场竞争呼唤新的观念、新的思维方式、新的管理手段。在传统商业向现代商业转轨的新时期，我们又一次把目光投向企业发展的内在动力——企业文化上。文化作为一种竞争手段，被越来越多的企业家所认识、接受、采纳。谁最先认识、谁最先运用，谁就能领先一步夺取市场竞争的制高点，这也被无数事例所证实。目前，商贸类企业文化建设应重点抓好以下几项工作。

1. 构筑先进的商业理念

目前，在传统商业向现代商业转轨的新时期，企业的商业理念呈现八大演变趋势：即市场观从适应市场到创造市场，营销观从价格竞争到价值竞争，运营观从生产竞争到终端竞争，竞争观从分散竞争到竞争合作，技术观从引进技术到自主创新，责任观由经济责任到社会责任，资产观从有形资产经营到无形资产经营，领域观由国内转向国际。因此，湖北省商贸企业应与时俱进，注意经营理念的转变，构筑先进的商业理念。因为只有在正确的经营理念的指导下，才能有正确的企业决策和行为。

2. 构筑义利结合、艰苦创业的企业精神

商贸企业在与顾客打交道时，是搞短期行为，以劣充好、以伪充真、缺斤少两、不择手段谋取暴利，做"一锤子买卖"，还是有长远的战略目标，有高明的企业哲学，讲利而不是唯利是图，融义利为一体，真正对用户负责，为社会服务，建立起高度的商业信誉，这是区分商贸企业优劣的重要标志。很明显，前者一切向钱看，见利忘义，是小生产者经营观，是缺乏商业道德的，不会受到顾客欢迎，也就缺乏持久的生命力和竞争力。后者，以义取利、义利结合的企业精神，继承了我国优秀的经商传统，是现代大企业、大商人应有的经营风格，是一种高明的企业文化，它不仅使企业考虑到今天的生意，而且还同顾客建立了一种长期的信任关系。企业要想做大做强，就必须放弃狭隘的经营思想，树立社会营销观念，不仅要考虑企业利益，而且要多考虑社会利益，艰苦创业，维护消费者利益，认真履行自己的社会功能和社会义务，树立良好的企业信誉。要严把进货关、上柜关、销售关，不让假冒伪劣商品有立足之地。

3. 构筑顾客导向型的商品文化

商贸企业经营活动的目的，就是让自己经营的商品顺利地被顾客认可和接受，这要求商贸企业的一切活动以顾客的需要为基础，以市场为导向，根据市场上顾客的需要来组织经营货物，在商品质量上以顾客满意为标准，在商品品种、规格、价格、包装上以顾客需要为转移，并且能够根据企业的优势和顾客的潜在和未来需要积极创造市场，引导消费潮流。

4. 构筑尽善尽美的服务文化

随着企业生产技术和管理水平的全面提高，及消费者购买能力的增强和需求趋向的变化，服务因素在企业市场营销中的重要性已超过以往，它逐步成为决定企业市场竞争能力的因素。有人因此认为，企业之间的竞争仅仅表现为产品品质与价格的时代将过去，竞争的焦点已转向了顾客服务。许多经济学家也称世界经济开始进入所谓的"服务经济时代"。实际上，服务作为市场和顾客需求的一部分，应当受到企业界的高度重视。尤其是商贸企业，作为社会服务行业，应改变官商作风，由被动服务到主动服务；由单一服务到售前、售中、售后的系列服务。纵观我国的商贸企业，凡是优秀者，都能提供优质服务，张

秉贵是拥有这种服务精神的突出代表，"一把抓"的熟练技术，与"一团火"精神的紧密结合，使他为顾客提供了最优质的服务。俗话说得好，竞争无情而服务有情，把情意贯穿于服务的全过程，为顾客提供尽善尽美的服务，是现代商贸企业树立形象、赢得顾客的法宝。

5. 构筑富有特色的营销文化

当前，随着市场经济的发展，商业竞争已在商品、服务、环境等方面广泛展开，共性的因素越来越多，取胜的关键是能不能突出自己的个性，谁有个性，谁就有特色；谁有特性，谁就能占领市场。然而，现在的消费者都抱怨，如今综合性的大店多了，特色店少了，品种重复的店多了，专而全的商店少了。许多百货公司，从商品的品种、档次到商品促销的手段都愈来愈雷同。缺乏个性特色，已越来越成为商业企业竞争的误区。要走出这个误区，就必须深入研究消费心理和社会需求变化，针对不断变化的市场，根据自身的条件，挖掘潜力、发挥优势，在"专"字上明确目标，在"全"字上下功夫，在"特"字上做文章。从构筑特色营销文化入手，讲究橱窗艺术、柜台艺术、销售艺术、广告艺术和展销艺术，以文明、健康、优美的营销文化"创造顾客"，从而获得丰厚的利润回报。

6. 构筑相互尊重的商业伦理文化

在商业活动中，营业人员与顾客的关系是第一位的，而人与商品的关系是第二位的。因此，商贸企业在接待顾客时，必须关心和尊重顾客。一些商业企业提出的"七声""五要""四不"的文明用语，正是社会主义商业优秀的伦理文化的体现。"七声"指营业员从开始接待顾客到最后送别顾客，应有招呼声、介绍声、唱款声、解惑声、回答声、感谢声、道别声；"五要"指员工对顾客说话要殷勤体贴，要讲究分寸，要音量适当，要准确简练，要尊重人格；"四不"是不强词夺理，不伤风败俗，不含糊敷衍，不讽刺挖苦。湖北省商贸企业应大力提倡这种优秀的商业伦理文化。

（二）加强湖北商贸类企业文化建设的原则

建设商贸类企业文化，是促进社会主义市场经济建设的客观要求，也是商贸企业参与同业竞争、寻求自身更大发展的需要。在构建企业文化方面，应遵循以下三个原则：一是共性与个性相统一的原则。把内外部环境有机结合起来，突出本企业的特点。二是继承与创新相统一的原则。融汇外国文化、传统文化、现代文化，去伪存真、去粗取精，在传承中创新，在创新中发展，积累文化底蕴，紧跟时代步伐，使商业文化具有多样性、时代性和时效性。三是先进性与群众性相统一的原则。先进性决定员工工作动力的大小，群众性决定员工工作能力的基础，只有两者有机结合，员工才能有突出的工作业绩。

（三）加强湖北商贸类企业文化建设的对策建议

1. 全方位开放，汲取国内外先进企业文化的精华

落实推进湖北省商贸企业文化现代化进程，首先必须了解企业文化现代化的一些成功经验，学习借鉴国内外的先进经验。一方面，学习西方的先进经验。西方发达国家有较好的商业道德文化和商业服务文化，他们注重商业企业形象，重视客户资源，有较好的商业服务理念，而且西方国家普遍重视生态环境及社会利益，因而其商业营销价值观念是比较先进的，值得我们结合湖北省实际有意识地加以学习。另一方面，学习上海、广州等城市的先进经验。相对内地而言，上海、广州有较大的领先优势，在消费、管理、服务诸方面都与国际先进水平更接近。如上海商业文化的现代气息是通过其特有的城市品格显现出来的，表现为上海特有的"海派文化"。湖北商贸企业要建设现代企业文化，就应该从这些方面着手。

2. 大力推进商贸类企业文化建设

商业主管部门应高度重视企业文化建设，通过建立激励机制，培育先进典型，加强舆论宣传等措施，从思想引导、政策导向、工作措施等各方面加强商贸企业文化建设，培育和发展具有湖北特色的企业文化。在评选优秀商贸企业时，除了考核经济指标外，建议把企业文化建设作为考核条件之一，还可以通过报告会、演讲、论坛、现场会等多种形式，让商业员工都来关心企业文化建设，参与企业文化建设，在湖北省商贸系统掀起企业文化建设新高潮。

3. 着力打造商业文化载体

随着人们消费观念的变化，那种只有商气、没有文气的商场，只有口感、没有美感的酒店是越来越缺少吸引力了。人们逛商场、到酒店已经不仅仅是为了购物和填饱肚子，更看重的是满足精神需求，得到美的享受。因此，应以商圈建设、特色街建设为重点，加大投入、着力打造一批商业文化载体。在规划特色街、步行街、新建商场、酒店等商业设施时，要充分考虑商业文化的因素，做到历史文化、民俗文化的有机结合，以文促商、文商一体，培育具有荆楚特色的商业文化氛围。通过合理的业态配置、标志性建筑、广告、雕塑、文化长廊、艺术墙等多种形式，多角度、全方位展现具有荆楚特色的商业文化，以满足人们消费、休闲、娱乐、赏景等多方面需求。

4. 加大保障措施，推进商贸类企业文化建设"落地"工作

所谓企业文化落地，主要指的是思想落地、制度落地、行为落地、形象落地和业绩落地，即企业所明确倡导的理念实现了整体的一致性。要做到这一点，就必须加大保障力度，主要包括以下几方面。

（1）组织保障。企业文化组织体系建设是企业文化落地的基础保障，因此首先要提供强有力的组织保障。为此，要加强组织领导，成立企业文化建设专职机构。一要把企业文化建设作为"一把手工程"列入公司重要议事日程，纳入企业发展战略和管理总目标，从思想、组织、人力等全面支撑企业文化建设。组建以行政一把手为核心的企业文化建设领导小组，由公司董事长、总裁出任副组长，由企业其他关键性人物为成员，全面负责公司企业文化建设。企业关键人物和专职人员要分工明确，职责明晰，各司其职，各负其责。二要设置企业文化管理机构，如企业文化部、企业文化中心，全方位负责公司企业文化建设日常管理工作。三要建立健全企业文化建设小组，负责企业文化建设工作的日常组织、管理、协调、监督和考核评估。

（2）制度保障。制定、完善和执行有关企业文化建设的制度、规范和考核标准，是保障企业文化建设循序渐进发展的重要保障。通过制度建设，规范和协调企业员工的行为。这包括制定企业文化建设保障制度和行为规范，强化执行力度。建立企业文化教育学习机制。把员工的学习培训成绩与岗位聘用、职称评定、竞争上岗、干部任用挂钩，保持和调动员工的学习热情和积极性。建立企业文化激励制度，将企业文化建设纳入企业整体工作考核体系，以增强各部门、各基层单位企业文化建设的责任感。建立企业文化建设目标责任制。从主要领导、部门负责人到一般员工，都要签订责任书。按照岗位责任制的要求，实行双考核制度，既考核经济和管理工作，也考核企业文化建设工作，根据考核情况进行奖惩。

（3）物质保障。企业文化建设需要一定的人员和资金保障，需要建立企业文化投入保障机制。这可以通过以下措施实现：一是设立企业文化建设专项资金，提供财力支持，通过科学预算，实行统筹安排。二是适时、适度加大企业文化建设硬件投入，例如完善职工培训中心、职工文体活动中心、图书馆等企业文化设施，为企业文化建设的顺利推进提供强有力的设施保障。三是注意培养企业文化建设的各类人才，通过引导与培训，以及建立激励机制，充分发挥他们在企业文化建设中的骨干带头作用。四是丰富和优化企业文化载体的设计和运用，健全传播渠道，例如通过企业文化建设手册、企业画册、企业简报、宣传栏、企业历史记事光盘等，在员工中普及企业文化。

参考文献

1. 郭戈平：《企业文化，特许连锁之魂——在第 8 届中国特许加盟大会上的发言》，《中国市场》2006 年第 21 期。
2. 毛冬省、万来红：《武商集团的企业文化》，《商业文化精品文库》2001 年。

湖北旅游企业文化建设发展报告

廖　靓*

随着我国改革开放和社会主义市场经济的发展，旅游企业在数量和规模上迅猛发展，在我国国民经济各部门中扮演着越来越重要的角色。作为一个国际化的行业，旅游企业之间还存在高度的竞争。事实亦证明，旅游企业想要取得竞争优势，除了建立必要的组织形式和完善的管理制度，还应在旅游企业文化建设上下功夫。因此，正确认识旅游企业文化与旅游企业发展的关系，探讨旅游企业文化助力旅游企业发展具有现实意义。

一　旅游企业文化的内涵、特征及功能

（一）旅游企业文化的内涵

旅游企业文化是指某一旅游企业在其经营和管理活动中所创造的精神财富并进行合理概括形成的价值观念、行为准则及其在规章制度、行为方式、物质设施中的外在表现，其内核是精神文明与价值观念。它包括旅游企业的价值取向、经营哲学、行为准则、经营宗旨、企业精神、道德规范、发展目标和管理思想等因素的总和。

旅游企业文化的层次，主要有两层次论、三层次论和四层次论三种观点。两层次论将旅游企业文化分为广义和狭义两个部分。狭义的旅游企业文化是旅游企业所形成的具有本企业特色的经营理念、价值观念和行为规范的精神文化的总和，相当于传统意义上的企业精神；广义的旅游企业文化是指旅游企业所

---

* 廖靓，湖北企业文化研究中心，副教授。

创造的具有本企业特色的物质文化、行为文化、制度文化和精神文化的总和。三层次论即旅游企业文化由表及里依次为物质文化层、制度文化层、精神文化层。四层次论即旅游企业文化由表及里由旅游企业的物质文化、行为文化、制度文化和精神文化四个层次所构成。旅游企业文化的物质文化层是企业文化在物质形态上的凝结，主要是旅游企业的设施和环境、旅游企业的产品和服务等；旅游企业文化的行为文化层是指企业在生产经营活动中产生的活动文化，包括在生产经营、员工培训、品牌宣传等活动中产生的文化现象；旅游企业文化的制度文化层包括企业对内招聘、培训、管理员工的内部制度和对外经营、宣传的外部制度；旅游企业文化的精神文化层是企业文化的核心，是指企业在生产经营过程中受特定的社会历史文化背景影响所形成的一种精神文化成果，它包括企业的价值观念、企业精神、企业使命、企业经营哲学、企业道德、企业愿景、企业风貌等，是企业意识形态的总和。

（二）旅游企业文化的特征

旅游企业竞争的核心是旅游企业的文化竞争，旅游企业文化有其特性。中国旅游企业文化建设面临旅游企业发展不平衡的问题，且文化建设存在一些误区。因此，应高度重视塑造旅游企业文化。从旅游企业外部看，先进的旅游企业文化建设需要健康、稳定、有序的环境；从旅游企业内部看，先进的旅游企业文化建设主要是实现思想观念和思维方式的更新。处于不同的行业，有着不同的客观环境、人员素质、生产经营过程、顾客群体，不同的企业在价值观上必然不同，因而形成企业文化的行业特点。旅游企业除了具有企业文化的共性之外，还具有其明显区别于其他行业的特点。

1. 服务意识是旅游企业文化的基本特点

旅游企业没有一般意义上的生产活动，它提供的是无形的以服务为主的产品。旅游企业围绕食、住、行、游、购、娱等方面提供服务产品，而这些产品往往由不同类型的企业提供，企业之间必须相互协调、共同配合来完成这些综合性强的服务项目。否则，既会损害旅游者的消费利益，又会影响企业整体的服务水平。因此，旅游企业赖以生存的基础是提供优质的服务。优秀的旅游企业文化能够引导员工牢固地树立爱岗敬业的观念和宾客至上的服务意识，在工作过程中以精湛的专业技术提供旅游服务。

2. 文化内涵是旅游企业文化的鲜明特点

旅游是一种高层次文化享受，感受和体验异地文化是大多数旅游者出游的主要目的。在产品开发经营方面，旅游企业为游客提供的旅游产品文化品位越高则越受游客欢迎，产品的生命周期就越长，社会经济效益也就越好。在企业内部管理方面，企业文化作为一种软性管理方式，应把企业精神和价值观置于管理要素中的核心地位，对其他要素起导向和黏合作用，使企业的共同目标转化成员工的自觉行动。旅游企业形象是在对企业内在的文化内涵调查和挖掘的基础上策划和塑造的。好的企业形象策划对企业文化建设有巨大的促进作用，它能够培育企业精神，增强员工团队意识，也能推动企业开掘较大发展空间和找到恰当的市场位置。优秀的旅游企业文化既能够为产品的开发经营提供丰富的文化创新力，又能够为内部管理提供丰富的文化推动力。

3. 以人为本是旅游企业文化的主题

旅游企业提供的是服务产品，而且是由员工与顾客产生互动的服务产品，因此可以说员工是企业最宝贵的资源和财富。旅游企业要提高服务质量，提高劳动生产率，必须最大限度地尊重和关心员工，重视员工的价值，用人性化和民主化管理来增强员工对企业的归属感、使命感，使企业和员工成为真正的命运共同体和利益共同体。企业管理层对员工的尊重以及员工对顾客的尊重都是人文精神的体现，而人文精神正是旅游企业文化中最基本的要素。

4. 开放性与涉外性是旅游企业文化的重要特点

旅游企业接待和服务的对象来自世界各地，文化环境的差异造就了他们之间需求的多样性。旅游企业在面向国际市场经营的过程中，在管理和服务方面要与国际接轨，树立开放意识和全球意识，培养企业员工跨文化交流的能力，为游客提供有差异性和针对性的服务。此外，随着国际旅游市场的形成，大量国际性饭店集团进入湖北省市场，也对外资开放了旅行社经营市场，旅游企业的发展带来了由中西方文化差异引起的撞击，因此沟通和理解成为双方合作的关键。建立起能为中外双方所包容的企业文化是中外合资、合作经营的旅游企业良性发展的必要条件。

（三）旅游企业文化的功能

旅游企业为社会提供的不仅仅是产品和服务，更是一种文化。旅游者购买旅游产品进行旅游，实质上是购买、消费和享受文化。旅游企业文化建设的成效是衡量企业综合实力的重要标准之一。因此，加强企业文化建设，是旅游企业在激烈的行业竞争中赢得优势的必由之路。优秀的旅游企业文化可以给企业带来强大的生命力，具体表现在以下几个方面。

1. 导向功能

企业文化反映了企业共同的发展目标、价值观和利益，这种强有力的文化，能够对企业整体以及企业内部每个成员的价值取向和行为取向起到导向的作用。这种作用主要表现在企业文化为旅游企业的经营活动提供正确的指导思想和发展方向，并统一员工的思想和行动，使员工朝着共同的利益和目标前进，从而使旅游企业在不断实现预定目标的过程中得到发展。此外，企业文化还对旅游企业整体和企业内部每个成员的价值取向和行为取向有引导作用。旅游企业如果只是一味追求经济利益是不会被广大旅游消费者所认可的，只有将经济利益最大化与社会效益最大化有效地结合起来，在追求经济利益的同时不忘自身承担的社会责任，才能在激烈的市场竞争中生存下来。在旅游企业中树立良好的企业文化，有助于在企业内部明确企业应承担的社会责任和社会义务，将员工引导到正确的道路上来。"以诚信为本"的企业文化有助于在旅游企业内部创造诚信氛围，提高本企业管理者及员工的道德素质，为旅游企业的长远发展指明一条诚信之路。

2. 约束功能

旅游企业文化不同于一般规章制度的硬性规定，它是通过文化的力量，通过群体意识的不断驱动，来使员工发自内心地进行自我约束。虽然企业文化是无形的，但却拥有巨大的力量。它能对企业内部员工的思想观念、工作方式、行为习惯等产生潜移默化的影响，从而在企业内部培育出一种与规章制度相辅相成的环境氛围，形成一种无形的群体心理压力和心理动力，促使员工对自我进行约束并对其他员工进行舆论监督。因此，要在旅游企业中树立"以诚信为本"的企业文化，通过企业管理者以身作则逐渐形成一种本企业特有的道德规范和行为准则，使企业员工受到无形的道德约束，进而达到外部约束和自我约束的协调统一。通过培育诚信的企业文化约束旅游企业的失信行为不同于用简单硬性的规章制度进行规范，它能培养出员工诚信的意识，而不是表面上按规章办事实际却唯利是图；它可以使员工产生诚信意识，而不是规范每一个员工具体的一言一行；它能帮助旅游企业的员工追求因诚信，从而获得长远利益。总之，通过企业文化来约束旅游企业员工的失信行为可以获得长期且显著的效果。

3. 凝聚功能

企业内的每个员工都有自己的价值观念和行为准则，都有自己的特点和理想，旅游企业文化可以把员工个人的理想信念融入企业共同的理想信念中，产生强大的凝聚力和向心力，使员工对企业产生强烈的归属感和忠诚度，提高员工的工作热情。企业文化可以影响员工的动机、期望、信念、理想等，当企业共有的价值观被员工普遍接受之后，就可以产生一股强大的凝聚力和向心力，把企业内部的力量融合起来，使员工对企业产生强烈的归属感和忠诚度，把自己和企业看作一个整体。旅游企业的共同利益和员工的个人利益经常会出现分歧，有些员工为了个人利益在旅游活动中采取不法手段强迫旅游者购物以获取回扣的现象时有发生，严重损害了旅游企业的形象及企业的整体利益。良好的企业文化可以使旅游企业的员工认识到企业整体的利益才是员工的根本利益，没有企业的长远发展就没有员工的未来。因此，企业文化强大的凝聚力可以将企业员工与旅游企业紧密地联系在一起，使企业员工对本职工作产生自豪感和责任感，按照本企业的要求切实履行员工应尽的义务，严格依照旅游合同为旅游者提供良好的服务，以使旅游者满意为己任，诚信待客。只有这样，旅游企业才能上下一条心，员工才不会阳奉阴违，表面上遵守企业制定的经营规则，实际上却违反企业的规定，从而使在诚信经营的道路上发展壮大，唯其如此，旅游企业在实现目标的过程中才能兼顾企业和员工的利益，企业的共同利益和员工的个人利益在企业文化的协调下才能得到统一。

4. 辐射功能

旅游企业文化不仅仅作用于本企业，良好的企业文化也会辐射到周围的企业、社区乃至社会，对它们产生积极的影响。良好的企业形象无疑是旅游企业拥有的巨大无形资产，能增强旅游者购买旅游产品的信心和顾客忠诚度，从而为旅游企业带来巨大的经济效益。尤其是旅游产品具有无形性、生产与消费同一性等特点，旅游企业的信任往往成为旅游者选择该旅游企业的关键，而诚信的旅游企业形象最容易赢得旅游者的青睐。诚信企业形象的树立离不开旅游企业内部"以诚信为本"的企业文化，诚信的企业形象是旅游企业内部"以诚信为本"的企业文化的表现。只有在企业内部培育出诚信的企业文化，才能将诚信的理念融入旅游企业的经营方向、理想目标、企业精神、方针政策以及企业员工的价值观中来，进而树立企业诚信经营的品牌形象，获得良好的声誉。旅游者的口碑是最好的宣传，旅游企业诚信的形象一旦得到旅游者和社会的认可，就能扩大旅游企业的知名度，提升旅游企业的美誉度，为旅游企业未来的顺利发展奠定坚实的基础。

二　湖北旅游企业文化建设的现状

湖北的旅游产业开发晚，崛起快，但是随着旅游产业的快速发展，旅游的经济和文化属性的不协调也愈发明显。"以人为本"科学发展观以及构建社会主义和谐社会观念的提出，对于旅游业全面协调发展起到了极大的促进作用。要转变旅游经济增长方式，提高旅游经济发展质量，就必须建立文化价值与旅游经济和谐运行机制，主动融入经济社会发展全局，使旅游业得到全面发展。当前湖北的旅游企业文化建设取得了一些成果，但也陷入了一些误区。

（一）旅游企业文化建设的成果

1. 文化建设日益受到重视

当前，旅游企业在观念上意识到企业文化建设的重要性，从而或多或少地开展了企业文化建设。旅游业作为服务性很强的行业，因此其特殊性，企业经营活动的优劣很大程度上依赖于员工的素质和服务水平，其经营活动有明显的人格化特征，企业的制度安排、经营战略选择，最终会体现在员工对企业的价值认同上，这就需要有卓越的企业文化来凝聚人。如今，旅游行业中发展较快的一些旅游企业都在强化企业文化建设，它们从观念上意识到了企业文化建设是企业的灵魂，是实现企业制度与企业经营战略的重要思想保障，是企业制度创新与经营创新的理念基础，是企业活力的内在源泉，是企业行为规范的内在约束。

2. 文化建设逐步朝个性化、多元化发展

旅游企业文化从国外引入向发掘自身特质发展，从雷同化向个性化发展。越来越多的旅游企业在残酷的市场竞争中意识到照搬西方的管理模式或成功旅游企业的典范模式，很难使自己成功，成功的根本是提供优质的服务及个性化的旅游产品，形成特色鲜明的企业文化，以确立自己的竞争优势。

（二）旅游企业文化建设的误区

1. 旅游企业文化是"设计"文化

多数旅游企业聘请专门的咨询（设计）公司或专家为自己精心雕琢，以为制定企业的文化手册就算完成了企业文化的建设。

2. 旅游企业文化是"个人"文化

部分旅游企业认为旅游企业文化是企业家的事，企业家精神就是旅游企业文化。

3. 旅游企业文化是"造人"文化

一些旅游企业管理者认为企业文化建设的目的是"造人"，塑造员工，包括按照领导者和组织的意图改变员工的观念、习惯和行为方式，强调员工的接受和服从，而没有见到企业文化对企业组织行为的引导作用和员工对企业文化的创造作用。

4. 旅游企业文化是"形象"文化

多数旅游企业将 CIS（Corporate Identity Strategy），即企业形象战略引入企业，以为就是企业文化，但实质上它包含 MI（理念识别）、BI（行为识别）和 VI（视觉识别）三大内容，它是以企业的对外形象为主的一种企业对外的宣传口号。

5. 旅游企业文化是"拿来"文化

有些旅游企业认为企业文化大同小异，实行"拿来主义"，照搬西方企业的企业文化或国内成功企业的企业文化，没能根据自身企业的特性去塑造与之相适应的企业文化。

6. 旅游企业文化是"政治"文化

部分旅游企业尤其是国有企业认为旅游企业文化和精神文明建设、思想政治工作是一码事，只是换个新名词而已。

7. 旅游企业文化是"文体"文化

把旅游企业文化类同于卡拉 OK、职工文体娱乐等活动，没能把它与旅游企业经营管理联系起来。

上述这些问题的存在将会成为我国旅游企业发展的瓶颈，事实证明，任何一个企业的成功，都离不开卓越的企业文化的建设。

三 湖北省旅游企业文化建设存在的问题

（一）旅游企业"小、散、弱"特征比较突出，竞争力不强

湖北旅游企业的一个显著特点就是规模小、水平低、分布散、实力弱，旅游业规模化、集团化、市场化程度较低，没有形成大型的旅游企业集团，这使湖北旅游业很难按支柱产业的要求发挥大资本、大运作的作用与效能，规模效应不能形成，也不能围绕"吃、住、行、游、购、娱"六要素形成完整的产业链条，构建自己的企业文化。目前，湖北省还没有一家旅游上市公司，在全国百强旅行社中，湖北旅行社无一上榜；高规格的旅游饭店也很少，在全国 300 多家五星级饭店中，湖北省仅占 7 家。湖北旅游产业尚无叫得响的旅游景区、旅行社、星级饭店等名牌，相比而言，其他省份特别是上海、北京在旅游发展方面已经先行一步，而且举措越来越多，力度越来越大，这使湖北旅游企业在文化建设方面处于相对落后的状况。

（二）旅游企业文化中的"沉默的螺旋"困境

正如前述，旅游企业文化是指一个旅游企业内部在全体员工共同的价值观和企业意识基础上形成的具有核心竞争力的企业精神。究其实质就是有利于企

业管理与发展的"舆论环境""意见环境"。关键在于劣势意见一方向优势意见一方的转变，而导致这一转变的最重要因素在于"意见环境"的营造，对劣势意见一方施加舆论压力，导致其倒戈。从某种程度上来说，旅游企业文化的构建，可以说是一种舆论的造势，认可某旅游企业的企业文化，不外乎是这种舆论的"认知－识别－执行"的过程。而这种正面舆论的传播对于旅游企业文化能否发挥有效作用，关键在于这种"舆论"的传播程度以及被执行的力度。除此之外，旅游业作为一种特殊的服务行业，舆论、声誉又对其有重要的影响，有效的舆论环境则显得举足轻重。然而，湖北省旅游企业文化的构建一直没有得到足够重视，甚至效果不佳，结合"沉默的螺旋"理论，深层次挖掘产生这类问题的原因，主要体现在以下方面。

1. 外在旅游大环境的沉默

旅游企业，若要在业界长久立于优势地位，尤以提高服务质量为要。以旅行社为例，游客的选择，主要以旅行社的形象、品牌为参照标准，归根究底，就是旅行社在游客或潜在游客心目中树立了良好的形象，要树立这一形象，关键在于旅游企业文化的构建与宣传。然而，在旅游业内，对于企业文化的构建、宣传、执行却处于沉默状态，没被提上议事日程或是将其搁置在表面。

2. 旅游行政管理部门的沉默

旅游局是旅游管理机构，其主要职能是完善开发旅游市场、普查旅游资源、推荐审批旅游企业、指导导游的培训教育等。由此可见，旅游行政管理部门并没有强调企业文化建设的重要作用。可以说在执法层面上，抓旅游文化建设的力度还不明显。这种沉默导致了"创造社会现实"的机会的丧失。因此，造成了在营造旅游企业文化中"意见环境"不够强大。

3. 旅游协会的沉默

在国外，行业协会发挥着非常重要的作用，旅游协会在协调整个旅游行业中发挥着巨大功效。一方面，旅游行业协会与旅游行政管理部门联系密切，如国内的旅行社协会，接受国家旅游局的领导、民政部的监督管理和中国旅游协会的业务指导，作用巨大；另一方面，行业协会一般会安排会员外出考察、会议交流、活动联谊。但是，协会在企业文化方面，却陷入了沉默，没有充分调动起旅游企业营造企业文化的积极性。

4. 旅游企业的沉默

作为主体单位和营造旅游企业文化的当事人，旅游企业在文化建设方面选择了沉默或者弱于对经济利益的选择。尤其在当今激烈的竞争环境中，一些中小型旅游企业唯大型旅游企业马首是瞻，尤以旅行社较为严重。而大型旅游企业的沉默，或者之间的行为趋同，导致了整个大环境的沉默。因此，当经济利益的追逐越来越明显时，旅游企业文化的营造需求越来越弱势。同时，这也是旅游企业文化营造过程中遇到的最大障碍。由于受眼前利益的诱导，很多企业宁愿放弃文化建设，只追逐经济利益。

（三）旅游企业的诚信问题

在湖北省的旅游行业中虽然存在着大量的失信现象，但也不乏信誉良好、口碑颇佳的旅游企业，他们都有一个共同的特点，即在企业内部存在良好的企业文化，弥漫着浓厚的诚信氛围。探究旅游企业的各种诚信问题产生的源头都会发现，其根源在于企业内部没有良好的企业文化。可以认为，企业文化的缺失是旅游企业诚信问题产生的根本原因，具体表现在：

1. 存在唯利是从观念

以功利观念为主导的旅游企业，在生产经营活动中会一切都从获取最大的经济利益出发，不能为旅游者提供优质的旅游服务，从而产生种种诚信问题。通过在旅游企业内部培育以诚信为本的企业文化，可以明确企业的使命和价值观念，并且在企业内部得到贯彻实施，改变旅游企业管理者和员工"一切向钱看"的一贯出发点，使旅游企业获得长远的发展。

2. 缺乏团队协作

旅游业作为一项涉及行、游、购、食、住、娱等多方面的综合产业，产业链较长且复杂，这就需要其中的各层次具备团队精神。相互合作的旅游企业要意识到它们是一个有机整体，只有将整体利益放在个体利益之上，才能减少旅游企业之间的失信现象，进而降低旅游企业的交易成本，提高旅游服务质量。当然，重视整体的利益并不表示完全不在乎本企业的得失，而是要在企业之间的博弈中达到纳什均衡。旅游企业之间是长期合作的关系，通过企业文化培育形成的团队意识可以促进旅游企业之间的真诚合作，使它们相互信任，从而实现双赢。另外，团队精神在旅游企业内部也至关重要，诚信的企业文化可以增强旅游企业内部的凝聚力，加强员工之间的交流与沟通，使员工以企业的长远发展为目标，自觉做好本职工作的同时加强与其他员工的合作，以优质的服务赢得广大旅游者的认可。

3. 服务意识较差

旅游业作为典型的服务行业，其核心产品是无形的感官愉悦和享受，产品的主体则是旅游者在享受旅游带来的愉悦时由旅游企业提供的服务。作为旅游企业的员工，仅有较高的业务水平还是不够的，旅游者往往更为看重其提供服务时的态度。企业文化的导向作用可以使员工以旅游企业的利益为工作的目标，自觉践行企业的服务宗旨；企业文化的凝聚作用可以使员工对旅游企业产生强大的忠诚度，自觉维护本企业的形象；企业文化的约束作用可以使员工自觉履行工作职责，贯彻执行旅游企业诚信经营的方针政策；企业文化的激励作用可以激发员工的工作热情，通过提高服务能力和增强服务意识，更快更好地实现旅游企业的目标。员工整体的服务意识增强了，旅游企业自然就能够为旅游者提供优质的服务，减少旅游诚信问题的出现。现在旅游行业中存在着大量的不诚信行为，这不利于建立良好的市场经济秩序，不利于树立良好的旅游企业形象，不利于我国旅游市场的健康持续发展。建立良好的旅游企业诚信体系才能既"治标"又"治本"。

四 改善湖北省旅游企业文化建设的若干建议

（一）从"沉默的螺旋"理论入手构建旅游企业文化

旅游企业文化在某种程度上讲，可以是一种企业舆论，只是这种舆论有时是显性的，有时是隐性的，随时需要将它显性化。在日常的社会生活中，刻意地利用"从众效应"或制造"意见环境"，于个人而言，会抹杀个性，泯灭创意。但是若将"沉默的螺旋"理论成功地应用于企业管理当中，会极大地提高企业管理水平。

1. 创建有效的旅游企业大环境

从旅游企业的外部环境看，先进的旅游企业文化建设需要一个健康、稳定、有序的环境。改革现行经济体制，建设并不断完善现代企业制度。创造积极、健康的法制环境。一是加强旅游行政管理部门的主导职能。湖北省旅游局在旅游企业文化的营造上要发挥积极的主导作用，以社会主义精神文明建设为导向，根据各旅游企业的特色，指导其打造满足自身发展的文化氛围，积极推动旅游企业的文化建设。旅游局要为旅游企业文化建设提供有力的外在支撑环境，指导监督旅游企业文化建设及执行力度，及时纠正旅游企业文化建设中的偏差，奖励并发扬优秀旅游企业文化。二是突出旅游协会的调动与协调功能。旅游协会应属于非政府组织，在业界起着协调者的作用。协会可以通过举办优秀旅游企业文化评比活动、互相参观交流学习等，调动各旅游企业打造自身优势企业文化的积极性。在整个旅游界营造有利的优势意见环境，引导企业由"沉默"转向积极应对的一方。

2. 借助积极的"意见领袖"

意见领袖是指在人际传播网络中经常为他人提供信息，同时对他人施加影响的"活跃分子"，他们在大众传播效果的形成过程中起着重要的中介或过滤的作用，由他们将信息扩散给受众，形成信息传递的两级传播。一是发挥优秀旅游企业的模范作用。优秀的旅游企业，凭借其优良的品牌、独特的企业文化、良好的员工素质，在消费者心目中树立了良好的口碑。同时创造了不错的经济效益，造成竞争对手的紧张，如混在沙丁鱼中的鲶鱼，起到活跃旅游文化氛围，净化旅游风气的作用。二是表彰先进，发挥榜样作用。在旅游企业内部，忠实的员工、优秀的部门，在企业文化营造与企业管理上起到了推波助澜的作用。榜样的力量是无穷的，尤其是身边的榜样，表彰先进、奖励优秀，借优秀员工或优秀部门，弘扬旅游企业文化，对企业内部其他员工起到很好的激励作用，增强其对本企业文化的认同感。另外，还应及时关注消极的"意见领袖"，全面了解情况，及时处理问题，尽量消除消极影响，甚至转"消极"为"积极"。三是借助大众传媒，发挥舆论优势。大众传媒的广泛影响已成为不争的事实。旅游企业文化能否被企业内部员工和外界受众接受，接受的程度如何，除了旅游企业自身以及旅游相关部门的协助之外，第三方的造势则显得尤为重要。因此，旅游企业应与大众传媒建立良好的合作关系，充分发挥大众传媒的作用，以增加员工对企业文化的认同感、支持度以及外界对企业的认可度。

3. 系统推广旅游企业文化，完善 CIS 体系

旅游企业文化建设就是对旅游企业的精神层、物质层和行为层的设计与规划，并通过具体的措施，使旅游企业文化的规划和设计的目标得以实现，进而形成良好的旅游企业文化氛围。

（1）企业文化精神层的设计。旅游企业精神层的设计就是企业文化的理念识别系统的设计，是旅游企业文化中的核心部分，同样也是企业文化建设的关键。精神层的设计并不仅仅是一句口号那么简单。理念识别系统包括企业最高目标、企业哲学、企业精神、企业道德、企业作风、企业宗旨、企业形象、企业行为规范等。首先，旅游企业在充分认识自己历史、发展现状的基础上，确立企业发展的远景目标；其次，旅游企业根据自己的经营内容与特色，确立企业经营宗旨；最后，在完善规章制度的基础上，建立企业道德体系。

（2）企业文化物质层的设计。企业文化物质层的设计即对企业文化的视觉识别系统进行设计。视觉识别系统是企业文化的物质载体，因此一定要体现企业特色、具有一定的审美效果。它包括企业名称、企业标志、企业环境、员工面貌、纪念建筑、纪念品等。尤其是旅游企业，是最直接的面对面服务，良好的工作环境及服务环境会让企业增色不少，因此，旅游企业的环境要尽量人性化，清新雅致，给人舒服的感觉。在目前很多中小型旅行社都没有自己的标志，因此，需要设计彰显自己特色的标志、社徽等，统一对外形象。

（3）企业文化行为层的设计。企业文化行为层的设计即是对企业文化的行为识别系统进行设计。在旅游企业当中，应该加强员工的培训，包括制度、礼仪等的培训，如美国运通公司，新进的员工都会进入模拟公司客服中心接受培训，一方面熟悉业务流程，另一方面稳定员工心态、保证员工素质。

（二）建立旅游企业诚信体系

企业诚信问题隶属于企业伦理的范畴，只有通过在旅游企业内部构建优秀企业文化的方式才是解决当前旅游欺诈现象的核心手段。企业文化是企业在长期的经营活动中形成的本企业特有的一种强大的精神力量，"以诚信为本"的企业文化在旅游企业的经营和发展中起着重要的作用。

1. 明确企业的使命

企业使命回答了旅游企业为什么要进行经营活动，是对旅游企业存在意义的自我诠释，是旅游企业目标理想的具体表述。企业使命反映了旅游企业经营活动的中心目的，旅游企业作为非常典型的服务行业，能否以旅游者为出发点确立自己的企业使命，对于提供的产品和服务的质量有着至关重要的影响。例如著名的香格里拉饭店就有非常明确的企业使命，那就是要努力赢得客户忠诚，为客户提供物有所值的特色服务和创新产品。只有像这样把旅游者的利益放在旅游企业经营活动的首位，才能真正做到将诚信融入到企业的经营之中，给旅游者带来愉悦和享受。相反，如果旅游企业把获得经济利益作为企业使命，就会为了赚取更多的利润而忽视服务的质量，甚至为了眼前的利益故意降低提供服务的标准，严重损害旅游者的合法权益。

2. 塑造以诚信为中心的企业价值观

旅游企业文化建设的核心就是在企业内部培育共同的价值观，以使企业员工具有统一的行为导向标准。塑造以诚信为中心的企业价值观，就是要将诚信意识渗透到旅游企业所推崇的基本信念和所奉行的行为准则中去，以此来影响旅游企业及员工的行为取向和判断标准。只有把以诚信为中心的企业价值观融入到旅游企业的切实工作中去，才能在企业内部逐渐形成一股讲诚信的风气，在旅游企业员工的各项工作和提供的服务中透露出诚信的气息。只有这样，旅游企业的经营者才不会被眼前利益蒙蔽了双眼，欺骗旅游者以致破坏旅游企业的社会声誉；只有这样，旅游企业的工作者才不会沉迷于眼前的蝇头小利，而影响自己和企业的长远发展。

3. 创建良好的物质文化环境

虽然物质文化是旅游企业文化的最表层，但却具有非常重要的作用。它不仅是旅游企业文化的外在物化表现，也是一个旅游企业招徕顾客、为顾客提供旅游产品和服务的重要凭借，更是旅游企业塑造良好企业形象、获得目标经济效益的基础设施。能否为旅游者提供高质量的服务、真正做到诚信经营，在一定程度上取决于旅游企业的经济实力，表现在物质上就是旅游企业的设施和环境等。《旅行社条例》第二章第六条明确规定："申请设立旅行社，经营国内旅游业务和入境旅游业务的，应当具备下列条件：（1）有固定的经营场所；（2）有必要的营业设施；（3）有不少于30万元的注册资本。"没有良好的物质文化环境，提供旅游产品和服务的质量就难以得到保证，诚信也就无从谈起。

4. 体现"以人为本"，增强服务意识

近些年来，"以人为本"的理念得到了越来越多企业的推崇，旅游企业作为非常典型的服务行业和劳动密集型企业，对"以人为本"也格外重视。"以人为本"就是从"人"的本性出发，以满足"人"的需求为企业经营的最终目标。按照马斯洛的需求层次理论，人的需求包括生存、安全、尊重和自我实现四个层次，"以人为本"也就是依据人的这些需求进行的各种经营管理活动。旅游企业将满足旅游者的需求作为自己经营的目标，旅游诚信缺失的现象就不可能出现，企业就能自然而然地做到诚信经营。值得一提的是，大多数旅游企业只是单纯地认为"以人为本"就是"以旅游者为本"，殊不知这个"人"还包括本企业的员工。旅游企业只有将员工的个人目标与企业的目标统一起来，把员工的全面发展看作自身发展的一部分，充分肯定员工的价值，诚信地对待对员工做出的承诺，才能换来员工对旅游企业高度的归属感。员工的需求得到满足，自然就会提高工作热情和服务质量，进而获得旅游者对旅游企业的高度忠诚。美国的马里奥特饭店为了充分调动员工的积极性，就对"人"的重要性给予高度关注，制定了一系列措施：一是建立公平的竞争制度，二是尊重员工的个人价值，三是重视感情投资，四是提高员工的薪酬福利。

5. 企业文化要与时俱进

企业文化是企业在长时间的生产经营活动中优良品质的沉淀，是企业精神的代代传承，但时代是不断变化和向前发展的，人们的思想认识、社会的价值观念都不是一成不变的。旅游企业的文化可能在一定时期推动了企业向前发展，为企业取得的辉煌成就做出了不可磨灭的贡献，但是随着时间的推移、随着社会的发展也要做出积极的改变，否则就是保守的企业文化，最终会阻碍旅游企业的发展。随着市场经济的发展，人们价值观的功利性越来越强，旅游诚信缺失的现象屡见不鲜，旅游企业要根据这个变化对原有的企业文化赋予新的内涵，将诚信的意识融入到企业经营管理的活动中来。

（三）注重培育学习氛围

20 世纪末最成功的企业是学习型组织，它不仅被视为业绩最佳、活力最强、竞争力最强、生命力最强，更重要的是使人们在学习的过程中，逐渐在心灵上潜移默化地升华生命的意义。所谓学习型组织，就是在发展过程中不断适应环境变化和具有持续变革能力的自适性组织。具体来讲，是指通过培养整个企业的学习气氛，充分发挥员工的创造性能力而建立起来的一种有机的高度柔性符合人性并能持续创新发展的组织。企业竞争说到底是学习力的竞争。学习对组织的持续发展至关重要，新经济环境下最成功的企业仍然会是学习型组织，学习型组织在旅游企业文化建设中必将进一步受到关注。这是由旅游的文化属性和旅游市场的多变特性决定的。优秀的旅游企业必须成为不断适应环境变化和具有持续变革能力的自适性组织。

湖北高科技企业文化发展报告

张　冕*

在知识经济时代，高科技迅猛发展，湖北省的高科技企业也得到了较快的发展。企业文化在高科技企业管理中发挥了相当重要的作用，不断完善企业文化是湖北高科技企业快速发展的迫切需要。

一　湖北高科技企业行业发展与现状

（一）湖北高科技企业行业发展历程

高科技企业对湖北省的经济发展、战略转型一直起着重要作用，按照时间划分，湖北高科技企业经历了萌芽、破冰、高潮三个阶段。

20世纪80年代初至90年代初是湖北高科技企业发展的萌芽阶段。随着"真理标准"大讨论的思想解放运动的开展，国家实现了由"以阶级斗争为纲"到"以经济建设为中心"的转变，国内科技企业开始获得生长和发展的肥沃土壤。20世纪80年代初，湖北省科技人员冲破各种传统思想观念的束缚，走出书斋，扔掉铁饭碗，投身到科技企业创立和发展的洪流中。1989年7月，湖北省开始全面实施火炬计划，省内相关部门先后出台了《湖北省高新技术企业、高新技术产品认定和优惠办法》等一系列政策，为湖北高科技企业的健康发展营造了良好的软环境。东湖新技术开发区结合火炬项目的实施，重点扶持区内有发展前景的高科技产业和项目，倾力打造特色鲜明的产业集群，使光纤通信、激光技术、生物技术、新材料、计算机软件五大产业基地初

* 张冕，湖北企业文化研究中心，博士。

具雏形。1991 年 3 月 6 日，国务院颁布〔1991〕12 号文件，正式确立武汉东湖新技术开发区为国家级高新技术产业服务区。

20 世纪 90 年代初至 20 世纪末是湖北高科技企业发展的破冰阶段。在湖北省高科技企业发展一段时间后，企业改制的浪潮对高科技企业的发展产生了巨大的影响，湖北省高科技企业的发展也面临破冰，破思想之冰、观念之冰、体制之冰。邓小平同志在 1992 年的南方谈话中一针见血地指出：姓"社"不姓"社"，判断的标准应该主要看"是否有利于发展社会主义的生产力，是否有利于增强社会主义国家的综合国力，是否有利于提高人民生活水平"。同年，武汉市人民政府制定《武汉东湖新技术开发区综合改革试点方案》，提出 1992～1993 年的工作重点是大力推行股份制，符合条件的民办集体、联营性质的高新技术企业逐步过渡成为规范的股份制企业，个别典型企业可以采用股票柜台交易或上市。在这样的环境下，湖北省高科技企业开始推行股份制试点，首批改制试点的企业包括三特索道、人福科技、武汉高创、武汉四通等。到了 1998 年，武汉市科技局、武汉市国资委对全市 500 多家所谓集体性质的科技型企业进行了产权界定，摘掉了"红帽子"，明晰了企业产权，改制为有限责任公司，推动了一大批高科技企业走上现代企业制度建设的轨道。

20 世纪末至今，湖北高科技企业的发展一直处于高潮阶段。在国家提出"公有制为主体，多种经济共同发展"的战略下，湖北省高科技企业迎来了又一次变革，并推向发展的高潮。一方面，个体、私营科技企业发展迅速，民营科技企业已经遍布所有行业，特别是集中在电子及通信设备制造业、光机电一体化设备制造业、生物技术与新医药、新材料新能源等技术密集型行业；另一方面，一些已有一定规模和经济实力的民营科技企业的企业主纷纷主动让出股权，进行资产重组，吸收本企业职工和社会单位入股，重组为股份制企业，产生了一批"科研项目富翁"和"营销富翁"。此后，湖北高科技企业的发展高潮迭起，好戏连台。"十五"以来，湖北省先后出台了《中共湖北省委、湖北省人民政府关于增强自主创新能力建设创新型湖北的决定》《湖北省人民政府关于加快发展高新技术产业的若干意见》《湖北省人民政府关于加快软件产业发展的若干意见》等一系列相关政策，并对各高科技行业进行了详细的发展规划。2009 年，东湖新技术开发区正式获批成为国家自主创新示范区，成为自北京中关村之后，第二个获批国家自主创新示范区的地区，标志着湖北省高科技又上了一个新台阶。

（二）湖北高科技企业行业现状

经过数十年的发展，高科技行业已经成为湖北省重要的支柱产业和经济增长点之一。

截至 2012 年，湖北现有高科技企业 561 家，总固定资产 487.8 亿元，高科技企业从业人数 18554 人，总产值 1198.5 亿元，主营业务收入 1002.6 亿元，利润额 38.9 亿元，拥有发明专利数 744 项，新产品产值 411.7 亿元，出口交货值 660.5 亿元，新产品出口收入 39.4 亿元。全省高新技术产业的总产值、主营业务收入、利润额、出口交货值等各项经济指标与 2011 年相比，增幅均在 20% 以上，显示了新一轮快速增长的势头。

但同时，当前湖北省的高科技行业也存在着一些问题，具体包括：(1) 高新技术产业与先进地区（如江苏省、广东省、上海市等）相比，仍有不小的差距，高新技术总产值仅相当于先进省份的 1/10 左右。(2) 高新技术产业地区分布不均衡，在全省高新技术产业的区域构成中，武汉市占了一半以上，襄阳市约占 10%，宜昌、黄石、荆州各占 5% 左右，其他地市则占 2% 左右。(3) 产业结构仍需改善，投资类产品比重较大，行业内分工协作的产业链并不成熟，产业集聚程度和产业带动作用还有待增强。

二 湖北高科技企业文化现状

（一）企业文化对湖北高科技企业发展的作用

在湖北高科技行业迅速发展的各个阶段，企业文化均在其中发挥了至关重要的作用，不断推动整个行业向前发展。

其中，在 20 世纪 80 年代至 90 年代的萌芽阶段，企业文化为湖北省高科技企业营造了一个开创进取、团结协作的环境。创新是高科技企业的灵魂，这是由高科技产业及其特点决定的，也是客户需求和市场竞争态势决定的；不创新就死亡，这个问题以前所未有的尖锐性向高科技企业提出了挑战。湖北高科技企业的萌芽阶段也是信息化迅速发展的时代，互联网的兴起和应用使创新的组织结构发生了质的变化，创新已不再只是个人行为，它是不同专业和部门（包括研究开发、生产工艺、销售服务等以及生产商、供应商、销售商、客户等）协作的产物和共同创造的结晶。只有利用互联网，才能以最快的速度为客户提供满意的新产品和服务。在这样的时代特征和技术特征下，培养创新、开拓、协作精神和营造团结创新的环境至关重要，能激发员工的创造热情。随着企业规模的扩大和层次的增加，人与人之间的交往失去了以往的亲密感和融合沟通的氛围，而感情交流与沟通却是人类基本的心理需要。即使在一个奋发积极的工作环境中，采用切实可靠、开诚布公、真心关怀的方式与全体人员沟通也是十分必要的，沟通永远没有止境。企业中上层管理人员与基层员工的沟通尤为重要，企业文化的建立，可以加强上下层人员之间的沟通，营造一个团结协作的工作环境。湖北高科技企业在发展初期就认识到：人员的沟通，特别是上下层之间的沟通，是实现"人和"、消除矛盾、及时发现和解决问题的好方法和好制度，也是一种感情投资。企业领导深入基层，通过言传身教，建立企业文化，实行有人情味的管理和进行顺畅的沟通，这对于高科技企业具有战略意义。

在 20 世纪 90 年代至 20 世纪末的破冰阶段，高科技企业内的文化对企业发展起到了稳定企业队伍、调节员工合理流动的作用。一方面，人才是高科技企业的重要资源，队伍稳定是人们满足感的一种表现。当个人需要得到满足时，他就会稳定下来；当个人的愿望得不到或不能得到充分满足时，就想流动，以改变这种状况。好的企业文化的建立，能够创造一种平等、自由、信任、理解的氛围，就能创造一个令人留恋的工作环境。这也是吸引高科技人才、稳定企业队伍的好办法。所谓令人留恋的环境是指该环境能给人超过个人期望的满足感。首先，个人都能得到充分的信赖和尊重，员工有机会尽其所能，充分发挥潜力，取得的成就能得到承认和回报，这也是知识分子和科技人员的最大愿望；其次，有继续学习的机会，员工能不断得到充实和提高，为未来的事业和发展奠定基础；另外，有较高的工资待遇、生活福利、医疗保险，员工因此可以全力以赴地投入工作去创造。另一方面，作为高科技企业，人才的流动有其必然性。当前，科技发展变化较快，也因此有才能的人很容易闯出自己的一片天地，只有企业重视人才、敢于任用人才、善于培养人才，人才才会不断涌现，人才的流动才不会对高科技企业造成较大的影响。从另一个侧面说，人才流动其实会造就更多的机会，使新人不断成长。一个直接开放的工作环境，往往可以使员工快速成长。有了好的用人环境和机制，就不怕人才的流动。相反，培养人才会促进竞争，会使企业取得突破性进展。当然，在管理上仍要注意避免因人才流失过频造成不必要的损失，并应制定相应的防御措施。湖北高科技企业在这一阶段纷纷形成了使用人才的文化，综合来看包括重视人才、尊重人才、培养人才，既要留住人才，又要多出人才等方面。只有青出于蓝又胜于蓝，长江后浪推前浪，高科技企业才能永葆青春活力，不断取得发展，这就是湖北高科技企业在这一阶段建立的新人才观和企业文化。

在 20 世纪末至今的湖北高科技企业发展的高潮阶段，伴随着时代的新特征和高科技企业员工的新特征，企业文化除了继续发挥着前两个阶段中对于高科技企业的作用以外，还起到了培养湖北省高科技企业内个性化与团队精神的作用。高科技企业要在严酷、激烈的竞争中立于不败之地，就需要有一批勇于拼搏、敢于迎接挑战的优秀人才。为了调动员工的积极性、主动性、创造性，企业内部应始终保持一定的竞争压力。同时，应打破论资排辈的文化桎梏，在"公平、公正、公开"的基础上展开竞赛，让优秀人才脱颖而出。科技人员则要有紧迫感和使命感，接受时代的挑战，勇敢地承担起自己的责任。否则，等待他的可能就是无情的淘汰。高科技时代是信息、知识时代，高科技企业的实力取决于对知识和信息的有效利用。在这种情况下，企业与科技的结合、企业家对知识资本的融集和使用的能力，将成为企业生存与发展的决定因素。这就是说，高科技企业要发挥人才的作用、知识的力量，就既要有竞争机制，又要提倡团队协作精神，以发挥知识的协同效应。这实际是一个如何将个人的价值观与企业的价值观统一起来的问题。对于个人而言，竞争意味着通过脑力与心智的拼搏实现自身价值，这与企业的目标是一致的，是企业所需要的。但竞争又不可避免地会造成人员之间的隔阂和信息垄断，难以做到知识、信息的共享与共创；能力强者又往往过高估计自己，对别人缺乏尊重和信任，别人难以与其合作共事。这些是与团队精神不相符的。知识经济对社会的冲击，影响了知识分子的价值观和思维方式，其中最深刻的是合作意识、集体意识的加强。最能体现一个人的能力和工作方法的是以项目小组方式、以项目为中心组织有关人员共同攻关，从而考验其协作精神。人们要在不断变动的团队群体中工作，每个人都要了解自己在整个大背景中的地位和意义，并且需要有自我设计、自我创造、自我优化、自我组织的自由，但这些都要受到任务大背景的制约；他需要不断调整自己以适应整体的需要，并与他人进行交流、相互支撑、相互配合，使其自身和整体组织达到最优化。在这种工作环境中，既要充分体现自己的能力和发挥自己的创造性，又要学会充分发挥他人的创造性，并使两者互补，形成更强的创造力。没有协作精神是很难发挥自己的创造性、实现自身价值的。这种协作精神是在竞争机制下形成的，这是一种竞争合作，也可说是个性化的团结协作。

（二）湖北高科技行业企业文化的特征

湖北高科技企业的企业文化主要具备以下几个特征。

1. 开放性

随着信息传输和交通运输的不断便利，当前经济越来越体现出国际化的趋势。高科技企业一方面更需要快速的信息传递来进行知识和技术共享基础上的产品开发，另一方面往往产品体积小、重量轻、而附加值高，更适合快速的运输方式，所以在国际化的特征上表现得尤为突出。湖北的高科技企业也一直遵循着这一特征，不断在技术、原材料、设备、人才、产品、服务等多个方面与其他国家进行着输入、输出、分享、协作。因此，在高科技企业日常运作的任意一个阶段，无论是科技领先国家和地区或是科技水平较为落后的国家和地区，都必须乐于和善于与别的国家和地区进行长期和深入的交流，这也必然使得湖北高科技企业文化具备极强的开放性。

当然，相对于欧美、日本等，科学技术水平落后的湖北高科技企业是科技的输入方，这必然造成湖北高科技企业的企业文化一方面会从中国和湖北自身的传统文化和处事方式中积累和沉淀获得，另一方面会不断收到欧美、日本等西方高科技企业中的文化的影响，并不断地融入本企业的文化母体中。因此，湖北高科技企业在进行企业文化建设时，不仅仅要重视开放性，在全球的范围内捕捉机遇、寻求合作，摆脱国家和地区间的隔阂和壁垒，以开放的文化与其他国家和地区的组织建立起信任和互惠的交流与合作关系；同时也需要尽快建立一种将西方高科技企业文化与中国尤其是湖北的传统文化有机融合的机制，有机整合不同文化，消除价值观的冲突，从而形成企业的竞争优势，促使企业持续快速稳定地发展。

例如，楚天激光（集团）股份有限公司，是中国目前规模最大、产品种类最齐全、市场网络最健全的激光产品制造商，下辖工业激光、医疗激光、激光加工三大产业集团。1997 年底，楚天激光就开始与全球最大的医疗激光公司——以色列能量系统公司组建合资公司，从那时起，公司就一直强调"与狼共舞"的企业文化，不断展开更大规模、更广领域的国际合作，之后楚天激光又分别与意大利 ELEN 集团、美国 MARKEM 公司等签署合作协议，开展密切合作，联手抢滩中国高端激光市场。楚天激光的"与狼共舞"的企业文化认为，与国际顶尖品牌相互代理产品，既可把握国际市场导向，又可引进国外先进技术；在技术创新方面，不仅要重视原始技术创新，还要通过国际合作大力进行集成创新和引进、消化、吸收、再创新。在楚天激光的企业文化看来，只有把企业放在国际的平台上"与狼共舞"，既要合作，更要竞争，敢打敢拼，才能实现"与狼共赢"。目前，世界排名前 10 位的医疗激光设备生产企业中已有 6 家与楚天激光有深度合作，同时企业还与其他 3 家国际顶尖工业激光公司建立了合作关系。

2. 创新性

相对于其他类型的企业和组织而言，创新性是高科技的一个重要特征，高科技企业往往能深度关注现代科学技术成果及其变化，并通过高额研发投入对科学技术成果进行广泛利用，往往会不断在工艺、产品、材料、技术、设备等方面进行创新。如果一个企业仅仅是当前技术水平较高，在高科技产业迅速变化的背景下，很快就不能持续体现出其创新的优势；一个企业如果仅仅是研发投入高，在高科技产业技术如此复杂的背景下，持续产出新产品的可能性也较低。只有一个企业有深入的推崇创新的企业文化作为保障，企业从上到下、由表及里都能将创新融入自身的价值观和经营理念之中，再辅以经济和技术的支持，才能支持高科技企业的持续发展。

进一步的，从湖北高科技企业的发展历程和现状可以看出，创新的主体是人才，而知识型员工相对于其他类型的员工而言较难通过单纯的物质奖励来刺激其工作的积极性，更需要企业营造尊重知识、尊重创新、尊重知识员工的劳动氛围，即开创一种创新与人本相结合的企业文化。湖北高科技企业应充分认识到高科技企业文化中创新和人本的交互作用，把对人才特别是对知识性员工的甄选和培养放在首位，在全企业范围内充分建立起对尊重知识型员工和认可创新成果的氛围，并且公平、长期地实施下去，这样才能最大限度地调动和发掘人才的潜力，体现出高科技产业的特征。这种创新和人本的互动不仅构成了湖北高科技企业文化创新性的核心，也将不断促进高科技企业凸显其竞争优势。

例如：凯迪电力的企业文化一直强调依靠人才创新，其董事长陈义龙在谈到凯迪的成功经验时谈得最多的就是人才："只有拥有勇于创新的人，才有永远创新的事业。"他和整个凯迪电力都认识到，人才优势是企业赖以生存发展的基石，公司要顺利实现产业转型，必须积聚一批优秀的技术和管理人才。在以人才为基础、以创新为动力的企业文化的指导下，凯迪电力不断在人才招聘与人才测评方面进行创新，目前公司内高级工程师占员工总数的50%，工程师占员工总数的45%，中级职称以上占95%，成为全国环保行业员工素质最高的知识型企业之一。

再如：人福科技也同样重视人才和创新，公司董事长艾路明并没有把企业的生杀大权抓在自己手里不放，而是把公司的经营放手交给年轻人去打理，为他们提供更宽广的舞台。公司员工认为："艾总非常重视人才，大家都觉得跟着他，值，这样一来使得整个团队非常齐心合力。"艾路明则认定："把公司交给他们我绝对放心，一百个放心。"在这样的领导和企业文化的引导下，人福科技创新动力持续不断，今天已经位居全国医药健康类企业的前20名，并将继续在市场经济的浪潮中劈波斩浪，勇往直前。

3. 前瞻性

高科技企业的科学技术和产品服务更新换代的速度较快，其所处的环境（包括客户需求、原材料供应、替代产品的出现等）同样也具备变化快速的特性。按照管理必须与环境相适应的原则，快速变化的环境也要求企业各方面的管理方式迅速出现相应的变化，其中也必然包括高科技企业的文化建设变化；但从另一方面来看，企业文化是企业在长期的运作过程中慢慢积累和沉淀而来的价值观及在其基础上形成的行为方式，它的变化又不可能非常迅速，即会滞后于高科技企业所处环境的变化速度。因此，湖北高科技企业在形成和建设自身的企业文化时，不仅要看这一文化是否适合企业当前的发展状况，还要有一种前瞻性的眼光，看这一企业文化是否能适合未来出现变化的企业环境，这才能在一定程度上解决企业文化的缓慢沉淀与高科技企业环境迅速变化之间的矛盾，让企业文化可以长期支撑高科技企业的发展。

例如，武汉正远铁路电气有限公司，作为一家铁路机车控制系统和电力机车变流系统的研发和制造企业，其企业文化中明确提出"对准行业明天的发展模式"，并以此为引导，超前研发和成功制造出了一大批铁路机车和城市轨道交通领域的优秀产品，包括机车微机控制系统、机车空调逆变电源等多项国家级火炬计划项目和国家重点新产品。这种企业文化及超前的研发模式为企业带来的效益远远超过了经济效益和技术进步本身，"对准行业明天的发展模式"不仅是正远创造的高科技企业的成长童话，也为湖北其他高科技企业树立了榜样。

再如，武汉三特索道集团股份有限公司在旅游产业刚刚起步的时候就瞄准并紧盯旅游客运观光索道和旅游景区开发这样的产业发展方向，最终大获成功，三特索道已成为中国旅游企业的著名品牌。但三特今天的成功，是与其前瞻性的企业文化变革密不可分的。三特成立之初，受多元化发展理论的影响，公司曾发展了 28 家子公司，涉及房地产、电子技术、服装、寻呼台、出租车、美食娱乐等多个领域，那时三特的企业文化表示："不要问三特做什么，应该问三特不做什么"。这样的多元化投资刚开始取得了不错的收效，但是三特前瞻性地意识到这样的发展不具备可持续性，只有走专业化的发展道路，才能把产业做大。他们在探索中发现，与旅游这项朝阳产业相结合的索道业，具有局部资源的垄断性特征，竞争对手相对少，一次性投入后，经营成本低，利润丰厚，于是前瞻性地从一家多元化公司变成了专业化公司，现如今三特的企业文化明确表示："在资产规模达到 100 亿元之前，我们只做索道及其配套项目。"

4. 示范性

高科技企业本身不仅在科学技术上领先于其他类型的企业，同时，在当前知识经济时代的背景下，无论是对于某一地区整体经济的贡献和推动作用，还是与其他类型企业的合作，或是受到政府、媒体、和人民群众的关注程度等方面都处于潮头浪尖，湖北高科技企业也是如此。因此，湖北高科技企业文化不仅仅应该适应于自身的发展，还必须自觉地去领导企业文化建设的潮流。在前文所述的基础上，湖北高科技企业一方面应发挥自己对外接触的优势，吸收国际企业文化建设的先进经验以促进自身企业文化建设的步伐；另一方面应发挥自己创新和接受能力强的优势，不断创造更适合自己的并且可以反映时代变化的企业文化。之后，湖北高科技企业与其他类型企业分享其企业文化建设的经验，促进湖北省各行业、各企业文化建设不断发展。

这对湖北高科技企业加强自身的企业文化建设，为全社会各行各业形成示范效应提出了很高的要求，湖北省高科技企业文化建设有很多杰出的代表，例如，武汉马应龙药业集团股份有限公司本着创新企业文化、构建品牌事业的思路，从马应龙这一具有 400 多年生命的品牌和企业 20 年市场经济的锤炼出发，倡导和实现了企业"四个创造"的企业宗旨，即为客户创造健康、为股东创造财富、为员工创造机会、为社会创造效益，并富有哲学性地提出"以真修心，以勤修为"的企业文化和价值理念。这一套企业文化不仅指引马应龙为人处世的真心实意、探索实践的勤勉努力，随着马应龙的成功，这些经验也不断传递给了很多来马应龙学习和取经的企业与组织。再比如，中国航天三江集团一直秉承"团结争气、艰苦创业、求实自强、改革创新"的文化，并在企业的大小经营事务中将这种以团结为首位的企业文化内化于心、外化于行，不仅自身从一个偏远山区的小企业发展壮大为国家航天领域的大型企业集团，也将这一文化在全国航空航天组织和高科技企业中广为传播。

三　湖北高科技企业文化建设存在的问题

在具有开放性、创新性、前瞻性、示范性的湖北高科技企业文化的引导下，湖北高科技企业的发展速度和绩效一直非常喜人，但是，当前湖北高科技企业文化建设中也存在一定的问题，具体包括以下几个方面。

（一）企业文化表象化

当前，企业文化建设工作在各行各业都进行得有声有色，高科技企业也不例外。但是笔者在湖北高科技企业的走访观察中发现，有相当一部分高科技企业的企业文化建设仍停留在表面的物质层和行为层，却并没有深入到企业文化的制度层甚至是精神层中去。例如，有的高科技企业在车间、销售部门、研发部门等的办公场所贴满了各种各样的口号，这种现象本身没有任何问题，但在笔者进一步问到员工对这一口号的理解时，却基本没有人能明确回答，甚至有的高科技企业的管理人员也说不出这些口号的实际含义。这是一种高科技企业文化表象化的典型现象，除此之外，仅仅组织员工进行唱歌、跳舞、打球等娱乐活动，仅仅对员工的衣着和工作场所的布置提出要求等在很多高科技企业内也广泛存在。这种表象的企业文化基本不能反映企业的价值观和经营理念，当然也就基本不能实现企业文化对企业竞争力的支持，而投入标语、活动、衣着等的资金却进一步造成了浪费。

（二）过于重视科技而忽视人文

科学技术对于高科技企业的作用是毋庸置疑的，失去了科学技术的支撑，高科技企业将很难与别的企业竞争，这必然造成高科技企业在各个方面，也包括在企业文化建设中过于重视科学技术。重视科技本无可厚非，但也有一部分高科技企业在其企业文化建设过程中过于重视科技，甚至是把科技作为企业唯一关注的文化要素，而忽略了别的要素，这显然是不能被接受的。在被高科技企业忽视的文化要素中，人文因素既与科技相对，也是会给企业带来重要影响的不可被忽视的一个因素。有人文因素做支撑，高科技企业才可以最大限度地促使企业中各类研发、运作和销售人员的个人目标与组织目标保持高度一致，提升员工对组织的信任度和奉献度，从而极大地提升高科技企业的员工工作的积极性、主动性和创造性。进一步的，高科技企业文化建设中对人文的关注还可以在很大程度上增强员工之间互信、互惠和依赖度，从而更好地发挥员工的协同作用，通过协同过程中的知识传递和转化形成更多创新性的成果。由此可以看出，湖北高科技企业应将科技和人文看作自身企业文化建设的一对翅膀，二者并重，最终长期提升其竞争力。

（三）高科技企业文化要进一步与社会契合

尽管湖北一部分高科技企业在发展过程中注重与社会其他行业的交互，并在其企业文化中形成了对社会其他行业进行示范和渗透的特征，但仍有一部分湖北高科技企业与社会文化存在一定的隔阂。

高科技企业文化不仅仅会对企业自身产生作用，也将通过高科技企业与社会系统之间的交换成为社会文化系统的一种"亚文化"，对全社会产生作用，并且必然要受到社会主导文化和核心价值观的限制。当前，湖北高科技企业在整个湖北省的社会经济与产业领域内占据重要地位，其企业文化也会具有更广和更深的示范效应。湖北高科技企业应将其文化中的创新价值理念充分传递整个湖北省的各行各业，进而对社会文化起到重构作用。湖北高科技企业文化是在湖北的社会文化语境下建立起来的，其核心价值必须与我国的社会主体价值观相契合；同时，湖北高科技企业又应该将其企业文化中所蕴含的创新等价值观和经营理念反作用于湖北省的社会文化系统，推动湖北社会文化大系统的创新与提升。

四 湖北高科技企业文化建设对策

根据前文对湖北高科技企业文化特点和问题的分析可以得出，当前湖北高科技企业文化应从以下几个方面加强建设。

1. 湖北高科技企业要重视企业文化的培育，需要结合自身的条件，创造出具有自己特色的企业文化

高科技企业一方面需要从本企业所处行业的外部特征出发，另一方面应从本企业长期积累沉淀的内部特征出发，深入挖掘和分析，建立一套由表及里的最适合本企业的企业文化。通过深入分析，一方面可以大大降低和避免当前高科技企业文化建设中的口号化、娱乐化、表象化现象，另一方面也将避免不同高科技企业文化的同质性，形成适合本企业并且难于被他人模仿的企业文化，这将对高科技企业核心竞争力的形成起到积极的作用。

2. 进一步突出高科技企业文化的开放性、创新性、前瞻性和示范性

从高科技企业文化的特征，可以发现具有开放性、创新性、前瞻性和示范性的企业文化能引导企业不断向前发展。当前，湖北一部分高科技企业已经形成了一整套包含上述特征的从行为、到制度、到精神价值观的企业文化，而无一例外，这些企业也都成为领先企业。目前，普遍的现象是，大部分高科技企业现有的企业文化或者只具备其中某一个或几个特征，或者没有将上述特征融入企业文化的各个层次。因此，这些企业应该借鉴领先企业建设企业文化的经验，尽快形成具备开放性、创新性、前瞻性和示范性的全层次企业文化。

3. 注重提升高科技企业文化的人文特征

高科技企业对技术具有依赖性，因此在企业文化建设中容易有轻视人文的倾向，湖北高科技企业文化也存在这样的问题。21 世纪企业的竞争是科技与人才的竞争，而人才是企业发展的核心因素，高科技企业也不例外。因此应坚持把尊重人、理解人、关心人、培养人、合理用人、全方位提高企业员工的整体素质作为企业文化建设的主要内容；真正以人为本，由管理人走向善待人，培养、开发人的能力，最大限度地满足员工的物质和精神文化需要，形成持续发展的竞争力。

五　总结

总之，企业文化是湖北高科技企业的凝聚力、发展的催化剂、永不枯竭的能源。湖北高科技企业要重视企业文化的培育，需要结合自身的条件，创造出具有自己特色的企业文化，使得富有开放性、创新性、前瞻性、示范性的企业文化在湖北高科技企业发展的各个阶段都发挥重要的作用。

同时，湖北高科技企业在文化建设过程中，还应注重企业文化的内涵，而不浮于表面；注重企业文化与科技的融合，弱化技术功利主义的思想；注重与社会的进一步契合，而不是孤立地发展和发挥作用，促进湖北高科技企业进一步建立和完善自身优秀的企业文化，并在优秀企业文化的引导下创造企业的成功和推动地方经济的发展。

湖北制造企业文化建设发展状况报告

李亚林 *

制造业是一个国家经济发展的基础，也是增强国家竞争力的基础。世界各国都非常重视制造业的发展。它是各个国家和地区经济实力的支柱，是实现经济腾飞的最佳切入点和突破口，抓住了制造业，就抓住了经济社会发展的关键。根据第二次经济普查的数据来看，制造业占我国工业企业数量的九成以上、主营业务收入的八成以上、利润的七成以上。在湖北省的产业活动单位中，从事制造业的单位 5.67 万个，占 15.20%；在法人单位从业人员中，制造业为 286.45 万人，占 29.7%。另据湖北省统计局 2012 年 1~11 月统计数据来看，在工业增加值中制造业贡献了 7876.02 亿元，并保持了接近 15% 的增长速度，显示出制造业企业在国民经济发展中的强大动力。

研究表明，作为企业软实力的重要体现——企业文化越来越成为现代企业核心竞争力的重要内容，是企业成长的关键，企业文化在未来十年内很可能成为决定企业兴衰的关键因素。因此，了解湖北省制造业企业文化的现状，提出湖北省制造业企业文化发展的对策建议具有重要的战略意义。

一 湖北省制造业发展现状

根据湖北省统计局的调查报告，湖北省制造业发展具有如下成就。

（一）基础比较雄厚，是全国的制造业大省

根据经济普查资料，2004 年湖北省制造业增加值为 2204.83 亿元，分别

---

* 李亚林，湖北企业文化研究中心，副教授。

占全省工业、GDP 的 85.0% 和 34.9%；上缴营业税金 89.07 亿元，占全省工业的 90.0%；从业人员 203.34 万人，占 86.4%。总量规模居全国第 12 位，其中交通运输设备制造业居第 5 位，钢铁、纺织、医药制造、金属制品业、通用设备制造业均居第 8 位。一些"湖北制造"的产品产量居全国前列，有 20 多种制造业产品产量居全国前 10 位，其中纱、布、卷烟、钢、硫酸、化肥、汽车等进入前 6 位。

（二）发展较快，拉动作用日益增强，成为经济增长的"发动机"

规模以上制造业实现销售收入由 2000 年的 2586.56 亿元增加到 2004 年的 4075.58 亿元，增长 57.6%，完成增加值由 2000 年的 870.52 亿元增加到 2004 年的 1230.03 亿元，年均增长 15.3%，增幅快于同期全省 GDP 增幅 5.6 个百分点。

（三）产业结构与市场拟合度越来越高，八大产业构成制造业框架

首先，门类齐全，形成了以汽车、钢铁、化学原料制造、烟草、纺织、建材、农产品加工业和通用设备制造业为主体的产业集群。从行业看，湖北省制造业涵盖了整个制造业 30 个大类，形成了较为完备的制造业体系，上述 8 大行业实现增加值占制造业的 68.1%，其中汽车占 19.8%，钢铁占 17.1%，化学原料制造、烟草分别占 6.9% 和 6.2%，纺织、建材、农产品加工业、通用设备制造业分别占 5.0%、4.8%、4.2% 和 4.1%。其次，产权结构发生了积极变化，国有企业从一般竞争性行业中退出的力度加大，私人、外资、港澳台资本进入步伐加快，形成了以国有资本为主导，多种资本共同发展的多元化格局。2004 年湖北省制造业实收资本为 1323.14 亿元，其中个人、外商、港澳台资本合计为 445.03 亿元，占 33.6%，比 2000 年上升 7.6 个百分点；国家资本为 411.77 亿元，占 31.1%，下降 14.1 个百分点；集体资本为 38.35 亿元，下降 2.4 个百分点。再次，行业集中度上升，规模效应显现，大型企业成为制造业发展的领头雁，改变了过去"山多峰小"的状况。2004 年湖北省制造业平均每个企业增加值 2190 万元，比 2000 年扩大了 44.1%。2000～2004 年，钢铁、汽车、烟草、造纸、通用设备制造、专用设备制造等主导产业的集中度

呈逐步上升态势。武钢、东风公司、武汉石化、荆门石化、冶钢、鄂钢、三江航天、大冶有色等一批知名企业，2004 年销售收入超过 30 亿元，是湖北省制造业的脊梁，其中武钢集团销售收入达 390 亿元。最后，与消费结构升级形成联动和持续效应，出现了一些高成长行业。2000～2004 年，钢铁、汽车、通用设备制造、有色冶金、废弃资源加工等行业实现销售收入成倍增长，食品制造、化学原料制造、通用设备制造、印刷业、工艺品制造等行业增幅均在50% 以上。

制造业的发展为湖北省的企业发展奠定了良好的基础，带动了湖北省制造业企业的发展。湖北省企业联合会、湖北省统计局和湖北日报传媒集团共同发布《2012 湖北 100 强企业发展报告》，其中制造业企业共有 55 家上榜，东风公司一家企业净利润就达到 244.33 亿元，占 36%，居于 100 强之首，制造业企业仍然在湖北省经济中占据主体地位。

二 湖北省制造业企业文化发展的状况

课题组借助文献研究、内容分析与小样本访谈等分析手段，对湖北省制造业企业文化发展状况进行了研究。研究表明，湖北省制造业企业文化发展呈现如下状况。

（一）认识到企业文化的作用，积极加强企业文化建设

在接受调查的制造业企业中，多数企业都已经认识到企业文化对企业经营发展的作用，并成立专门的部门统一规划、协调企业文化建设工作，建立企业文化建设手册等文件指导企业的文化建设工作。如东风公司在 2006 年就发布了《东风汽车公司企业文化建设纲要》，指导企业的文化建设。

（二）企业文化建设由表象建设向内涵建设推进

随着企业对企业文化的认识不断深入，企业对企业文化的建设也由最初的表象设计，如完善系统的"CIS"设计、组织一些活动等方式，转向更深层次的建设，如将企业文化与对员工的关爱、对社会的责任等问题紧密结合在一

起。如武钢集团在企业文化建设过程中，提出了创建劳动关系和谐企业和"幸福武钢"的口号，并创造性地提出了"四个每一天"的工作理念，扎实深入推进企业文化建设。

（三）企业文化共性有余，个性不足，缺乏创新

研究发现，很多企业都提出了较完整的体系化建设方略，并且涵盖了企业生产经营的各个方面，但很多文化建设内容存在雷同之处，未与企业自身个性特点有机结合，部分企业开展的企业文化活动针对性不足，创新性不够。这主要在于这些企业的文化大多经历了多年的积累和演变，稳定性强，但可塑性不高。

（四）企业文化的整合力度不够

伴随着国际化和市场一体化建设进程的进一步加快，企业与企业之间的接触日益频繁，特别是湖北省制造业企业很多是大型国有企业，对外接触的机会更多。但从企业文化建设的角度来看，部分企业吸收其他企业优秀文化的力度不够，缺乏对不同企业文化的整合。

三　湖北省制造业企业文化的特点

（一）具有一定的关系导向特征

在部分企业组织中，关系往往界定了一个人所属的圈子，在"圈内"和"圈外"会有明显的区别。在"圈内"，沟通更个人化，更开诚布公，当工作目标与人际关系发生冲突时，人们会选择保持稳定的关系，不惜牺牲工作效率。而对"圈外"人，则是公事公办，一切按照工作要求行事。"关系"涉及的面很广，从人员的选拔到机会的优先，从办事的便捷到内部的平衡，关系这只"看不见的手"无处不在。这种关系文化在企业发展中起到了一定的润滑剂作用，能够减少人际摩擦，从而保持整体氛围的和谐与稳定，但也容易滋生一些不良作风，影响员工的积极性。虽然一些企业在市场经济发展中不断改革企业管理手段，但关系导向的企业文化仍在一些企业中存在。

（二）具有鲜明的中国文化的特色

在这些企业文化中不难发现中国的文化元素，如"以德为本、以诚为本"等儒家等传统思想的烙印，"以人为本"等鲜明的社会主义特色。

（三）具有一定的"家文化"导向

在一些大型制造业国企中存在着"大家庭"的文化传统，员工是企业的一分子，有较强的归属感。家庭有其内在结构，家庭成员角色分明，分工相对明确，同时一个家庭中一定有一个领导者来统领家庭生活，这种结构在企业中也得到应用。虽然通过不断地引入西方优秀的管理工具和理念，国企的制度和流程已颇具现代企业的形态，但是大部分国企的运行机制背后仍会有一种无形的文化因素在发挥作用。其中一个显著表现就是领袖的力量，企业领袖的个人特征及意志往往贯穿企业文化建设全过程。

（四）具有一定的业绩导向

在我国从计划经济向市场经济体制转型的过程中，企业组织文化中加入了大量以效益为中心的组织文化要素，如影响外部适应性要素中的市场导向、以质量为中心、精益求精；影响内部凝聚力要素中的责任明确、组织精减、物质利益导向等，这是企业组织文化巨大的进步。很多国有企业勇于创新、快速变化、适应环境、有长远战略和目标，这些优秀的经营理念带动了国有企业在激烈的市场竞争中不断取胜，不断提升自身的绩效水平。

四 湖北省制造业企业文化建设的制约因素

（一）经济发展方面

虽然湖北省制造业企业发展取得了巨大的成就，但从整体情况来看，这些企业还处于工业化的初级阶段。企业文化作为一种较高级的文化管理模式，它需要企业发展到一定规模和一定阶段，才能将原有的价值、理念整合成独具特色的管理模式和经营方式。企业文化现象之所以在经济发达的欧美和日本迅速发展，与发达国家的经济已经完成了工业化，进入后工业化的阶段有关，总体来说，湖北省制造业企业的发展水平制约了湖北省制造业企业文化的建设。

（二）社会发展方面

企业文化建设并非是企业自身的问题，如何从总体上把握企业文化的发展方向，促进企业文化的发展，这就涉及社会引导、社会支持、社会评价和社会激励等社会因素，企业文化的发展离不开社会不同组织力量的参与。如何整合、协调社会不同组织的力量，共同促进企业文化的发展是企业文化发展中不得不面临的重要问题。如在目前阶段，人们的价值观受到"利益最大化"的冲击。制造业企业常常唯利是图，片面最求企业利润，忽视企业的自身建设等。

（三）认识方面

企业文化建设中很多企业对企业文化的实质和企业文化发挥作用的内在机制理解还不够深入。对企业文化的内涵、实质及适用条件等缺乏认真细致的研究，致使人们对企业文化与社会文化的关系、企业文化与企业管理的关系、企业文化的表层形式与企业文化的实质的关系等问题的基本理解出现了偏差。

（四）忽视对员工的激励

长久以来，制造业企业管理者的工资远远高于企业基本员工，而企业基本员工的价值得不到认同，"工资"基本是员工工作的唯一目的。企业员工缺乏主人翁意识，没有成就感，没有荣誉感，工作缺乏激情，企业缺乏活力。

五 湖北省制造业企业文化建设的对策与建议

（一）从实际出发，建设具有中国文化特色的企业文化

我国正处在社会主义初级阶段，社会主义市场经济体制仍不健全，工业发

展水平还处于中期阶段，并且中国体制与西方资本主义存在着本质的差别。因此，中国制造业企业在借鉴西方先进制造业经验的同时，必须依据自己的实际情况，进行必要的选择与改变。湖北制造业企业文化应该从中华民族、荆楚文化中产生、发展、壮大，从中国传统文化中吸取优秀的文化精髓，把继承优良传统与弘扬时代精神结合起来。在企业文化建设中，一定要坚持民族特色这条原则。只有这样，才能使企业在激烈的国际竞争中立于不败之地。同时，企业文化建设要正确解读和引入传统文化，以诚信和仁义的理念引导员工行为，以平常心参与竞争，鼓励互补和利他的积极行为，坚持集体主义的价值取向，形成人文合力。对于创新性行为和额外努力，要以宽容的心态予以包容，逐步淡化"关系为先"的文化导向，引导建设"群而不党"的健康人际氛围。

（二）进一步强化人本管理，建立"以人为本"的企业文化

以人为本就是以人为根本的思想观念、价值取向和评价尺度，以人为本是科学社会主义关于建设社会主义新社会的本质要求。坚持以人为本，企业就要从人的本性出发进行管理，关心人、尊重人、理解人、依靠人、发展人、鼓励人、服务人，想到人的各方面需要，建立合理的分配制度和激励制度，以调动人的积极性，激发人的主动性和创造性，从而实现良好的经济效益。通过对人的有效激励，最大限度地挖掘人的潜能，能够更好地实现个人目标和组织目标的契合。坚持以人为本，企业就要在以人为本的理念指导下，立足于企业所处的社会文化背景，随着企业环境的不断变化而不断探索新的企业行为方式，实现组织目标与个人目标的融合。

（三）建设具有本企业特色的价值体系

湖北制造业企业在文化建设上要突出自己的特色：其一，构建企业文化不可以简单地模仿或等式化地学习，而是要从企业内部寻找和提炼核心的价值理念；企业文化只有彰显出差异化和特色，才能构建属于自己的竞争优势，才能铸造属于自己的灵魂，才能把握住企业文化建设的精髓。其二，建设具有本企业特色的企业文化，要增强企业的自我认知，即企业应对其使命、优势、定位、愿景、环境等文化要素有清晰的认识。因为，企业文化要回答"我们要

成为一个什么样的企业"和"怎样成为这样一个企业"等问题，以及回答"我们为什么要存在"和"我们靠什么存在"等问题。所以，如果企业缺乏清晰的自我认知，就不可能形成符合自身实际的核心价值观和管理理念，也不可能形成特有的企业精神。国有企业在建设企业文化的过程中，不仅要继承本民族文化精神的精华，更要立足本企业实际，结合自身战略定位，不断创新、迎接挑战。

（四）强化企业文化与企业管理相互融合

加强企业文化建设并不意味着要抛开制度管理。没有较完善的规章制度，企业就无法进行有效的生产和经营活动。但是，不论规章制度多么完善，也不可能包罗企业的一切活动，不能从根本上规范每一个职工的行为意识。而企业文化则是一种无形的文化约束力量，可以形成一种规范和理念来弥补规章制度的不足。企业文化对管理的现实指导意义就在于其可以挖掘文化管理的本质，丰富文化管理的内涵，提高文化管理的导向作用。企业文化可以增强企业的内聚力，加强职工的自我控制；能激励职工工作激情，提高生产效率，形成创业动力；有助于提高企业对环境的适应能力；有利于改善人际关系，产生极大的协同力；有利于树立企业形象，提高企业声誉，扩大企业影响。

（五）把握企业建设的重点并有所侧重

企业文化建设内容广泛，丰富多彩。企业民主、企业道德、企业教育、企业行为、企业制度、企业形象、企业精神等都是企业文化的重要组成部分，这些内容对于企业文化建设实践而言都非常重要，但在具体建设过程中必须突出重点。在这些内容中，应加强对企业精神的提炼与弘扬。因为，企业精神是企业价值观的集中体现，是企业的精神支柱和精神推动力，是一种自觉意识和信念，是企业文化的灵魂。因此企业精神就是我们每个企业在建设优秀企业文化实践中应突出的重点。只有突出了企业精神这个重点，才能集中精力建设好企业文化。但培育和塑造企业精神不可能一蹴而就，而应对企业在发展过程中所形成的不同价值观进行分析整合，提炼出最适应本企业发展、最有价值的企业精神。企业精神确立后，企业需要从上到下、从管理者到员工身体力行、时时处处体现企业精神的要求，真正把企业精神落实到每位员工的日常工作中去，增强员工的团队协作意识，增强企业的凝聚力，使企业精神发扬光大，从而成为企业持续发展的不竭动力。

（六）与时俱进，不断创新企业文化建设思路与内容

随着信息革命、知识经济时代进程的加快，制造业企业面临着前所未有的竞争环境的变化，传统的组织模式已越来越不能适应这种环境。为此，企业成员应不断加强学习，打造学习型企业团队，注重学习力的提高，适应当今世界变化，加快知识更新加速，不流动的有限知识已远远不能满足企业竞争与发展的需要这一特点。只有企业和员工具备学习力，能够不断地获取、运用和传播新知识，才能使企业适应不断变化的环境。企业文化作为一种理念、一种精神，必须与时俱进，不断适应和反映时代和环境的发展变化，企业才能富有活力，才能焕发无限生机。

参考文献

1. 巩向臣：《论国有企业文化现状及改善对策》，《山东社会科学》2012 年第 3 期。
2. 周应堂、刘霞、杨红锋：《浅析企业文化对制造业生产效率的影响》，《科技管理研究》2010 年第 19 期。
3. 田云山：《略论企业文化建设》，《理论前沿》2006 年第 21 期。
4. 张艳卿：《我国企业文化建设的现状及对策》，《理论探索》2004 年第 1 期。
5. 国家统计局：《大力发展比较优势产业提升湖北制造业综合竞争力》，http：// www. stats. gov. cn/was40/gjtjj_ detail. jsp？ channelid ＝57792&record ＝2822。

案 例 篇

Case Reports

武钢集团的职工文化建设

赵爱学　叶少雄*

　　武钢是新中国成立后兴建的第一家特大型钢铁联合企业，是国内重要的板材生产基地。武钢联合重组鄂钢、柳钢、昆钢后，已成为生产规模近4000万吨的特大型企业集团。2011年，武钢再次跻身世界500强行列，位列第340位，较2010年提升80位。职工文化是企业文化的一个重要组成部分，是企业文化落地生根的重要实现形式。职工文化建设要突破以往活动方式单一、形式单调的缺陷，必须创新性地将职工文化建设与职工素质提升紧密结合起来，全面提升职工的思想素质、科学技术水平和人文素养。作为中央和国务院国资委直管的国有重要骨干企业，武钢始终把社会主义核心价值体系作为职工文化建设的重要内容来抓，使社会主义核心价值深深扎根于职工之中。

---

　　* 赵爱学、叶少雄，武汉钢铁（集团）公司工会。

一 宣传社会主义核心价值，提高职工素质

社会主义核心价值体系既总结吸收了中国历史文化的优秀传统，又顺应时代发展赋予的新内涵，是"文化精髓""兴国之魂"。武钢在企业文化建设中首先突出社会主义核心价值体系的宣传教育，坚持唱响"工人伟大，劳动光荣"的主旋律，连续几年深入开展以"落后遭淘汰，创业促发展"为主题的形势任务教育活动，引导职工筑牢正确的价值取向，最大限度地凝聚广大职工的智慧和力量，促进了职工队伍素质的全面提升。

一是把推进社会主义核心价值体系建设和引导职工践行企业核心价值理念、提升武钢文化竞争力结合起来。武钢在长期的生产经营和改革发展实践中，沉淀了底蕴深厚的企业文化，形成了"以人为本、体系完备、特色鲜明、融入实践"的企业文化，凝练形成了"质量效益、诚信共赢、创新超越"的核心价值理念，成为武钢企业文化的灵魂和精髓，为此，武钢工会引导职工践行"质量效益"，坚持走质量效益型发展道路，实施"精品名牌"战略，精心培育品牌文化，有力提升了企业核心竞争力。目前，武钢产品已广泛应用于奥运"鸟巢"、央视大厦、"神州"飞船系列、杭州湾跨海大桥、三峡大坝等国家大型重点工程。武钢生产的桥、管、线、箱、容、电、车等"双高"产品和优质名牌产品在国内外市场享有广泛声誉。武钢引导职工践行"诚信共赢"，努力追求企业与股东、用户、员工和社会"共赢"，塑造了知名企业形象，被评为"十佳中国诚信企业"、全国用户满意企业、全国名优产品售后服务先进单位。引导职工践行"创新超越"，提升企业自主创新能力。在武钢工人科技园引领下，武钢近100个以工人技师名字命名的"蓝领工作室"、工人技师活动室，实现"周有创新课题、月有创新成果、季有成果转化、年有发明金奖"，完成攻关项目2000余项，产生创新成果1350项，在全国、省市等获奖109项，直接产生经济效益逾亿元。

二是把推进社会主义核心价值体系建设和大力弘扬劳模精神结合起来，发挥典型示范引领作用，进一步唱响"工人伟大，劳动光荣"的主旋律。劳模是广大职工群众的杰出代表，是企业的脊梁和职工的楷模。大力弘扬劳模精

神，大力宣传劳模事迹，是武钢在 50 多年建设发展进程中长期坚持的光荣传统。这些年武钢培养和选树了一大批先进模范人物，使"尊重劳动、尊重知识、尊重人才、尊重创造"理念深入人心，宣传推广了具有武钢人精神风貌的各级劳模先进人物 1000 多人，学习劳模、关爱劳模、争当劳模的良好氛围在职工中已经形成。每年初就开始的劳模宣传活动，就与主题教育活动融为一体，大力弘扬劳模立足本职、爱岗敬业、勇于奉献、争创一流的优秀品质，大力弘扬争创一流、开拓进取、团结协作的时代精神。公司为劳模披红戴花、树碑立传，请他们登头版、上电视、坐主席台、游欧美，给他们做宣传月、发金牌、演节目、办保险、奖汽车，使劳模们真真切切感到：劳模光荣、责任重大，广大职工也实实在在体会到：劳模最崇高，劳动最光荣。

三是把推进社会主义核心价值体系建设和坚持开展形势任务责任教育结合起来，引导广大职工筑牢社会主义价值取向，调动了广大职工全面推进第三次创业的积极性。近几年，面对严峻的市场形势，公司工会在党委统一部署下，以"落后遭淘汰，创业促发展"为主题，以爱党、爱国、爱厂、爱岗为主线，深入开展形势任务教育活动建设，为改革和发展凝聚人心、凝聚力量、凝聚智慧。"讲形势、讲任务、讲责任、讲措施、讲贡献"，层层传递了市场压力，激发了职工工作热情。武钢工会开展"感恩武钢、忠诚武钢、奉献武钢"征文和巡回演讲活动，如缕缕春风吹拂着钢城，使"落后遭淘汰，创业促发展"主题教育活动更加生动和具体。1000 余名职工以自己的亲身经历和不懈奋斗以及深刻的感悟，讲述身边平凡事，感染身边人，传播武钢核心价值理念，争做感恩忠诚奉献的优秀职工；来自一线的职工充满激情的演讲和立足岗位的实践精神，折射出武钢人严格、认真、忠诚、奉献的优良品格；演讲活动还借鉴奥斯卡颁奖的手法，请全国劳模为演讲者宣读了推介词。

2011 年，为进一步引导广大职工热爱党、热爱祖国、热爱武钢，弘扬武钢先模人物精神，创先争优，以更加积极的主人翁姿态全面推进武钢第三次创业。武钢工会以爱党爱国爱厂爱岗为主线，通过美文诵读等形式，开展"创业颂"主题讲诵活动，在分片赛、决赛的基础上，组织了"创业颂"武钢职工讲诵会，通过诗词朗诵、故事讲述，深情讴歌伟大光荣正确的党，讴歌武钢改革发展的崭新成就和光明前景，讴歌创业实践中的英雄武钢人。武钢工会还依托刊物《武钢工会》《班组学习》和武钢工会网站等载体，在企业与职工之间架设了新的沟通桥梁，引导职工认清形势、明确责任，极大地激发了职工爱岗敬业做贡献的自觉性和坚定性。

四是把推进社会主义核心价值体系建设和深入开展"创争"活动有机融合起来。公司工会以读书小组、拜师学艺、技能比武活动等为抓手，推动职工形成全员学习的热潮，提升职工社会公德、职业道德、家庭美德、个人品德。坚持倡导"把岗位上的事当作家里事来做"的班组文化理念，学习大庆油田先进班组的特色做法，通过评选优秀班组文化理念、愿景等活动，着力推进"工人先锋号"和"五型班组"创建工作，引导职工爱岗敬业，扎实工作，勇于创新，成为武钢科学发展的贡献者；明礼诚信，爱国守纪，恪尽职守，成为建设武钢、建设国家的实践者；团结互爱，文明进步，科学求实，成为传播和引领社会主义风尚的使者。通过广泛深入开展职工自学成才活动和"创建学习型企业，争做知识型职工"活动，一大批学习型班组和知识型职工涌现出来，职工知识化进程不断加快。面对企业面临的严峻市场形势，武钢工人技师协会发出倡议，号召工人技师"创一流的岗位业绩、提一条合理化建议、攻一项技术难关、传一项技能绝招、发明一项专利"。每年对合理化建议"金点子"提议人和创造先进操作法的一线工人进行奖励。广大操作技能工人干在岗位、学在岗位、练在岗位、奉献在岗位、成才在岗位，在武钢第十三届职工技术运动会上，就有7万余名职工参加各级技术培训和比武。在武钢承办的第五届全国钢铁行业技能大赛上，武钢获得团体奖第一名，武钢集团鄂钢公司获得团体奖第二名，武钢参赛选手罗志、杨杰分别夺得转炉炼钢工和维修电工第一名。

二　发挥职工文化的熏陶作用，不断满足职工精神文化追求

在长期实践的基础上，武钢工会近几年来创造性地提出了"四个每一天"的工作理念，即组织职工干好每一天，突出维权关爱每一天，和谐健康快乐每一天，工会工作创新每一天。

职工文化活动是加强社会主义核心价值体系建设和形势任务教育行之有效

的渠道和载体。健康向上的文化体现职工价值取向和衡量职工生活质量。"让职工和谐健康快乐每一天"的理念作为武钢工会"四个每一天"工作格局的重要内容，已经成为武钢职工文化的重要内涵。只有不断满足职工精神文化需求，让职工文化生活丰富多彩，让职工身心愉悦健康，才能凝聚职工人心、智慧和力量，为建设和谐企业增添不竭的精神动力。

一是四大传统文化活动打造出武钢"快乐文化"品牌。武钢30多年坚持开展万名职工迎新长跑、"武钢之春"、"五一之歌"、"武钢之夏"四大传统系列文化活动，把广大职工的精神文化需求凝聚到各项文明、健康的文化活动之中，形成了具有武钢特色的"快乐文化"品牌。武钢工会所属工人文化宫、钢都文化活动中心、钢都阅览中心、工人剧院等文化活动阵地接待职工及家属年均达百万人次，举办较大规模的各类文艺演出百余场，一批深受职工群众欢迎的文化活动已形成了品牌效应。

二是职工文学艺术创作成果丰硕。武钢以《武钢文艺》为载体，反映武钢改革和发展中职工的现实生活，促进和繁荣了武钢文学创作。武钢文学爱好者每年在省、市以上报刊发表的小说、诗歌、散文、随笔等作品就达数百篇。武钢文学创作的繁荣，成为全国企业文学界的一面旗帜，被舆论界称为"武钢文学现象"。《武钢文艺》被评为全国冶金系统优秀期刊，并被誉为"工人作家的摇篮"。

三是武钢文工团扩大了武钢职工文化的美誉度。武钢文工团作为企业专业文艺团体，这些年坚持把文艺精品节目送到工厂、矿山一线。还积极开拓文化演出市场，积极探索文化产品的产业化，为中央、省、市电视台大型晚会提供舞台设计及灯光、音响器材服务；还出访美国、加拿大、澳大利亚等国进行文化交流演出。

四是群众性的体育健身活动蓬勃开展。武钢通过体育设施进社区、各类体育比赛活动等方式，营造了浓郁的体育健身氛围。每年一届的迎春长跑、职工乒乓球和羽毛球赛、棋类和游泳比赛和两年一届的职工足球、篮球"双杯"比赛，都吸引了大量职工参加。特别是每4年一届的武钢职工运动会，其规模、参与面一届超过一届。武钢还组团参加省、市运动会和全国冶金职工运动会等一系列高水平的大型综合性运动会和单项体育竞赛，产生了较大反响。

五是职工文化不断创新。公司工会长年组织文艺宣传小分队，编创文艺节目，每年下基层车间、班组慰问演出（授艺）80多场，寓教于乐地宣传主流价值观念，宣传生产形势，宣传企业目标任务，让职工在工余享受快乐、接受教育。武钢有很多工艺生产线，这些工艺流程上的职工互不认识，遇到难题难以协同解决。针对这一现状武钢组织开展了"上下工序心连心"等活动，组织处在同一生产线上的不同厂矿职工，通过趣味运动会、游艺等文化娱乐活动牵线搭桥，使他们相互认识和增进友情，感受团结友爱、互帮互学的氛围。为加大人文关怀力度，更好地关心一线职工的精神文化生活，武钢工会开展了"万名职工欢乐行"系列活动，包括组织降本创效"双百明星"港澳游、基层先模代表赴京观光并到国家大剧院看大戏，组织职工到汉阳琴台音乐厅听交响音乐会，请省市文艺团体到武钢为职工演出方言喜剧《一枪拍案惊奇》、歌剧《洪湖赤卫队》、话剧《裂变·1911》，以及"看大片、中大奖"活动，参与职工超过万人。

三 社会主义核心价值体系融入企业职工文化建设的几点思考

武钢突出社会主义核心价值体系的宣传教育，突出不断满足职工精神文化追求的实践，反映了其建设企业职工文化的时代特色，就国有企业进一步做好新形势下的职工文化建设有以下几点建议：

一是推进职工文化建设必须着眼于全面提升职工队伍的精神文化素质。党的十七届六中全会突出强调了社会主义核心价值体系的重要性，我国社会主义核心价值体系是五千年文明中形成的优秀文化传统与时代发展的先进文化的结晶，是维系社会和谐与进步的基石。职工文化作为一种群体文化，具有潜移默化地影响人、教育人、塑造人和改造人的作用，丰富多彩的文化活动能够有效陶冶职工情操、营造先进文化氛围、激发职工的劳动热情和创造活力，提升职工的精神文化素质。面对企业经济成分、劳动用工制度、利益关系等问题，特别是在职工的价值观念发生深刻变化的背景下，工会组织深刻认识到，不论企业改革如何深化、发展如何加快，不论社会思想观念和人们的价值取向发生怎样的变化，社会主义核心价值体系不能动摇，武钢工会坚定走中国特色社会主义工会发展道路的决心不会改变，坚持推进社会主义核心价值体系建设的工作不会停步。实践证明，将提升职工队伍的精神文化素质作为职工文化建设的立足点，能最大限度地调动广大职工的积极性和创造性，把他们的智慧凝聚到为企业生产经营和改革发展建功立业上来。

二是推进职工文化建设必须立足于提高职工队伍的职业技能素质。加强职工文化建设，提高职工队伍职业技能素质，关系到增强企业竞争力，是促进企业又好又快发展的重要保障。可以通过职工培训、职工技术运动会、职工自主管理、职工自学成才和"创建学习型企业、争做知识型职工"等活动，推动职工队伍知识化、技能化进程。

三是推进职工文化建设必须着眼于重组企业职工文化融合，提升企业文化影响力。近两年来，武钢在推进企业文化融合中迈出积极步伐，促进了鄂钢、柳钢、昆钢等重组企业与集团公司的协同发展。武钢工会将职工文化融合融入重组企业发展战略同步实施，积极有序稳步加以推进，促进了武钢与重组企业的职工文化交融。如成功组织"四钢"职工文艺调演、"四钢"职工摄影展，以及"四钢"之间经常性的文化交流活动等，促进了重组企业职工的相互了解。同时，通过与重组企业积极沟通协调，武钢已形成了职代会、工作会等重要会议重组企业高层领导参加机制，"三个文明"表彰、劳模评比部分重组企业参与机制，先进管理经验共同分享机制，推动了重组企业高层对文化融合的重视，逐步推进了重组企业文化融合。

四是推进职工文化建设必须充分发挥工会的职能作用。职工文化组织和职工文化阵地是工会开展群众工作、密切联系职工的最好方式之一，也是工会履行维护职能和教育职能的具体体现，使社会主义核心价值观潜移默化地融入职工教育中去，引导和培育职工成为武钢第三次创业的坚强主力军。深化职工文化建设，必须把坚持党的领导与工会依法独立自主、创造性地开展工作结合起来，把服从服务大局与全面履行工会基本职责联系起来，把党的要求、行政的需要与职工的意愿统一起来，只有这样，才能更好地发挥职工在文化建设的作用。同时，新时期企业职工文化建设面临着许多新情况、新问题，工会组织只有主动适应企业改革发展新要求，以创新求适应，以创新求发展，不断研究新情况，不断探索和创造职工文化新的途径和方法，才能使职工文化永葆生机与活力。

稻花香里说丰年[*]

王　红

"稻花香里说丰年，听取蛙声一片。"南宋豪放派词人辛弃疾为我们描述了生动而美丽的江南丰年画卷：一望无际的稻田，稻香飘散，伴以潺潺流水，阵阵蛙声，曾引发人们无限遐想。而 800 年后，"稻花香"则成为白酒中的"中国驰名商标"，成为具有深厚文化的企业。

湖北稻花香集团创立于 20 世纪 80 年代初，由三个人、三口缸、三间土屋、1500 元贷款起家，现在已经发展成为一个以白酒产业为核心，以配套产业为支撑，向物流产业发展，向房地产业推进，向矿产资源领域扩张，以农业产业化循环经济为发展方向的大型工业企业集团。集团现有成员企业 53 家、员工 15900 名，企业规模和综合实力位居全国白酒行业八强，是中国大型工业企业、中国民营企业 500 强、农业产业化国家重点龙头企业、全国首批农产品加工业示范企业、湖北省农产品加工业"四个一批"工程首家过百亿元企业、湖北省循环经济试点企业、湖北省白酒制造业龙头企业。稻花香连续十年入榜"中国 500 最具价值品牌"。"稻花香""关公坊""清样"先后被国家工商总局认定为"中国驰名商标"。2012 年，稻花香集团完成产值 165.39 亿元，同比增长 29.53%，营业收入、利税分别同比增长 32.11% 和 47.3%，为"十二五"期末实现 500 亿元的目标奠定了坚实基础。

稻花香之所以取得如此巨大的成功，企业文化起到了不可估量的作用。从稻花香诞生的那一天起，企业就注重培育稻花香的文化，并自觉地将这种独具特色的文化注入企业的经营管理之中，使稻花香的文化以"静水潜

---

* 根据湖北稻花香集团文化顾问王平文章、《中国联合商报》、《中国产经新闻报》、湖北稻花香集团网站等媒体文章，由王红整理。

流"的形式渗透在每一个可能抵达的领域，最终成为稻花香企业的精神与灵魂。

一　稻花香名称的由来

1992 年，董事长蔡宏柱在合并几个小厂的基础上创建了宜昌县柏临酒厂并担任厂长，同时从四川请来名师研制出一代名酒。好酒要好名，名酒要名牌，两者一里一表，相得益彰，才能创出品牌。董事长蔡宏柱和他的老师姜秉彝仔细研究，反复斟酌，最终从辛弃疾的《西江月》"稻花香里说丰年，听取蛙声一片"和《鹊桥仙》"酿成千顷稻花香，夜夜费、一天风露"的佳句中，选出了"稻花香"三个字作为企业和产品的名称，并由姜秉彝先生书写。一个被封尘了八个世纪的美名在 20 世纪 90 年代问世。这个名称，没有时间限制，没有空间约束，没有生命的局限，只要有田野和人类的劳动，就有"稻花香"。"酿成千顷稻花香"，绿色、环保，回归自然，是酒意与诗意的融合。以"稻花香"为企业和品牌命名，不仅奠定了企业深厚的文化内涵和深远的想象空间，而且昭示着一个企业家的不断成功、一个企业的持续发展、一个品牌的永恒辉煌，预示着稻花香"香飘天下，丰收永远"的发展前景。

二　稻花香文化的内涵

稻花香文化是以蔡宏柱为代表的稻花香人在创业和发展的历史进程中所创造的以"永不言败，永不言退"的价值观为灵魂，以"敢冒风险，自我加压，创造机遇，超常发展"的精神为动力，以"三百"（打造百亿企业、创立百年品牌、带动百万农民致富）战略目标为愿景，以包含创业、发展、经营、营销、管理、人才和质量安全等一系列基本理念和行为规范为内核，以酒文化为特征，以各种物质要素为载体的精神体系。

（一）稻花香的核心价值观

稻花香的核心价值观是"永不言败，永不言退"，其实质是济世惠民。它是"稻花香"创始人蔡宏柱在创业发展的艰苦奋斗中结合自己的人生追求而提炼出来用于牵引稻花香人追求幸福价值、正义价值和崇高价值的核心观念。它反映在"稻花香人的誓言"里,体现在"稻花香人的精神追求"中,表现在"稻花香人必备的品质"里,贯穿在稻花香企业发展的全过程,渗透在稻花香人工作、学习和生活的方方面面,稻花香人拼搏奋斗的实践,为"永不言败,永不言退"的核心价值追求注入了特殊的内涵。

一是对企业价值的不断追求。企业的价值,就是不断追求利润最大化,同时坚持承担相应的社会责任。对于这种企业价值,董事长蔡宏柱有许多精辟的诠释:

"我们创业的目的是获取利润最大化,而我们的宗旨则是为人民服务。"

"一个企业必须肯为老百姓和消费者着想,为老百姓和消费者带来更多实惠,才能称得上是真正讲诚信、有价值、有前途的企业。稻花香的发展历程,每一步足迹,无不深深镌刻着这一理念,并始终将这一理念作为核心价值观,躬行践诺,坚定不移。"在稻花香里,稻花香人每走一步,都深深镌刻着这一理念,一切为了百姓的"丰年",一切为了消费者的"丰年"。

从1982年创办"青龙酱油厂"起家,稻花香人立足新时代,应用新思维,不断追求企业价值,不断创新发展。从白酒产业到农业循环经济模式的创立,从单一目标任务的提出到"三百"发展愿景的确立,企业规模和综合实力不断壮大增强,"稻花香"品牌价值连连飙升,到2012年已经实现销售收入164.94亿元、利税16亿元、品牌价值168.85亿元,其辉煌的成就无不深刻诠释着"永不言败,永不言退"的价值追求,真正体现了稻花香济世惠民思想的价值观实质。

二是勇于战胜困难、善于化解危机和不断超越自我。稻花香的发展,既有高峰,也有低谷;既有辉煌,也有挫折。稻花香人凭着"永不言败,永不言退"的精神,接受了一个又一个挑战,化解了一个又一个危机,战胜了一个又一个困难和挫折,在逆境中奋起,在挑战中超越。

21世纪之初,可以说是稻花香发展中最严峻的时刻。2001年9月,董事长蔡宏柱因劳累过度而中风,半身不遂;2002年4月,公司财务总监遭遇车祸;同年8月,成员企业湖北关公坊酒业公司董事长因车祸身亡。企业生产经营迅速下滑，职工人心浮动。银行、投资商、经销商纷纷撤资，在不足三个月的时间里抽走资金1.2亿元。2003年春夏，遭遇"非典"，企业雪上加霜。

面对人生的严峻考验，蔡宏柱没有退缩，而是以惊人的毅力战胜了病魔，以强烈的社会责任感重返商场，执掌大局，运筹帷幄，打造了为人津津乐道的"金网工程"，创立了稻花香独特的销售模式；面对恶劣的市场环境，稻花香人没有退缩，而是紧密团结在以董事长蔡宏柱为代表的领导团队周围，奋力拼搏，创造了稻花香历史上乃至全国白酒销售的奇迹——当年完成4亿多元的销售收入，同比增长近40%，使稻花香起死回生，开始走出连续两年的低迷状态，在逆境中奋起，迎来了发展征程的新辉煌。

2008年，金融风暴席卷全球，也严重威胁着中国的经济，沿海许多企业纷纷倒闭。企业家有的惊慌，有的迷茫，有的开始后撤。面对这种严重的危机，稻花香人没有惊慌失措，领头人蔡宏柱更是清醒地提出了"危中有机、化危为机"的见解，并且大胆投资。据统计，2008年稻花香仅启动新（扩）建、技改项目就有19个，投资近12亿元。仅2009年1～6月，就启动新（扩）建技改项目11个，投资近1.5亿元，为新的发展奠定了雄厚的基础。

三是坚守正确人生理念和选择，无怨无悔，永不放弃。它是企业核心创业者人格精神的直接体现，也是稻花香人普遍认同的价值追求。这种精神体现在稻花香人的誓言里：

> 我自愿加入稻花香集团，遵守集团纪律，服从集团安排，听从集团调动，完成集团任务，履行集团义务，执行集团决定，保守集团秘密。对集团忠诚，秉公办事，不徇私情，把决策变成执行，把纪律变成习惯，永不言败，永不言退，随时准备为集团利益牺牲个人利益。

这种精神更体现在稻花香人的实践中。稻花香员工说得最多的一句话就是"无怨无悔"。

销售公司荆州分公司经理王三明多次坚定表示："面对入不敷出的窘境，我也想过放弃，也想到退回宜昌不干了。每当此念头萌生时，我就给自己鼓劲，我坚信稻花香是值得信赖的公司，坚信明天会更好，坚信自己只要努力一定会有回报的一天。"

"在平凡中坚守"。这是湖北稻花香酒业股份有限公司谢蓉的座右铭。

"执着坚守，成就人生价值"。这是湖北稻花香酒业股份有限公司曾庆芳的誓言。

宜昌三峡物流园有限公司许玲说："我的信条就是甘于吃苦、敢于拼搏、勇于超越。"

湖北关公坊酒业股份有限公司物供部的吴鸿雁在她的演讲词里说："我是一个兵，我们每个人都是一个兵，我们这群兵能战胜一切困难。"

这些发自内心的感言，表达的是稻花香人的人生理念和态度，体现的是稻花香"永不言败，永不言退"的核心价值追求。

（二）稻花香精神

稻花香精神是"敢冒风险，自我加压，创造机遇，超常发展"。它是稻花香人在艰苦创业阶段结合改革开放的时代精神而提炼出来的企业精神，是稻花香人核心价值追求的集中体现，是稻花香超常发展最直接的动力。

敢冒风险。"敢冒风险"是对经营损失不确定性的挑战。它是一种胆识，也是一种精神。这种胆识和精神贯穿稻花香发展的全过程。创业之初的1984年，为了解决去饮料厂购买设备的9000元资金，蔡宏柱使出了合伙集资的招数。这个在现在看起来非常正常的事情，在当年，其风险不亚于安徽小岗村十八位农民按手印包产到户，如果不这样稻花香的历史有可能是另一种写法。20世纪80年代中期，乡镇企业又一次遭受种种非议和责难，许多乡镇企业纷纷关停并转。面对改革开放的复杂形势和风险，孕育中的"稻花香"没有止步不前，更没有畏难退缩，而是在创始人蔡宏柱的深思熟虑之后，大胆将合并后的双龙饮料厂与土门酒厂合为一体，创办起"宜昌县柏临酒厂"，为90年代"稻花香"的横空出世奠定了基础。综观稻花香的发展史，它的每一个重大措施的出台和战略创新，可以说都是敢冒风险的举措，每一项重大成就的取得和超越，都是敢冒风险的结果。

自我加压。所谓"自我加压"，用董事长蔡宏柱的口头禅就是"跳起来摘桃子"。"一年建一个厂，一年赚一个厂"是自我加压，"今年的产值就是明年的利税"也是自我加压。自我加压是自我责任的增加和自我发展动力的增强。董事长蔡宏柱经常所说的"我们要敢于做大做强，敢于对历史负责"就是最好的诠释。它体现的是一个企业家对员工、企业、家乡、社会和历史高度的责任感。稻花香自2004年以来，每年都以50%以上的增幅在发展。2007年提出"销售收入确保25亿元，力争达到30亿元"、2008年提出"确保35亿元，力争达到40亿元"、2009年提出"确保50亿元，力争达到55亿元"，"十二五"又提出了宏伟的"515"目标。其结果是，每年都超额完成任务、实现目标。可见，稻花香的"自我加压"都是准确认识和深入开发自身潜能的举措，是战胜和超越自我的结果。

创造机遇。稻花香的"创造机遇"有其内涵。董事长蔡宏柱曾说过：对待机遇，我们有三种态度，一是瞄准机遇，顺势而为，加快发展；二是抓住机遇，发挥想象，壮大声势，扩大影响，倍增效益；三是我们发展了，还要发挥示范、支持和带动作用，为家乡的发展，特别是广大农民的致富、农村的发展创造条件，创造机遇。这便是稻花香的"创造机遇"。

稻花香从三个人、三口缸、1500元贷款、三间土屋起家，到现在成为拥有53个成员企业、逾万名员工的中国大型工业企业、国家农业产业化重点龙头企业；从传统企业到独特的"稻花香模式"，每前进一步，都为家乡的发展创造一次机遇，推动其向前发展。这种"创造机遇"的内涵，不仅体现在创业和发展的历史进程中，也渗透在稻花香的发展愿景里。"带动百万农民致富"就是稻花香发展愿景中的"创造机遇"。

超常发展。"超常发展"就本身而言，它是手段和举措，是超越常规思维、突破传统习惯、打破陈旧方式的手段。如稻花香所确立的"两找一创走三高"的创业之道，所提出的"六大"发展思路，所坚持的"八兴之路"等，都是超常发展的手段和举措。就整体而言，它又是结果，是"敢冒风险、自我加压、创造机遇"的结果。

30年来，稻花香人正是在这十六字精神的鼓舞和推动下，实现了四大跨越，即从1500元的贷款到50多亿元的资产，从村办小作坊到中国大型工业企业的规模跨越；从"注册性商标"到"中国驰名商标"，从"跟往事干杯"的广告到"中国丰·稻花香"的品牌跨越；从"乡村红旗飘"到"金网工程"，从宜昌本土到全国市场的市场跨越；从"企业配套"到"产业集群"，从"一主五辅"到"农业循环经济模式"的战略跨越。

（三）稻花香的发展愿景

稻花香的发展愿景是"打造百亿企业，创建百年品牌，带动百万农民致富"，简称为"三百"战略目标或"三百"发展愿景。它是稻花香核心价值观的外化和目标化。所谓"百亿企业"，既指企业的销售收入，又指企业的资产，还指企业的综合实力。所谓"百年品牌"，不仅指在白酒行业中保持稻花香"中国驰名品牌"的地位和"十强"的排名，也指在不久的将来进入中国白酒"三强"的行列，将现在"茅五剑"改写为"茅五稻"；还指在将来走在中国大型工业企业的前列，创出世界性的知名品牌。所谓"带动百万农民致富"，其落脚点不仅是资金扶持和技术支持，也不仅是提供就业岗位和致富平台，而是独具特色的"产业带动"，即推行稻花香农业循环经济模式，在更大的范围、更广阔的领域带动"三农"整体推进，为建设社会主义新农村做出新贡献。

稻花香文化还包括"在发展中求生存，在效益中求发展"的发展理念、"创造市场需求"的营销理念、"把决策变成执行，把纪律变成习惯"的管理理念、"是老虎就给他一个山头，是蛟龙就给他一片海洋"的人才理念、"质量是企业的生命，是消费者的生命，是社会的生命"的质量安全理念和"富而思源，富要思进；思源添活力，思进添动力"的感恩理念等内容。它们共同构成了稻花香人的精神家园，成为推动稻花香持续发展的根本动力。

三　稻花香文化的传播与实施

湖北稻花香集团不仅十分重视企业文化的提炼和建设，而且注重企业文化的转化、传播和教育。

一是建立健全完善的企业管理制度保障体系。围绕核心价值追求和基本理念进行转化，制定了八大类七十五个管理制度、管理者的八个基本条件、稻花香人的十八种品质、二十四条行为规范和八大办事准则，为企业文化的制度化、行为化和人格化提供了系统的保障，极大地增强了企业的凝聚力和团队精神。

二是将稻花香文化理念融入企业经营全过程。围绕生产经营和市场拓展进行传播，将企业的价值追求和理念植入产品、包装、广告及相关的物质载体之中，创作了《稻花香赞》等厂歌；创办《三峡晚报》（金版）、《三峡商报》（诚信版）、《都市时尚》、稻花香网站，借助《经济日报》、《湖北日报》等各大媒体宣传稻花香的业绩和精神；推出了董事长蔡宏柱的《稻花香精神文化》，公开出版了他的《稻花香精神论》《农业循环经济的理论与实践》等专著，还推出了《稻花香之歌》《稻花香模式》《蔡氏商道与孙子兵法》等作品；2010 年组成专班正式编纂《稻花香发展史》。2011 年，集团又斥资近千万元打造了宜昌市企业界首家商学院，专司研究企业文化，为企业培养高级管理、营销人才。这些广泛而深度的传播，展示了稻花香良好的社会形象，拓展了稻花香的市场空间，提升了稻花香的品牌价值。

三是持续开展形式多样的主题教育活动。围绕"知我稻花香、爱我稻花香、兴我稻花香"坚持开展主题教育活动，2004～2006 年开展了"双思"教育，2007 年开展了"双恩"和"双增"教育活动，2008 年开展了"开展思想教育，红色行动"教育活动，2009 年开展了"科学发展观学习实践活动"和"整顿机关作风"活动，2010 年开展了"稻花香精神文化学习"和"讲优点、鼓干劲、促发展"巡回演讲活动。每一次思想教育活动都是稻花香文化的一次大提升、稻花香人思想的一次大解放、稻花香精神的一次大发扬，它强有力地推动了稻花香事业的大发展。2006 年实现了"1516"目标，即销售收入 15 亿元，利税 1.6 亿元；2007 年实现了"252"目标，即销售收入 25 亿元，利税 2 亿元；2008 年实现了"353"目标，即销售收入 35 亿元，利税 3 亿元；2009 年实现了"505"目标，即销售收入50 亿元，利税 5 亿元；2010 年实现了"707"目标，即销售收入 70 亿元，利税 7 亿元；2011 年实现了"10010"目标，即销售收入 100 亿元，利税10 亿元；2012 年实现了"15515"目标，即销售收入 155 亿元，利税 15 亿元。

几十年来，湖北稻花香集团在稻花香文化的支撑和推动下，实现了跨越式发展，成为一个拥有 50 家成员企业、50 多亿元资产、1 万多名员工的中国大型工业企业，位居"全国白酒行业十强"和"中国民营企业 500 家"行列，并获得各级政府的多种奖励，被湖北省委、省政府授予"最佳文明单位"称号，在第四届全国精神文明建设评选中被评为"精神文明精神先进单位"，董事长蔡宏柱当选为全国人大代表和湖北食品工业协会会长。

在未来的发展中，湖北稻花香集团将以更加开放的姿态，不断吸取新的文化元素，充实新的文化内涵，加强企业文化建设，为实现企业的"三百"发展愿景和可持续发展提供新的精神动力和智力支持。

东风汽车企业文化体系的建立与实施[*]

付家荣

东风汽车公司（原第二汽车制造厂）始建于 1969 年，是中国汽车行业骨干企业之一，总部设在"九省通衢"的武汉，主要基地分布在湖北十堰、襄阳、武汉和广州等地，主营业务涵盖全系列商用车、乘用车、零部件、汽车装备和汽车水平事业。目前，公司总资产 2200 余亿元，员工 14 万人，销售规模位居行业第二。2011 年，东风汽车公司汽车销量 305.87 万辆，营业收入 4071 亿元。东风汽车公司位居 2011 年《财富》世界 500 强第 145 位，2011 年中国企业 500 强第 13 位，中国制造业企业 500 强第 2 位。2012 年，公司的经营目标是销售汽车 330 万辆，销售收入 4200 亿元；2012 年 1 ~ 4 月，公司已完成销售汽车 110.3 万辆，同比增长 5.38%。

一　东风汽车公司企业文化体系

东风汽车公司企业文化体系可以用一个同心圆图来加以描述：其核心部分为精神文化——东风文化理念；中层为制度文化——东风管理文化；表层为行为文化和物质文化的表现——先进人物、故事、仪式典礼、活动等。

（一）东风汽车公司企业文化理念

东风汽车公司企业文化理念是一个完整的金字塔体系：塔尖是东风企业文化理念的核心部分，也是最为稳定的部分，它不会随着时间的变化而有大的变动；塔中是东风企业文化理念的中坚部分，它会随着时代的变化而进行

---

* 根据东风汽车公司工会提供的"现代企业文化体系的构建"整理。

调整，也是企业文化实践的基本内容；塔基是文化理念群，是前两个部分在各个领域的具体运用。这三个部分相互支撑，相互渗透，既从哲学意义上阐述了东风文化的真谛，又为东风公司管理的方方面面提供了行动指南。

1. 企业使命

从企业的自身价值而言，东风公司所做的承诺是：制造优质汽车，提供满意服务。从企业的社会价值而言，东风公司所做的承诺是：优化生活品质，实现人与自然的和谐。

2. 企业愿景

东风的企业愿景为"三个东风"：永续发展的百年东风、面向世界的国际化东风、在开放中自主发展的东风。

3. 企业价值观

东风的企业价值观是十二个字："讲究诚信、崇尚业绩、奉献社会"。

4. 经营理念

东风公司经营理念为："关怀每一个人，关爱每一部车"。

5. 企业哲学

东风公司企业哲学为："学习、创新、超越"。

6. 企业精神

在新的历史时期，东风公司提炼整合了东风精神，提出了"实现价值、挑战未来"的企业精神。

（二）东风公司管理文化

东风公司管理文化就是以东风核心价值体系为根本积极倡导的管理理念、管理模式、管理制度、管理风格、管理行为的总和。可以说，多年来，东风管理文化实践就是在多元国际合作格局下进一步传播和践行东风核心价值观，推进中外企业文化融合，以先进管理理念和管理方式提升企业管理水平的具体体现。

2006 年 1 月，东风公司发布的《东风汽车公司企业文化建设纲要》（以下简称《纲要》）明确指出，要大力培育五种管理文化，即目标文化、团队文化、精益文化、执行力文化和品牌文化，这就构成了东风管理文化的主要内容。2011年9月，东风公司发布的《东风汽车公司"十二五"企业文化建设指导意见》中，把诚信文化、创新文化和和谐文化纳入了公司管理文化中。

（1）培育东风目标文化——《纲要》指出：要在广大员工中倡导"讲究诚信，崇尚业绩，奉献社会"的价值观，围绕公司"十一五"规划，制订切实可行的事业计划和年度计划，建立自上而下的KPI考评体系；各单位自觉承接公司目标，广大员工主动承接单位目标，使个人目标与单位目标、公司目标有机结合起来，最终实现个人价值与企业价值的统一。

公司各事业单元把KPI绩效管理模式引入各层面的目标管理之中，从员工的个人业绩到单位的整体业绩，从生产经营业绩到党建思想政治工作业绩，都建立了完整的KPI目标确定和考核评价体系，形成了"决策—执行—评估—改善"（P–D–C–A）的闭环，建立了事事有标准、人人有目标、时时有考核、处处有激励的东风目标文化。

（2）培育东风团队文化——《纲要》指出："要以建立团队共同愿景为基础，营造共同的信念、行为习惯和工作方式，形成一种团结、友爱、协作的良好氛围。要加强团队学习，增进团队沟通，形成组织记忆，提升整个团队的学习能力和创新能力。要充分利用跨职能团队、项目小组、推进委员会等组织活动，引导团队成员相互沟通、相互学习、相互协作，形成团队合力。"

东风公司各事业单元还充分利用跨职能团队、项目小组、推进委员会等组织活动，引导团队成员相互沟通、相互学习、相互协作，形成了团队文化建设特色。

如神龙汽车公司开展"大雁式"团队文化建设，以项目控制为龙头、以项目界面管理为核心，充分发挥项目平台负责人的协调沟通作用，围绕公司产品战略目标，积极在相关领域推广项目平台管理体制，取得了很好的成绩。

（3）培育东风执行力文化——《纲要》指出：执行力的强弱是决定一个企业成败的重要因素。要充分发挥员工的积极性和创造力，培养员工主动执行和创造性执行的意识，使员工围绕公司的生产经营目标，养成"关注环节，注重细节，一次把事情做正确"的良好行为习惯。

东风公司所属各事业单元把这种执行力文化进一步细化为各自的文化理念。

在培育执行力文化的过程中，公司各事业单元注重把握这样几个环节：一是执行得彻底不彻底，主要解决执行态度问题；二是执行得正确不正确，主要解决执行方向问题；三是执行得成功不成功，主要解决执行效果问题；四是执行得高效不高效，主要解决执行效率问题。

（4）培育东风精益文化——《纲要》指出："精益思想是现代企业适应动态多变的市场需求环境应运而生的企业经营管理思想。要树立科学发展观，节约资源，降低成本，把贯彻精益思想提高到发展战略的高度，在投资、研发、采购、生产、销售、服务等各个领域全过程贯彻精益思想，推行精益管理，持续推进 QCD（质量、成本、交货期）改善，提高企业综合竞争力。"

东风进行多元国际合作以来，学习和借鉴合作伙伴的管理方式，进一步培育东风精益文化，文化管理与制度管理并举，进一步提升了管理效益。

东风日产学习日产精益生产方式，将其合理运用到生产制造领域，获得日产全球社长奖，成为日产全球精益生产方式的标杆企业。东风日产精益生产方式是东风精益文化管理模式的典型。东风日产精益生产是以两个持续（持续追求与顾客的同步；持续推进技术和管理的改善和创新）为梁柱，带动 QCTSM（质量、成本、交期、士气、环保和安全）五方面的实践。

东风汽车公司与本田合资以来，采取"紧凑型产销联动体制"。以较少的资源配置来应对较大的产销需求，以精益投资、消除浪费、滚动发展来稳步提升产能，多年来使企业以行业最高经营利润和收益率领衔国内合资企业，在中外汽车行业中独树一帜。

（5）培育东风品牌文化——《纲要》指出："要不断丰富东风品牌文化内涵，提升东风品牌与顾客的情感价值。在同跨国汽车集团的合作中，要把国际知名品牌与东风品牌本土优势结合起来，共同发展，形成双赢局面。要通过合作，利用全球知名汽车品牌，进一步提升东风品牌形象。在引进、消化、吸收的基础上勇于创新，进一步完善具有自主知识产权的东风品牌系列产品，提高东风品牌核心价值。要加大投入力度，使公司产品在设计、造型、款式、商标、广告宣传方面增强文化含量和文化附加值。要高度重视研究与提升东风品牌的文化含量、精神品位和审美效能，使公司产品不仅能满足人们的物质性、经济性、使用性的需要，还能满足人们在心理、情趣和审美方面的需求。"

以东风品牌文化理念为核心，公司进一步构建了东风品牌文化理念体系。经过多年的品牌实践，东风品牌体系中的各大品牌均有自己的价值主张，风格各异，但东风品牌中的东风元素已基本在各大品牌中得到延伸，因此，通过东风，各大品牌有机联系在一起，从系统看形成了东风品牌的核心价值体系，在品牌运作中，它们之间相互影响和支持，东风品牌价值通过各大品牌在一定程度上得到提升。

"十一五"期间，东风在多元国际合作的基础上，进一步明晰了东风品牌的战略架构。

如在乘用车领域，确立了多个品牌：东风乘用车品牌为两个，一个是风神品牌（主要指东风乘用车公司研发生产的自主品牌乘用车，独占性使用"风神"），一个是东风品牌（东风乘用车公司以外的子公司研发生产的自主品牌乘用车）；另外确立了东风合资品牌乘用车若干个。在商用车领域，东风集团除了生产东风品牌的商用车，还生产其他品牌的商用车。

（6）培育东风诚信文化——《纲要》指出，要以"讲究诚信"为第一要义，建设备受信赖的公司；对股东、客户、职工、国家和社会、合作伙伴、环境等负责；在职工中大力倡导以敬业爱岗、诚实守信等为主要内容的职业道德建设。

（7）培育东风创新文化——《纲要》指出，要在干部和职工中培育创新意识，形成学习和创新的氛围和机制，尊重职工的首创精神，在研发、采购、制造、销售、管理和群众性经济技术改善活动中发挥创新活力。

（8）培育东风和谐文化——《纲要》指出，要树立科学发展观，转变发展方式，坚持以人为本，履行社会责任，强化新事业反哺老事业，新基地反哺老基地，建设和谐东风。

二 东风公司的企业文化评估体系

进入 21 世纪以来，顺应经济全球化潮流，东风公司确立了"融入发展，合作竞争，做强做大，优先做强"的发展方略。核心是扩大国际合作，实施战略重组，促进结构调整、布局优化和企业机制的根本转变，实现企业竞争力的跨越式提升。为此，东风公司展开了多层次、多领域、全方位的国际合作，先后扩大和提升与法国标致－雪铁龙集团的合作；与日产进行全面合资重组；与本田拓展合作领域；整合重组了悦达起亚等。全面合资重组后，东风的体制和机制再次发生深刻变革。按照现代企业制度和国际惯例，东风公司构建起较为规范的母子公司体制框架，主业基本形成了以中外合资企业为主的发展格局。随着企业文化建设的逐步深入，东风公司充分认识到，加强多元国际合作格局下的集团企业文化建设评估研究和实践越来越重要。

（一）企业文化建设评估体系建设原则

在多元国际合作格局下建立自己的企业文化建设评估体系，东风公司始终坚持：既能贯彻落实集团企业文化整体规划，又符合基层企业需要；既要突出重点，方便操作，又要循序渐进、由浅入深，同时，要做到"工作过程评估与效果评估相结合，定性评估与定量评估相结合，共性评估与个性评估相结合，自我评估与集团评估相结合"，以达到督促整改的评估目的。

（二）企业文化建设评估体系建设要求

东风公司在建立集团的企业文化评估体系的过程中十分注重两条要求：一是文化评估体系必须以有效传播和践行东风核心价值观为基本内容。随着东风多元国际合作的加剧，众多国际汽车巨头在输入资金、品牌、技术的同时，也强势输入企业文化，东风如果没有一套能对众合资公司企业文化建设具有导向功能，且又十分符合多元国际合作需要的企业文化评估系统，就难以有效地对众合资公司企业文化进行督导，东风核心价值观在众合资公司中就容易被淡化和边缘化。东风公司通过在企业文化建设评估体系中主动注入东风核心价值体系的培育与转化内容，保证了多元国际合作中东风文化的主导地位，保证了子公司对母公司文化的有效传承。

二是文化评估体系必须以开展中外企业文化融合为导向。在多元国际合作的背景下，集团中各合资企业能否秉承集团母公司的文化优势和精髓，同时汲取合作伙伴优秀的管理文化，是这种特殊格局下集团企业文化建设能够成功的关键因素，同时也是企业文化建设评估中必须考虑的基本要素。东风公司作为一个有着多元国际合作背景的大型中央企业，在与跨国公司进行战略重组的进程中，始终坚持"相互尊重，求同存异；兼容并蓄，融好融优"的原则，以多元国际合作为基础，大力推进中外企业文化融合，既充分发扬东风培育企业价值观、铸就企业精神、凝聚员工队伍的优良传统，又鼓励和引导员工以发展的眼光、开放的姿态、海纳百川的胸怀积极学习合资伙伴先进的管理理念、方法，使管理更加科学和优化，尤其是公司各事业单元在学习和贯彻精益思想方面，在长期坚持中取得了明显成绩。

例如，东风汽车有限公司在继承东风文化的基础上，主动学习和引进日产精益生产方式，大力开展 QCD 改善活动，让改善文化渗透到生产管理的各个环节；东风本田汽车公司注重汲取本田公司的管理经验，积极开展"三现主义"；神龙汽车公司在继承和倡导东风核心价值观的基础上，积极吸收法国PSA 标致－雪铁龙集团的运转经验，在项目平台管理的推进和实施中逐步摸索出了一套行之有效的经验。

（三）评估内容及指标

1. 评估内容

东风公司企业文化评估体系要求不仅要测量描述被评估单位的企业文化建设的实际水平，还要评估企业文化建设工作是否得到落实，测量评估经过自觉的建设后企业文化的状况与企业设计好的目标文化的契合度与差距。因此，东风公司设计的评估内容包括三个方面：

一是多元国际合作格局下企业文化建设状况；

二是多元国际合作格局下企业文化建设工作；

三是多元国际合作格局下企业文化建设绩效。

因此，从企业文化建设工作开展情况、企业文化建设状况和企业文化建设效果三个方面设定企业文化建设评估指标。

多元国际合作格局下企业文化建设工作评估主要是看企业在企业文化建设中做了哪些工作，开展了哪些活动，主要考察企业是否建立健全了推进企业文化建设的组织、载体支撑等。在整个企业文化评估体系中，公司设定 1 个一级指标：企业文化组织与方法。将这个指标展开，分别设定 7 个二级指标。

（1）是否明确了企业文化建设领导机构（相应是否明确了企业文化主管部门与人员）；

（2）专项经费是否落实；

（3）是否制订了企业文化建设规划或计划，并将企业文化建设纳入企业发展战略；

（4）是否根据集团文化共性特征和子公司个性特色，编制了企业文化手册；

（5）员工是否积极有效参与企业文化建设活动；

（6）企业文化建设是否有力地推进；

（7）是否按照要求开展了企业文化自评工作。

多元国际合作格局下企业文化建设状况评估指标——就是要考察企业在精神文化、制度文化和行为物质文化建设方面的状况。因此，我们将核心价值观、制度与文化管理、行为与物质文化设定为企业文化建设状况评估的 3 个一级指标，并依据这 3 个一级指标的具体内容，分别设定 16 个二级指标。

在核心价值观方面，重点考察四个方面：

（1）是否具有东风文化共性（秉承东风核心价值观）；

（2）是否具有子公司企业文化个性（建立工作理念系统）；

（3）企业价值观体系的培育与转化是否有效；

（4）企业价值观的激励导向作用如何。

在制度与文化管理方面，重点考察八个方面：

（1）干部和员工改革创新观念如何；

（2）企业规章制度是否符合文化理念；

（3）管理是否规范有效；

（4）是否建设精益文化；

（5）是否建设团队文化；

（6）是否建设目标文化；

（7）是否建设执行力文化；

（8）是否建设品牌文化。

在物质文化方面，重点考察四个方面：

（1）是否制定了企业与员工的行为礼仪规范；

（2）是否执行了以企业标识、标准色、标准字等为主要内容的东风视觉识别系统；

（3）企业文化建设活动的设施和阵地是否健全；

（4）厂容厂貌是否整洁规范。

多元国际合作格局下企业文化建设效果评估指标——就是要衡量企业文化建设对优化企业内外部关系、树立企业形象、增强企业凝聚力、提高经济效益等方面所产生的实效。在整个企业文化评估体系中，我们设定1个一级指标：绩效满意度。我们将这个指标展开，分别设定4个二级指标。

（1）企业经营业绩如何；

（2）企业履行社会责任情况如何；

（3）员工对企业的满意度如何；

（4）客户对产品和企业的满意度如何。

企业文化建设工作评估、企业文化建设状况评估和企业文化建设效果评估三个组成部分是一个整体，囊括企业文化评估的基本要素。其中，企业文化建设工作评估设了1个一级指标、7个二级指标，权重为20%；企业文化建设状况评估设了3个一级指标、16个二级指标，权重为60%；企业文化建设效果评估设了1个一级指标、4个二级指标，权重为20%。

为使评估工作简便易行和评估结果更为直观，评估采用直接打分的形式。每一个二级指标打分给出1、2、3、4、5分；其中，1分是远没有到达期望值，2分是没有到达期望值，3分是达到期望值，4分是超出期望值，5分是远远超出期望值。

随后将测评结果进行汇总，得出5个维度的得分，制作出每个被评估公司的雷达图，同时制作出可进行比较的几个被评估公司的折线图。这样就可以以图形方式直观显示综合评估结果中的长项和短板，并采用面对面反馈的方式，由考核小组指出该公司企业文化建设取得的成绩与存在的不足，明确改善方向。东风公司针对反馈的意见制定改善措施，纳入下一阶段企业文化建设工作计划，实现企业文化建设的PDCA循环。

2. 评估方法

东风进行文化评估的基本方法有：

一是查阅资料。通过查阅相关资料对企业文化建设有关项目进行评估。这是集团对直属子公司企业文化评估的主要形式。

二是座谈或访谈。确定不同层次、类别和一定数量的人员，围绕企业文化评估的有关项目进行座谈或访谈。根据座谈和访谈得到的情况进行评估。

三是实地考察。通过现场观察和实地调查，了解企业文化评估的有关项目建设情况，进行评估。

四是问卷调查。根据企业文化评估的有关项目，精心设计调查问卷，并按照一定比例进行调查，可以获得评估企业文化所需要的信息和评价依据。

我们在评估过程中采取子公司自我评价与集团评价相结合的方式。

评估结果的运用：

一是对子公司企业文化建设进行指导和督促。

二是把评估结果进行分类和动态管理，并作为集团公司企业文化建设乃至企业各类评先工作的参考。

三是作为集团层面以评估结果对基层单位进行奖惩。

同时，我们把企业文化评估的结果直接应用于党委工作考评、"四好班子"检查及党委书记年度 KPI 等综合考核之中，提高评估结果运用的系统性。

湖北宜化用文化打造百年品牌[*]

王 红

宜化起源于1977年地处猇亭的湖北宜昌地区化工厂，1992年作为中国第一批股份制规范化改制试点企业之一，改制为湖北宜化化工股份有限公司，经过30多年的发展，已由年产1万吨合成氨的小厂发展成为煤化工、磷化工、盐化工"三足鼎立"的大型企业集团。目前，宜化集团是中国石化行业最具影响力的十大代表企业之一。旗下拥有200多家法人主体，其中2家上市公司（湖北宜化、双环科技），5家中外合资公司，在北京、湖北、湖南、河北、河南、重庆、贵州、四川、云南、山西、内蒙古、青海、新疆等地都有研发中心和制造基地，重点发展化肥、化工、农药、电力、酿酒、金融、商贸、矿山开发、工程设计、房地产开发、化工机械制造、零售、种业共十三大产业，拥有100多种产品。现有总资产530亿元，从业人员6万多人，2012年销售收入705亿元，实现入库税费16亿元，社会贡献总额达到106亿元。2013年在中国500强中排名180位左右。公司先后荣获"全国先进基层党组织""全国国有企业创建'四好'领导班子先进集体"等荣誉称号。

面对宜化跨越式发展速度和取得的辉煌成就，宜化人由衷地说：是文化宜化造就了经济宜化，宜化文化是企业发展的核心竞争力。

一 宜化文化体系

（一）什么是宜化文化？

宜化集团党委书记、董事长、总经理蒋远华认为，企业文化是企业内部员

---

* 根据蒋远华《文化宜化》、杜俊培《宜化文化解读》及湖北日报社、湖北宜化公司网站、中国石化新闻网等媒体文章等整理。

工共享并影响企业内部人与人之间关系的一种非正式的价值观和规范。宜化文化本质是统一的价值观，核心是宜化的企业精神，落脚点和出发点是以人为本。

具体来说，宜化文化是宜化内部员工共享并影响内部员工包括领导与领导、领导与员工、员工与员工之间关系的一种非正式的价值观和规范。其出发点是统一价值观，落脚点是以人为本，核心是"实事求是、从严治厂、艰苦奋斗、争创一流"的企业精神，文化愿景是"构筑中国百强，打造百年宜化"，终极目标是"消除歧视，追求平等，构建和谐"。宜化的"五项措施""六大任务""七大法宝"成就了企业独特的文化特性，290 个宜化观点构建了企业完整的文化链条。

（二）宜化文化的本质：价值观的认同

过去，宜化领导对企业文化认识不深，而普通员工更是没有这个概念，他们没有意识到有一种比技术、管理、资金更重要的东西，那就是企业文化。而现在，宜化的普通员工都能感觉到文化就在他们的身边，并且他们每天都在执行，在培植，在提炼，感觉到文化与他们的工作有联系，文化是能为企业创造效益的。宜化文化是一种统一的价值观，通俗地讲，就是企业的活法。为了让员工形成共同的利益，共同的凝聚力，共同的价值观，让宜化的员工感受到文化的存在，感受到宜化文化的先进性，公司领导做了大量工作。在集团领导班子成员中，达成了三大共识：

一是坚持与时俱进，有着终身学习意识。今天，面对高、精、尖技术的飞速发展，不靠"经验"吃饭，坚持不断"充电"。被员工称为专家型"老总"的蒋远华，勤奋学习，不但对海尔、联想、希望集团的管理方式了如指掌，而且对美国、德国等西方国家的管理学、企业文化充满浓厚兴趣。他告诫员工："一天不学习自己知道，两天不学习同行知道，三天不学习大家知道。"在强烈求知欲观念的引导下，集团领导班子坚持不断学习新知识，掌握新知识，了解国内外经济动态、发展趋势和经验教训，在学习中不断拓宽视野，把握了经济运行脉搏和加快发展的主动权。宜化集团在企业产品走俏、经济效益持续稳步增长的情况下居安思危，按照发展趋势对产品市场进行超前性研究，按照生产一代、开发一代、储备一代的思路调整产品结构，实施产品更新换代，从而以唯我独有、唯我独优、唯我独强抢占市场制高点。

二是以身作则意识。集团领导班子到中层干部，已形成了"五到生产一线""四公开"的良好习惯，即上班前先到生产一线，任务紧张坚守生产一线，节假日轮班到生产一线，抓销售常到用户一线，思想政治工作做到生产一线。班子内部思想公开、工作公开、政绩公开、待遇公开，从而班子成员在自我约束的同时，增强了凝聚力和向心力。

三是"六慎"意识。"六慎"构筑了班子成员自我约束机制。慎权，即对权力进行约束，从集团领导班子到企业中层干部，明确规定"八不准"，即不准接受业务单位和企业职工礼品现金和有价证券；不准到业务单位报销应由个人支付的费用；不准在业务往来中谋取私利等。慎言，要求班子成员说话谨慎，不说大话、假话、空话、套话，个人不擅自对重大事项表态和发布小道消息，自觉维护企业利益和形象。慎友，既要求班子成员与用户交朋友，又要求谨慎接触或不接触不法商人，要求班子成员攀穷亲，在帮扶中结益友。慎独，注重民主决策，发挥班子群体力量，小事能通气，大事有商量，企业重大项目、联合重组凝聚班子集体智慧和力量。慎行，就是班子成员的行为为职工做表率，要求企业员工办到的事情领导班子成员首先办到，要求员工遵守的规章，领导班子带头遵守，言行举止体现高素质。慎微，即从大处着眼，从小事抓起，认认真真处理好工作中的每一件小事。

那么，如何让广大干部员工形成共同的价值观？宜化认为，统一的价值观是培训出来的。具体做法是：

（1）读书学习。宜化不仅注重组织员工读书，而且要进行讨论和消化。采取的方式是统一学习一本书。2001年以来，蒋远华倡导宜化员工一年读一本书，这些书的作者都在世界500强企业中实践操练过，所以书写得非常实在。第一年读的是《谁动了我的奶酪》，主要是解决思维方式问题，让宜化人懂得企业生存法则。第二年学的是被布什称之为可怕的书：《把信送给加西亚》，旨在培养宜化人忠诚敬业、主动创新、超越自我、走向卓越的精神。第三年看的是《利润倍增》，在宜化形成了建设企业文化的共识。2004年推荐了台湾作家罗兰的《罗兰小语》等书，提出了"心态成就宜化"的理念。不仅要学，而且要写。别具一格的经济管理论文竞赛，又给宜化人搭起了人人参与企业管理的平台。

（2）开会培训。在宜化，最重要的会议就是每两月一次的集团行政办公扩大会议。宜化最初的行政办公会只有老总参加，后来很多总经理助理提出要参加，再后来范围扩大到各子公司领导、各部门一把手，现在参会总人数近 400 人。会议 80% 的时间谈文化，20% 的时间布置工作。蒋远华说，只有把思想问题解决了，其他什么问题都好解决，思想问题解决好了，执行力也就提高了。行政办公会还是一个交流信息、共享资讯的会议。在会上，集团各子公司把一些好的经验和做法介绍出来，让大家学习。比如，股份公司能源事业部有一名员工，以前一直调皮捣蛋，可以说是部里的"钉子户"。后来，部长李明清带领事业部的领导，到他家里参加了他母亲的 80 大寿，深深地感动了他，他彻底转变了。通过这个案例，大家认识到转变一个人比开除一个人的功劳大 1000 倍。

（3）发挥报纸作用。宜化集团有一份内部报纸《宜化人》，各子公司有《宜化简讯》。行政办公会的文化观点、集团的决策精神、基层的故事、员工的所思所想，包括集团内的查处通报等，都会通过《宜化人》《宜化简讯》以通俗易懂、生动活泼的形式刊登出来。其中有些观点和做法，让员工展开讨论。现在，《宜化人》这份内部刊物，不仅员工爱看，就连员工的家属都爱看，这在潜移默化中改变了员工的心态，构建了新的先进的价值观，并影响着员工的工作和家庭生活。

（4）学好《会议纪要》。集团行政办公会《会议纪要》是宜化先进思想的浓缩与精华，有思想，有内容，有方法，有文化建设，有资料推荐，有先进技术，是宜化在一段时间内方针政策的体现，记录着宜化文化培植、形成和推广的过程。对《会议纪要》，宜化员工不仅要学习讨论，还要进行考试。通过问卷调查方式，可以了解到哪个公司的文化宣传得好、学习得好，从而为研究通过什么方式来建设企业文化、选择什么宣传方式员工最容易接受提供了依据。

（5）论坛演讲。2001 年国庆前夕，股份公司连续出现了 3 起打人致伤事件。当时公司改革和发展正在向好的方向发展，如果不遏制住，将会影响宜化的发展大局。公司把这三起事件作为一个很好的教育案例，开展了长达三个月的"让公理永驻、让正气长存"的演讲赛。通过演讲，宜化充满了正气，制度得到了执行，公司决策受到了广大干部员工的拥护。现在宜化经常举办各种各样的论坛活动，如年终总结论坛、陈安之超级成功学论坛、营销论坛、管理论坛、安全生产论坛等，让干部和职工上台讲理想，讲忠诚，讲工作，讲纪律，讲快乐，讲经验，他们传播、弘扬文化，人人参与，个个争先；经验交流，资讯共享；热爱宜化，群情激昂。宜化文化就这样在宜化形成了，上万名宜化人也就有了统一的价值观。

3. 宜化文化的核心：企业精神

宜化的企业精神是"实事求是、从严治厂、艰苦奋斗、争创一流"。"实事求是"是宜化的思想路线，"从严治厂"是宜化的管理理念，"艰苦奋斗"是宜化的工作作风，"争创一流"是宜化的工作标准。

（1）"实事求是"，即"美就是美，丑就是丑"。一个企业、一个家庭、一个人最难做到的就是实事求是。但如果真正做到了，这个企业就会成功，这个家庭就会幸福，这个人也会事业有成。宜化现在有300多辆企业用车，搞销售的业务员都配了车，这是为了提高效率，提高劳动生产率。例如业务员到五峰县卖化肥，如果坐公共汽车，他可能花一天的时间也赶不到，但有了小轿车，就很方便，就可以挤出时间到其他更多更远的地方去推销，为宜化节约了时间成本。

宜化倡导"美的就是美的，丑的就是丑的"。谁做得好，公司就奖励谁；谁做错了，公司就批评处罚谁。领导犯了错误，照样受到处罚，并且处罚十分严厉，做到了制度面前、人人平等。例如教育培训，过去宜化长年累月讲的都是同一个内容，员工不愿听。现在宜化的培训形式和教程都发生了很大的变化。不仅学业务，还学心理学、行为学等，使得员工个个激情满怀，个个都想在显示自己的才能。

（2）"从严治厂"，即管理从严格到严厉再到残酷。通过严格管理，宜化员工清楚地认识到从严管理才能使企业不断发展壮大，才能保证让员工过上幸福安康的生活，这就是领导对员工好；员工服从管理，遵章守纪，精心操作，勤奋工作，把事情做好了，提高企业的效益，这就是员工对领导好。认识到这些并坚持不懈地做，企业就能欣欣向荣、生机勃勃。

2002 年，为加强对宜化总部大楼中央空调的管理，宜化出台了《大楼管理制度》，当时的办公室主任因一扇窗户没关，被罚款 1000 元。在其他企业看来，这也许是一件微不足道的小事，但在宜化，有了制度人人必须严格执行。2002 年底，某单位在宜化有机事业部施工中发生了一起高空坠落伤亡事故。虽然事故责任并不在宜化一方，但宜化规定：凡在宜化公司内发生的安全事故，都要追究责任。因这起事故的连带责任，本集团股份公司党委书记、总经理、党委副书记、副总经理、安全部长分别被罚款 2 万、1 万、2 万、2 万、1 万元，有机事业部部长、副部长分别被罚款 1 万、0.5 万元，是宜化安全处罚最严厉的一次。通过严厉的责任追究，宜化人找到了答案：磨难是企业成功的必经之路，与其说他们在处理一起安全事故，不如说他们在锤炼一种顽强的意志；与其说他们在进行一次责任追究，不如说他们在锻造一种实事求是、公平公正的执行文化。

（3）"艰苦奋斗"即拧出管理中的"水"，拧出生产经营中的"水"；提高企业的效益，提高员工的收入

2003 年，因为企业效益好了，待遇高了，车子有了，宜化很多干部员工艰苦朴素的作风却差了。如何抓好作风建设？宜化借鉴了丰田公司"把干毛巾拧出水来"这一理念，与宜化的实际结合起来，发起了"双拧双高"的管理活动——拧出管理中的"水"，拧出生产经营中的"水"，提高企业的效益，提高员工的收入。股份公司员工卢光胜提出了一个项目叫"513"方案，经过实施和推广，每年可为企业创收 100 万元，公司奖给他 2.2 万元的效益创新奖，还把这个项目叫"卢光胜机头"。公司广泛发动群众集思广益，结果这个活动开展仅半年的时间，就收到了 4000 多条建议。公司根据"双拧双高"项目为企业创造的经济效益和社会效益进行奖励，对显著提高效益的革新创造，还冠以员工姓名，如"长清棒""丙远阀"等，给员工以强烈的荣誉感；对于一般的合理化建议，不论价值多少，均给予相应的奖励。这个活动的开展，每年可为宜化节约 4000 多万元。员工们说"双拧双高"是名利双收的好活动。这些活动对宜化产生了深刻的影响，宜化就是用这种精神力量来指导企业，让每个宜化人都来思考怎么为企业创造效益，让每个人都把潜力发挥出来，采购员自觉地花最少的钱买来最好的原料；操作工自觉地生产出成本最低、质量最

好的产品；销售员自觉地卖出最高的价格。

（4）"争创一流"，即服务追求尽善尽美，质量追求精益求精

争创一流是一种精神，一种必胜的信念。宜化曾在铁路运输紧张之时立下豪言壮语：只要有一列火车在运行，所运物资必须是宜化的。要花最少的钱，买最好的原料，生产出成本最低、质量最好的产品，再卖出最高的价格。今天的宜化更需要这种争创一流的精神。在优秀与卓越之间，只要迈出了这一步，就进入了卓越。

4. 宜化文化的落脚点：以人为本

（1）让员工快乐着工作，工作着快乐

以人为本，其核心意义就是对人的全面尊重，亦即对人的基本需求的全面尊重。

蒋远华在 2003 年 12 月 18 日集团公司 2003 年度总结动员大会上提出：宜化近几年的快速发展，人本是因，成本是果，宜化由重视成本、资本变为重视人本。

蒋远华讲了一个真实的故事：他刚上任时有个"813"工程，当时欠施工单位工程款 8000 多万元。那个时候宜化员工的工资仅为 350 元，怎么还钱？当时有个员工叫林文强，是 1989 年上海华东理工大学本科毕业生，来宜化后一直没有用武之地。后来他主动找到董事长，说他有办法将 8000 万元降 2000 万元。经过公司班子认真研究，决定任命他为"工程价格中心"主任，给他调了 20 多个大学生。他运用所学的专业知识，带领这些人，将水泥挖起来看标号，厚度钻探测尺寸，安装阀门数个数，最后结果让人大吃一惊：工程款减少了 6000 多万元。通过这件事，宜化得出结论：一定要培养好、用好这批大学生，他们是企业的宝贵财富。后来，宜化大量提拔本科生，充实到宜化的财务、销售等各个重要部门。

宜化不仅有董事长、部长、处长、班长，同时，还在每个班组设立了群团干部，每人每月给予 200～800 元的津贴。这些群团干部都要经过竞聘产生，要考试、演讲、培训。一般员工也有自己的追求，有的员工可能一辈子做不了高层领导，但他们渴望做个群团干部来实现自己的价值。宜化现有群团干部多达几百名，他们不断地传播着宜化文化，执行企业文化，做着公司领导没有时

间做的事，把公司制定的政策和方针都落到了实处，使宜化变得安全，使广大员工认同了企业的管理，使员工们能安心工作，精心操作。

（2）为员工制造感动，在宜化倡导感恩

宜化文化是制造感动的文化，一级感动一级。从董事长蒋远华做起，他每年要公开承诺为员工、骨干做几件令他们感动的事情，部长要做几件让员工感动的事情。员工要感恩董事长为他们带来了幸福生活，董事长要感谢员工成就宜化的事业。宜化提倡用企业的"三心"换员工的"三心"。近几年，公司为员工修建了广场；统一安装了防盗门，统一进行物业管理，统一将员工子女送到宜昌市内上学，统一接送；统一给家庭年收入 4 万元以下的员工每年补贴 2000 元的子女教育金。随着员工生活水平的提高，宜化员工希望减轻劳动强度，希望和领导一样有好的工作环境。公司为此给所有一线的操作室安装了空调，所有的操作室全部实现了自动化，只要鼠标一点就可以了。宜化还让干部员工都投资宜化，让宜化的未来与他们息息相关。宜化计划通过几年，让他们的股份制收益超过他们的工资收入。把员工的未来和发展与宜化联系在一起，这才叫以人为本。正是公司为员工制造了感动，倡导了感恩，现在宜化就像一个大家庭，员工们就像相亲相爱的一家人。

5. 宜化文化持之以恒发展的关键

（1）企业领导与员工一致的价值观

树立了较高层次的价值观，就有了凝聚宜化人使企业持续快速健康发展的原动力。多年来，宜化不断提升员工素质，不断发展壮大企业，不断增加员工收入，这是宜化领导人的价值观和员工的价值观一致的根本原因，也是宜化领导班子有威信的结果。在宜化，有的事业部部长和副总一样，年薪 30 万元，副总们都认同；同样的职务，待遇也不一样，大家也都认同。为什么？因为大家知道，这对宜化的效益很重要，对宜化的发展很重要。

宜化认为防止共同价值观松懈的关键是领导。"共同的纽带"让员工感觉到感恩、让员工研究客户、制造感动、举办关爱活动等。宜化文化要员工充满阳光、充满感恩，要严格管理、实事求是，要用爱心做事、用爱心做人……可见，"共同的纽带"与宜化的共同价值观本质是一样的。既然共同纽带有防止松懈的作用，同样共同价值观也有防止松懈的作用。但最容易松懈的往往不是别人，而是副总经理、部长、副部长。比如开会做活动，很少有领导带头参与；要别人用激情、热情、制造感动，但自己却不激情、不热情、不制造感动，总觉得"热闹是他们的"；又如宜化文化是公平、公正的文化，但领导干部在招聘人员时有的私下做假，这些都是共同价值观松懈的表现。因此，建立共同价值观不仅仅是普通员工的事情，更重要的是领导要做模范，带头执行。

（2）企业文化要与工作结合起来，要与效益联系起来

宜化的变化，使宜化人深深感觉到企业文化无所不在，每个普通员工都能感觉到文化就在他的身边，关键就在于宜化培植、提炼企业文化，产生了经济效益，并且拿出了效益的一部分，奖励执行文化的人，从而激励更多的人去继续培植、提炼、执行文化，为企业创造更大的效益。由此螺旋式地不断前进，在企业内形成永不终结的文化—行动—结果的良性循环，使企业文化生生不息。只有保证了企业效益，才能保证社会效益，所以文化也要以效益为中心，有利于提高效益的文化就要不断地培植、传播、执行。

（3）企业文化是全员性的文化

宜化文化的主要功能是对内的，而不是对外的，所以语言很普通，很朴实，很大众化，每个员工都能理解。宜化文化被员工普遍接受的本质，就在于它符合辩证唯物主义，符合物质决定意识这一客观规律，很好地理解了文化和经济效益的关系，文化和企业发展的关系，文化和员工切身利益的关系。事实上，每个人都有物质和精神的需求，如果他在培植、提炼、执行文化的过程中找到了乐趣，为家庭增加了收入，为企业创造了效益，那么这种文化就肯定是阳光的、快乐的、和谐的、有朝气的。

二　宜化文化的特性

（一）形成了"五六七"管理思想：五项措施、六大任务、七大法宝

五项措施，即解决分配问题、抓好信息化建设、做好培训、调整组织结

构、请求上级支援。六大任务，即建立文化愿景，持之以恒地抓好文化建设；建立学习型组织，打造卓越团队；加强内部营销，建立畅通的沟通渠道；深入推进制度化、程序化、信息化、精细化、标准化管理；稳步推进目标管理；坚定不移地建立诚信体系。七大法宝，抓好企业文化、群团干部、比较管理、信息化、责任追究、目标管理、培训。

（二）提炼了系统的文化管理理念

经过多年的积累，宜化在实践中提炼出了"人本观念、思想之光、管理艺术、安全意识、人才观念、领导智慧"六个方面共 272 条文化观点，总体归结为"与时俱进的发展文化，充满阳光的激情文化，公正和谐的竞争文化，赏罚分明的批评文化，自信向上的学习文化，实事求是的务实文化，开明开放的人才文化，不断探索的创新文化，大爱无痕的感恩文化"。

（三）建立了自觉的文化宣贯机制

宜化文化是宜化发展的核心竞争力。蒋远华认为，宜化文化解决了宜化发展最为核心、最为根本也是所有企业领导人关注的问题，即调动、激发了全员自觉、自动、自发工作的积极性，同时也使全员进一步忠于宜化，热爱企业，把企业愿景变成员工为之奋斗的行动。宜化通过基层群团干部推进文化建设的方式所产生的强大力量，促进、带动了企业各方面的进步，最为显著的是企业经济效益有了快速增长。企业文化的培植、提炼、形成、执行是系统而长期的过程，最终要体现在企业的发展中、体现在企业的效益中、体现在员工的行为中，并在企业内部形成永不终结的文化—行为—结果的良性循环。

"积跬步以致远，纳百川而自华"，6 万多名宜化人将用文化"构筑中国百强，打造百年宜化"，实现企业发展战略目标与宏伟蓝图。

大冶有色凝聚“大江文化”[*]

陈金波

大冶有色金属集团控股有限公司有近 60 年创业发展史，在职职工 15612 名，系湖北省重点骨干企业。近年来，公司注重加强企业职工文化建设，软实力不断增强，综合实力整体提升。公司致力于在“十二五”期间打造千亿元产业，实现跨越式发展。公司“大江文化”已成为湖北省“十大文化品牌”之一。2011 年，公司获得“全国企业文化建设优秀单位”“全国模范劳动关系和谐企业”等殊荣。

一 用企业文化引领人，弘扬企业核心价值观，为公司发展“凝心”

工会通过弘扬“铜斧精神”和“责任、忠诚、学习、进取”企业核心价值观，为公司发展凝心。

（一）发挥工会联系劳模先进人物的优势，大力弘扬公司核心价值观

公司每年都要隆重表彰一大批“劳动模范”、“铜都明星”、先进单位、先进集体，将单位、集体、个人的先进事迹编印成册，发放到班组、个人，并在公司电视台进行大力宣传。组织开展“爱有色、学劳模、当主人”劳模巡回报告会，激励广大职工爱岗敬业，创先争优。各基层工会也开展了形式多样的评比表彰、学习宣贯活动。铜绿山矿召开班组建设推进会，评选温馨和谐、良性竞争、绩效突出的班组为“给力”班组，对学有专长、干有专攻的职工授

---

* 根据大冶有色工会提供资料整理。

予"达人"称号。建安公司联合黄石广播电台制作了《群英访谈录》，举办了"在跨越式发展中的建安人"摄影展。公司"责任、忠诚、学习、进取"的核心价值观得到了大力弘扬。

（二）发挥工会贴近职工群众的优势，教育引导职工认同公司改革发展观

围绕公司的改革与发展、薪酬制度改革、劳动关系和谐企业创建等重大热点问题，公司工会开展走访调研活动，将公司资源开发、规模提升、资本营运、人才强企、结构调整的"五大战略"目标、形势任务及时向职工面对面地宣贯，形成专题调研报告，为公司决策提供第一手资料。组织职工代表远赴新疆萨热克铜矿慰问演出，使职工代表深刻了解公司在外埠开发资源的艰辛，更加珍惜内部良好的工作环境及工作岗位，引导职工认同公司的发展观。创新形势任务教育和引导方式，放映企业文化理念公益短片，开展"学政策、懂形势、知厂情"万人答卷活动，组织征集企业文化故事2300余个。

（三）发挥工会强化民主管理的优势，激励职工吸收先进企业文化

2011年是公司的"管理提升年"，公司试行全员绩效考核，继续施行"5S"管理制度，推行精细化、精益化管理。公司各级工会组织充分发挥强化民主管理的优势，把班组看板、班组民主管理会、优秀班组评选等与绩效考核、"5S"管理有机结合起来，引导职工树立收入靠贡献的绩效观、"人造环境，环境造人"的观念，激发职工不断进取。

二 用科学文化培育人，开展"创争"活动，为企业发展"聚力"

认真落实公司人才强企战略，深化"创建学习型组织，争做知识型职工"活动，打造三个学习阵地，分层分级提升职工素质，为企业发展"聚力"。

（一）打造三个阵地

公司两级工会组织普遍建立了"职工书屋""读书角"。利用"职工书屋"、职工培训基地、职工科技指导站，开展"创争"活动，着力把三个阵地打造成职工素质提升的"加油站"。各基层单位普遍加大了"职工书屋"的资金投入，统一硬软件建设标准，为职工读书学习活动创造了良好的环境。丰山铜矿建立了6个"流动书屋"，将图书、杂志送到车间及班组，提高了图书的利用率。丰富"职工书屋"内涵，以班组为单位，开展每年一本书、每人一条合理化建议、每月组织一次学习的"三个一"活动。动力分公司发动职工自己动手设计、施工，并组建以仿真配电站为主体的职工培训基地，建成教学室、设备展示区、现场模拟操作区三个培训区域。各二级单位利用培训基地，有计划地开展职工岗位技能培训，使职工做到"三熟三能"。稀贵厂工会以科技指导站为依托，不断增强对基层职工的科技指导，对职工中有影响力、有代表性的立项课题进行立项、跟踪、指导、考核，通过"学""考""带""用"四个环节，深化全员"创争"活动。

（二）分层分级培育

为解决职工队伍年龄结构偏大、部分职工知识结构老化、青工技能水平不精、部分女职工学习动力不足等问题，公司分层分级引导职工学理论、学技术、长才干。为拓展班组长视野，公司聘请了中国科学院博士生导师讲授"班组管理心理学"，组织全公司813名班组长参加培训，组织80名班组长赴武钢参观学习。公司还采取"周题月课季考"形式，解决职工知识结构老化问题；在技能岗位开展名师带徒、技能比赛，通过"抓两头，促中间"解决青工技能水平不精问题。公司在全公司134个巾帼集体中开展了"争创巾帼先锋号，争当巾帼明星"立功竞赛及"岗位创新四个一"活动，激励女职工岗位成才，女职工学习风气浓厚，动力分公司涌现出了7名女技师。在职工中广泛开展提一条合理化建议、推广一项科技成果、学习一门新技术、改造一项新工艺、刷新一项新纪录"五个一"活动。2011年，公司职工共提出合理化建议2823条，实现价值1195万元。职工技术创新成果捷报频传，物流公司"降低内燃机体万吨运量油耗"等多项创新成果分别在省、市获奖，公司工会组织还收集到职工"十一五"期间的创新成果 106 项。

三　用职工文化团结人，开展文艺体育活动，为公司实现跨越式发展"鼓劲"

公司从人、财、物三方面加大投入，为职工文化活动的开展提供了良好条件。公司已形成职工文化活动模式，活动频繁，文化精品频出。

（一）大动作推进文化软硬环境建设

公司投资近 800 万元，配置改造了体育馆设备设施，对体育馆周边环境进行了整治，修建了新羽毛球馆，形成了集文艺演出、体育比赛、电演放映为一体的新型场所。公司二级单位冶炼厂、丰山铜矿、铜山口矿、动力分公司、设研公司、赤马山矿等单位改造利用闲置场地，投资数百万元，加强了文体设施建设。铜绿山矿先后改造俱乐部、文化广场，为职工文化活动的开展提供了良好的设施环境。2011 年上半年，公司恢复成立了工会文体部，组建了职工艺术团、退休职工艺术团。现在两个艺术团发展成为集声乐、舞蹈、综艺、器乐为一体的大团体，共有成员 249 人（职工艺术团 153 人、退休职工艺术团 96 人）。公司还面试了武汉音乐学院等院校的 23 名毕业生，为引进专业艺术人才做好储备。为提高艺术团成员及文艺骨干的素养，公司聘请了艺术战线专家为指导老师，举办了声乐、舞蹈、综艺培训班，培训学员 200 余人；并组织文艺骨干观摩省市级的各类文艺演出，动员文艺骨干参加省市各类文艺协会，加强文艺交流和学习。公司及二级单位建立了球类协会、书画协会、游泳协会、钓鱼协会等各类文体协会 60 多个。公司各类协会按照业余时间定期训练，比赛期间抽调人员集中训练的运作模式运转。公司各级工会组织注重对协会的激励，对运转良好、能积极发挥引导作用的协会以奖代补，实现了协会的良性运转。

（二）全方位形成公司职工文化活动模式

公司定期举办职工运动会，推进全民健身计划的落实；定期举办职工文化艺术节，集中展示职工文化精品。公司推出了大型舞蹈《铜魂》、公司厂歌《青铜灿烂》、原创歌曲《心中炉火正通红》等内鼓干劲、外树形象的文艺精品；组织职工参加国家、省、市文化活动，成绩斐然。公司涌现出一大批文体骨干，女职工李莉被邀请参加 2008 年北京残奥会演唱，部分文艺骨干长期活跃在省、市相关文艺演出舞台。公司退休职工艺术团被评为黄石市"十佳业余文艺团队"。公司现已形成集重大节日庆典活动、专题文化教育活动、"小型、多样、健康"的文体活动于一体的文化活动模式。

其一，开展重大节日庆典活动。充分利用妇女节、劳动节、建军节和重阳节等时间节点，开展各具特色的庆祝活动，为职工生产生活鼓劲加油、添加色彩。组织 18 个单位举行"迎元旦"文艺汇演，举办"铜都春晓"团拜联欢晚会。节目由职工自编自演，既注重形式的变化，满足职工的文化口味，又注重内容的创新，把公司的经营理念、职工关注的热点内容融入节目中，集中展示公司职工蓬勃向上的精神风貌。两节期间，免费为职工放映电影大片。举办"庆元宵"大型舞龙舞狮焰火晚会，吸引万人观看。连续两年邀请由朱世慧团长带领的湖北省京剧院演员来公司演出，2012 年获中国京剧艺术节金奖的京剧历史大戏《建安轶事》在公司体育馆新舞台演出两场，为职工及家属送上了文化大餐。

其二，开展专题文化教育活动。围绕建党九十周年大主题，职工艺术团精心编排演出《党旗飘扬——奋进中的大冶有色》大型音乐舞蹈史诗，并赴矿山演出 3 场。各二级单位举办了红歌演唱会，工会退管办组织退休职工送节目进社区、下矿山，深受社区居民和退休职工的欢迎。积极参加湖北省机冶建材工会庆祝建党 90 周年文艺展演活动，公司选送的 3 个节目分获一、二、三等奖。公司组织红旗单位、劳动模范参加湖北省经视台文艺演出，颇具教育意义。公司组队参加黄石市"劳动最光荣"职工体育竞赛活动、参加黄石计划生育文艺汇演。公司承办了全省向高危企业"送健康、送安全知识"首场演出活动，起到了很好的教育引导作用。协助市总工会承办湖北省工友艺术团"送文化"到公司建安钢结构演出，为丰富职工精神文化生活做出了贡献。

其三，开展"小型、多样、健康"的文体活动。本着"为职工创造快乐，助企业提升形象"的宗旨，公司以两个艺术团和各类协会为两翼，因地制宜，广泛开展"小型、多样、健康"的娱乐活动。职工群众开展文体活动蔚然成风，小型活动每周有安排、每月有比赛。既有传统的棋、牌、球类和田径运动，又在职工中推广普及趣味项目、健身舞等文体活动，为职工创造了快乐，给企业增添了活力。

葛洲坝集团打造 "丰碑文化"*

陈 昀

中国葛洲坝集团公司因成功修建万里长江第一坝——葛洲坝工程而闻名世界，是一支诞生于计划经济时代、开创了中国水电建设新纪元的水电铁军，更是率先适应市场经济法则，建立现代企业制度，打造企业自主品牌，致力于发挥央企经济责任、政治责任和社会责任的大型企业集团。中国葛洲坝集团公司（以下简称"集团公司"）以建筑业、国家能源和交通基础设施投资、房地产开发经营为主业。自 1970 年建企以来，在利用自然、改造自然、造福社会的峥嵘岁月里，以强企富民为宗旨，谱写了一曲曲可歌可泣的水电乐章，创造出一项项享誉中外的世界纪录，也孕育出比较完整成熟、独具特色的企业文化——"丰碑文化"。

国家、民族、行业、企业历史等这些大的文化系统决定了企业文化的风格和个性。集团公司"丰碑文化"首先是葛洲坝传统优秀文化的传承，丰厚的文化底蕴缘于企业 40 余年的发展史，根植于广大葛洲坝人的血液中。同时，"丰碑文化"还包含着优秀的中华民族传统文化，如诚信为本等，优秀的行业文化如大局为重等，以及已被实践证明行之有效的企业特色文化，如创新务实等。可以说，"丰碑文化"是集团公司价值观的集大成者。

"强企富民"是集团公司的宗旨和信仰。作为中央企业，集团公司主要承担着国家基础性产业、设施及服务建设与经营的重任，为国家、为社会、为人民提供至优产品。做强企业、服务人民、奉献社会、报效国家，是葛洲坝人实现抱负的精神源泉，也是集团公司持续健康快速发展的根本动力。"强企"是指企业核心竞争力强、经济实力强、技术实力强、社会声誉高、市场份额大，

---

* 根据葛洲坝集团公司提供的"打造丰碑文化　铸就央企脊梁"整理。

国内国际行业领先。"富民"是指员工收入高、物质充裕、精神富有、生活质量高，股民回报丰厚。"强企富民"阐明了企业存在的理由、价值和目的，是集团公司牢记央企使命、落实科学发展观、服务和谐社会构建的承诺与追求，是企业的宗旨和最高信仰。

"创世界品牌 铸世纪丰碑"是集团公司的精神和灵魂。在集团公司成长发展的进程中，精神始终是最振奋人心、最动人心魄的力量，从未湮没、从未间断。葛洲坝人牢不可破的团队精神、荣辱与共的奉献精神、精益求精的敬业精神、坚忍不拔的开拓精神最终凝结成一句话，就是"创世界品牌 铸世纪丰碑"。"品牌"与"丰碑"是指集团公司建筑、投资和房地产三大主业提供的产品和服务具备至优品质。"丰碑"包括物质和精神，经济效益和社会效益，既指产品品质，也指葛洲坝人的品质，既是物质丰碑，又是人们的口碑。总之，"丰碑"是葛洲坝旗帜、葛洲坝品牌、葛洲坝人形象的缩影。"世界"与"世纪"是指集团公司提供的产品和服务品质与世界一流对标，具有世界一流水平，不可替代、不可磨灭，经得起历史的检验。"创"与"铸"的含义包括创新、创业、创造，革故鼎新，锐意进取，不断超越自我；务实、踏实、诚实，呕心沥血，精雕细刻，塑精品，立丰碑。"创世界品牌 铸世纪丰碑"是集团公司创立 40 余年来敢为人先、敢于超越、不屈不挠、坚忍不拔、勇争第一、永不满足等精神品质的写照，是企业的灵魂。它记录了葛洲坝人艰苦创业的历程，凸显了葛洲坝人崇高美好的追求，彰显了葛洲坝人成就基业长青的意志。

"建设管理型、现代化、多元化、国际化的大集团、强集团、富集团"是引领集团公司未来发展的宏伟蓝图和美好愿景。"一型三化大强富"，是对集团公司发展战略的高度概括和集中表述，是有明确内涵、具体标准和切实措施的集团发展纲领。其中，"管理型、现代化、多元化、国际化"是集团公司的战略定位。"管理型"，是指实现由劳务密集型向资源占有型和知识技术管理密集型、粗放型向集约型、经验型向科学型转变。"现代化"，是指实现管理理念、管理制度、管理手段、队伍素质、科技水平、装备水平的现代化。"多元化"，是指产业结构、产权结构多元化。"国际化"，是指建立先进的国际经营战略规划和管理体制，形成完善的国际经营布局，实现资源配置国际化和劳务管理属地化，国际业务收入占企业总收入比重达到国际先进企业水平。"大、强、富"是集团公司的战略目标。"大"，是指构筑以水电建设为核心的大建筑格局，以能源和交通等基础设施和房地产为主导的大资源开发局面，以建筑业和投资开发为主业的大经营体系，建设经营规模大、品牌价值大、综合效益好的大集团。"强"，是指企业综合实力强、国内国际行业领先的强集团。"富"，是指员工收入高、生活质量高、股民回报丰厚的富集团。确立并实现"一型三化大强富"，是党中央、国务院赋予集团公司的伟大历史使命，是集团公司面对激烈市场竞争保持持续快速发展、成为具有国际竞争力大企业集团的客观需要，也是葛洲坝人追求幸福生活、实现人生价值和理想的迫切愿望，是引领集团公司未来发展的宏伟蓝图和美好愿景。

"依法、从严、精细"是集团公司管理的基本思想和指导原则。"依法"强调的是办事讲规矩。时时、处处、事事自觉按法律法规和政策办事，依法经营，依法维权，各项内控制度体系完备、科学、有效。"从严"强调的是控制力与执行力。严厉、严格、严肃，说一不二，坚决做到四个凡事："凡事有章可循、凡事有人负责、凡事有人监督、凡事有据可查"，奖惩兑现，赏罚分明。"精细"强调的是注重细节。就是注重对管理过程中每一个链条、环节的精确控制。以精细目标、精细标准、精细流程、精细控制、精细考核来实现预期管理目标。"依法、从严、精细"是集团管理的基本思想和指导原则。是集团管理实践的总结与升华。由此治企方针催生的"程序化、标准化、规范化"管理准则，标志着企业同粗放管理决裂，是集团公司管理不断深化、细化的真实写照。

"选择葛洲坝就是选择成功"是集团公司对客户、对股东、对社会所做的庄严承诺。随着市场经济的飞速发展，产品同质化速度加快，满足客户需求、创造客户价值、培育客户忠诚度是企业应加倍重视的。"选择葛洲坝就是选择成功"，突出了葛洲坝品牌、突出了葛洲坝实力、突出了葛洲坝人的自信、突出了葛洲坝人的诉求，传达了与员工、客户共同成长、共同发展、共同成功的美好愿景。

此外，"丰碑文化"还包括展现企业经营个性与经营风格的"干一项工程、树一座丰碑、交一批朋友、拓一片市场、育一批人才"的经营理念，"好中求快，又好又快"的发展理念，"消除一切隐患风险，确保全员健康安全"的安全理念，"诚信守约，追求卓越"的质量理念，"建设绿色环保工程，营造和谐发展环境"的环保理念等。

伴随"丰碑文化"的建设，集团公司的发展业绩获得同行业、上级部门和社会各界的高度赞誉。一是获得了一大批行业嘉奖：2009年10月29日，中国葛洲坝集团承建的"长江三峡水利枢纽工程"、"黄河公伯峡工程"、"东海大桥工程"和"东深供水改造工程"四项工程，荣获由中国建筑业协会和11家行业建设协会联合评选的"新中国成立60周年百项经典暨精品工程"称号；承建或参建的云南大朝山水电站工程、广东东深供水工程、青海公伯峡水电站、上海东海大桥工程、贵州洪家渡水电站、海南大隆水电站荣获"鲁班奖"；山西祁临高速公路和上海东海大桥工程荣获"詹天佑土木工程大奖"。二是获得一大批综合荣誉："全国五一劳动奖状""全国守合同重信用企业""全国用户满意施工企业""全国优秀施工企业"等荣誉花落葛洲坝，业界形象得到进一步提升。三是得到了社会公众的一致认可：集团公司牢记中央企业的社会责任，多年对口定点帮扶宁夏西吉县；积极参与2008年年初的抗冰救灾，在南国大地抢修输变电设施，荣获"抗灾保电'特别贡献奖'"；"5·12"汶川大地震后，中国葛洲坝集团勇担重任，积极参与救援救助，第一时间捐款捐物支援灾区，在地震灾区四川汉源县援建学校、医院和新县城，灾害到来时敢于担当、为国分忧的行动，受到了国务院国资委和地方政府的高度赞扬，央企风范获得社会各界广泛赞誉。

随着品牌知名度和企业美誉度的提升，"葛洲坝"已经不再仅仅是一座水利水电工程的代名词，甚至也不仅仅是一个企业的代名词，它已经成为行业的旗帜和方向，成为优良的质量、诚信的品质、强大的综合实力、富有社会责任感的代表和象征。在集团公司的《企业歌》中，葛洲坝人发出了这样的心声"我是长江一滴水，浪里一颗砂；我是基坑那块石，坝上那道闸；垒起水上长城，捧出平湖高峡；造福万代子孙，母亲再无牵挂；穿越千山万水，奉献苦乐年华，葛洲坝人胸纳百川，勇闯天涯。"怀抱着光荣与梦想的集团公司，在以"丰碑文化"哲学为总集成的企业文化价值观的引导下，正挥手告别昨日的辉煌，昂首迈向崭新的天地。

蓝特集团建设"三本文化"

蓝特集团公司工会

蓝特集团是一家以农产品和建材家居产品市场交易物流为主导产业的原生态民营企业。公司总资产 20 亿元，员工 430 人，市场商户 7000 多家从业人员 5 万多人。控股的两湖绿谷物流股份有限公司是农业产业化国家重点龙头企业，所属蓝特商贸城是国家重点商品市场，两湖绿谷农产品交易物流中心是全国"双百市场工程"和农业部定点市场。多年来，公司把建设先进企业文化作为坚持科学发展的方向，保证和深化文明创建的重要目标，致力文化品牌建设，坚持文化导向引领，推动文化合力共建，努力凝铸科学发展、创新转型的精神之魂，赢得了持续稳健的发展。公司"三本文化"被评为全省十大优秀企业文化品牌。

一 确立核心理念，构筑精神标杆

实现企业持续健康发展，必须有文化，有思想，有精神标杆。

（一）创立"三本文化"

早在 1996 年，公司抓住参与湖北省首批民营企业股份制改造的机遇，举办民营企业文化建设研讨会和座谈会，集思广益、聚智论证，创立了"以人为本创天下、以智为本先天下、以搏为本富天下"的蓝特"三本文化"。"三本文化"是辩证统一、有机结合、彼此承接的企业文化整体。它既蕴涵了发展主体以人为本、发展动力以人为本、发展目的以人为本的创业思想，也凸显了勇于创造、敢为人先、与时俱进的创新精神，还展示了艰苦创业、惠及民生、富裕社会的创富宗旨。可以说，"三本文化"是科学发展观在蓝特创业发

248

展中的具体体现，是引领蓝特科学发展的精神之魂，因此也是蓝特企业文化的核心理念。

（二）丰富发展内涵

2004 年，公司创作了体现"三本文化"内涵的企业之歌——《蓝特，我们的选择》。2006 年，围绕发展两湖绿谷，确立了"让天下农民笑起来"的发展愿景，"聚集两湖、给养中国、通汇天下"的经营宗旨和"绿色、环保、安全"的市场准则，创作了蕴涵绿谷发展宗旨的《两湖天歌》，形成了以"三本文化"为基因的"绿谷文化"。2011 年，确立了"全面建成两湖绿谷，努力建设'幸福蓝特'，奋力实现'绿谷梦'和'小康梦'，致力打造竞争实力较强、发展持续健康，管理民主规范、劳动关系和谐，文明素质厚实、社会形象良好的现代文明型企业"的"十二五"发展蓝图，树立了企业文化建设新目标。还确立了"八荣八耻"思想道德准则和"忠诚、勤奋、敬业"的职业道德准则，有效规范了员工的职业道德操守。

（三）彰显文化力量

先进企业文化一旦成为企业发展目标和价值观念的共识，就会变成推动发展的无尽力量。两湖绿谷农产品市场投资 7 亿元，建筑面积 45 万平方米，分设十大专业市场和八大功能中心，公司仅用一年多时间即建成投运，而且投运第三年，年交易量即突破 340 万吨、交易额达到 220 亿元，成为全国十大农产品批发市场（综合类之一）。先期建成运营的蓝特商贸城，实施以品牌质量建设、新型业态发展、诚信守法经营、全程优质服务为主要内容的"创新再造"工程，连续两届获得湖北省文明诚信市场称号，特别是实行专业市场集成化运营，建立农产品质量安全可追溯体系，建立了公司与商户、顾客的利益共同体，培育了和谐共生、文明发展的市场文化。先进文化的力量还促使公司涌现出了全国"五一"劳动奖章获得者、全国"三八"红旗手、全国优秀农民工、北京奥运火炬手、参加建国 60 周年国庆观礼代表、全国优秀工会工作者、全国档案工作先进工作者等一批先进典型。

二 坚持文化引领，促进和谐发展

企业文化建设的一项重要任务是以文化的导向力、凝聚力、感召力引领和谐发展。

（一）构建和谐劳动关系

坚持职代会、员工董事监事、企务公开、合理化建议、董事长与员工恳谈交流制度，开设"网上议事厅"，推行周六"员工说事日"，引导员工参与决策"把大关"、建言献策"当高参"、经营管理做主人。依法签订集体合同和工资集体协议，推行"岗位工资＋绩效工资＋奖励工资"的薪酬制度，公司全员年均工资连续 6 年年均增幅 22.2%。公司建立了董事长奖学助学、特困帮扶、员工健康、教育培训基金，基金额度已达 650 万元，380 余人受惠。建立了孝老爱亲基金，为员工发放 1000 元、放假 1 天。还实行员工生日祝福、生病探慰等关怀活动，增强了员工的幸福感。坚持实施员工"素质提升工程"，采取岗位培训、专业培训、专长培训、轮岗锻炼、自学资助等多种方式，提高了员工综合素质。通过评先表优、树立典型、交流经验，引导和激励员工崇尚先进、争做榜样。

（二）营造和谐创业氛围

建立文明诚信市场公约，公开商户诚信经营承诺，开展"商户满意在绿谷（蓝特）、顾客满意在市场"和争创"金牌名店""文明诚信商户"等活动，增强商户诚信为本、信誉至上的意识。实行市场管理"三有序"、安全保洁全负责、仓储配送一体化、导购服务"三统一"，做到全天候跟踪管理、全方位配套服务。建立创业扶持基金，扶持困难商户创业发展，帮助优质商户做强做大，6 年来，先后为 7000 多家商户减免租金、行费、摊位费、提供创业扶持金 6200 多万元，为 2000 多个商户进行信贷担保，使其获贷 4 亿多元，现在已有 3000 多个商户资产过百万元、400 多个商户资产超千万元，有的商户资产达亿元以上。

（三）促进和谐社会发展

借助两湖绿谷市场的辐射优势，发展基地对接、"订单农业"、产销直达、物流配送、电子商务，建立对接基地150个30多万亩，与200多个农村专业合作经济组织进行合作，与全国10个大型农批市场开展供求调剂协作，直接带动了近300万农民增收。公司还积极投身公益慈善事业，近6年捐赠款物3000多万元，用于抗灾救灾、扶贫帮困、大病救助、助学助残、"三老"帮扶，在湖北省"三万"活动中，连续两年派驻工作组，为所驻公安县章田寺、甘家厂两乡6村捐资修建电灌站、改造危桥、修筑村组公路、开挖塘堰、疏浚排灌渠，成为湖北省参加"三万"活动唯一一家民营企业。

三　发挥工会优势，推动文化共建

公司建立了党委统一领导、各方分工负责、工会全面主抓、全员参与共建的工作机制，为工会参与企业文化建设提供了制度保障。

（一）打造优质文化阵地

累计投资近千万元，建立了总面积4000多平方米的文化活动基地，包括5处"职工之家"、4处员工活动室及员工培训中心、图书阅览室、蓝特档案馆等文化设施，配套了投影、电视、摄像、健身、娱乐等设备，每年预算40万元用于企业文化建设。创办了蓝特·绿谷网站和《蓝特·绿谷人》《蓝特·绿谷商报》《员工学习参考》等企业内刊，设立了文化宣传栏、企务公开栏和3处面积达110平方米的电子宣传屏，为促进员工学习交流、活跃员工文化生活、传播蓝特企业文化搭建了良好平台。

（二）发展员工文化组织

按照企业发展和文化建设的需要，结合员工特长和爱好，组建了由党委书记任政委、团委书记（兼任工会干事）任团长、工会主席任艺术总监的蓝特·绿谷职工艺术团，成员160名，分设歌咏队、舞蹈队、舞龙队、腰鼓队和威风锣鼓队，聘请 9 名文艺界知名人士担任顾问和创作与艺术指导。在两湖绿谷市场、蓝特商贸城和公司管理部门组建文艺分队，做到了员工参与全覆盖。还组建了以青年、民兵为主体的体育竞赛队，每年举办一次职工运动会，让员工在参与中强健身体，增强竞争意识。

（三）开展多种文化活动

围绕开展科学发展观、社会和谐观、道德荣辱观等主题教育活动，组织员工阅读《致加西亚的信》《道德经》等书籍，开展以"祖国·蓝特·我""道德·和谐·发展""忠诚·勤奋·敬业"为主题的职工诗歌朗诵会、专题演讲会。每逢元旦、春节、劳动节、青年节、国庆节及工作总结表彰，都会举办文艺联欢会、庆祝会，重大节日还走向社会参演，公司艺术团先后参加建国 60 周年大庆、建党 90 周年大庆演出，都获得了主办方授予的唯一金奖。连续两届承办中国荆州淡水渔业博览会，在第二届中国荆州渔博会上，公司成功举办"鱼米香飘幸福来·两湖绿谷之夜"大型演唱会，邀请中央电视台著名主持人和十余名全国知名歌唱家、歌手联袂演出，为参展人员和荆州人民奉上精彩的视听文化大餐。公司以"学业务、练绝活、当能手"为主题，组织电子商务、电子结算、安保消防、财务审计等重点岗位员工开展知识竞赛、演讲比赛、技能比武、示范展示、演练汇报，促进员工提升岗位技能，练就过硬功夫，拓展发展空间。

中铁大桥局构筑"桥文化"[*]

戴化勇

中铁大桥局集团有限公司是中国中铁股份有限公司旗下的全资子公司，前身为铁道部大桥工程局（2001 年改制为现名），是中国唯一一家集桥梁科学研究、工程设计、土建施工、装备研发于一体的大型工程公司。公司现有员工 14000 余名，先后培养出中国科学院院士 1 名，中国工程院院士 3 名，全国工程勘察设计大师 5 名，国家有突出贡献专家 2 名，拥有包含省部级有突出贡献专家、教授级高级工程师、高级工程师、各类专业技术人员的高素质人才队伍。在世界范围内，中铁大桥局是设计建造桥梁最多的企业，一直引领着中国桥梁事业的发展。迄今为止，公司在国内外设计建造了 1600 余座大桥，总里程 1600 余公里，修建了一大批精品名优工程，获得了国家科技进步奖、新中国成立 60 周年"百项经典暨精品工程"、中国建筑工程鲁班奖、詹天佑大奖、创中国企业新纪录等一大批奖项，拥有专利 246 项。

半个多世纪以来，中铁大桥局始终将"推动中国桥梁事业发展，赶超世界桥梁科技先进水平"作为企业最高理念和神圣使命，一直是中国桥梁建设的骨干和龙头企业。特别是近年来，公司大力实施"走出去战略"，积极参与国际竞争，先后在南非、印度、巴基斯坦、澳大利亚、中国香港、中国澳门等国家和地区承揽工程，享誉国际建筑市场。2004 年，公司入选美国《工程新闻记录》（ENR）评选的世界最大 225 家国际承包商，同时，被评选为国际十大桥梁承包商。被建设部授予"全国先进建筑施工企业"称号和"创鲁班工程特别荣誉奖"，荣获"全国文明单位""全国建筑业先进企业""国家认定企业技术中心"称号，通过了 ISO 9001 质量管理体系认证和职业健康安全管

---

[*] 根据中铁大桥局提供的"打造桥文化 振兴桥企业"整理。

理体系（GB/T28001）、环境管理体系（ISO14001）认证。公司以强大的技术实力和骄人的业绩赢得了良好的社会信誉，深得各方用户信任。

在数十年的发展历程中，中铁大桥局以"建桥铺路、造福人类"为使命，树立了"跨越天堑，超越自我"的企业精神。多年来，公司结合实际，以"打造桥文化、振兴桥企业"为主题，以"铸魂、育人、塑形"三大工程建设为重点，逐步培育了符合先进文化前进方向、具有时代特征和行业特征的企业文化——"桥文化"，这也为中铁大桥局实现"打造世界一流建桥国家队"的企业愿景提供了强有力的精神动力和文化支撑。

一 实施桥文化战略，凝聚桥精神核心

坚持以企业的发展推动企业文化的繁荣，以企业文化的繁荣促进发展战略的实现，通过不断总结和提炼，逐步铸造和凝聚大桥精神的核心，确立桥文化建设发展的方向。

（一）提炼桥精神

大桥局的企业精神为：跨越天堑，超越自我。其实质就是跨越和创新的精神，是对"大桥精神"的高度提炼。"大桥精神"集中体现为开拓创新精神、科技进步精神、团结合作精神、排忧解难精神、无私奉献精神。"跨越天堑、超越自我"，也是对大桥局近60年辉煌历史和优良传统的高度概括。大桥局的历史就是不断跨越、不断创新的历史：1500多座桥梁、28项国家科技进步奖、24项中国建设工程鲁班奖、17项中国土木工程詹天佑大奖、200多项专利技术……记录了大桥局跨越的足迹，凝聚了大桥局创新的成果，也形成了大桥局"没有跨不过的江河"的豪迈气概。大桥局的企业精神更体现着与时俱进、开拓创新的时代精神，鼓舞着新时期大桥人以坚忍不拔、开拓创新、勇往直前的精神，勇于超越历史的辉煌。

（二）构建桥理念

结合大桥局桥梁施工企业特点，逐步构建了以企业精神、企业理想、企业

目标、核心价值观、企业作风、经营理念、人才理念、项目管理理念、科技理念、安全理念、质量理念、廉洁文化理念等为主要内容的企业核心价值理念体系。其中包括以人为本、诚信经营、精益求精、持续创新的企业核心价值观，企业兴旺、员工幸福、追求卓越、百年永驻、打造世界一流建桥国家队的企业愿景，自主创新、引领桥梁科技发展的科技理念等。2011 年，中铁大桥局重新确立了"以人为本、诚信经营、精益求精、持续创新"的企业核心价值观。

（三）谋划桥战略

立足现实、着眼未来，研究确立了"12345"企业总体发展战略，促进企业文化建设与企业发展战略紧密结合。即坚持专业化，突出一个核心，做精做强建桥核心业务；拓展国内、国际两个市场；坚持相关多元化，实现土建、物资贸易与物流、房地产三个板块协同发展；坚持纵向一体化，强化桥梁科研、工程设计、营建施工和设备研发的四位一体格局；坚持品牌至上，提升人才、装备、科技、文化、管理五大优势。将大桥局建设成管理先进、技术密集、资本雄厚、核心竞争力强、成员协调发展的知名企业集团，持续引领中国建桥水平，扩大海外影响力，实现员工利益、企业发展和社会责任相统一。这些渗透着强烈创新意识的企业精神、企业价值观和发展战略等，构成了大桥局企业文化建设的核心内容。

二 构筑桥文化体系，拓展桥精神内涵

以系列"桥文化活动"激励职工、教育职工、凝聚职工，在推进企业文化建设更加贴近职工群众的同时，呈现"桥文化"育人的蓬勃生机。

（一）总结桥历史

大桥局高度重视对企业历史的总结，通过编撰局志、年鉴、桥史等，记录下企业发展进步的足迹，总结出企业在生产经营过程中积累的宝贵经验，以及形成的优良传统和企业精神。发掘整理了大桥局历史上影响深远、催人奋进的"桥故事"，以激励员工勇攀世界建桥科技高峰。如被誉为"水下尖兵"的胡

宝林在南京长江大桥建设中勇闯生命禁区的故事；毛泽东同志视察武汉长江大桥、嘱托大桥局要"建成学会"的故事；周恩来同志亲临郑州黄河铁路大桥指挥抢险并与大桥局员工一起在食堂就餐的故事……都激励着员工为企业和我国桥梁事业的发展不懈努力。大桥局全力打造"桥"文化并使之系统化，编辑出版了大型企业文化丛书，如《丰碑》《丰采》《丰硕》，《桥风》《桥雅》《桥颂》，《桥思》《桥韵》《桥影》等（简称"三丰、三桥、新三桥"），汇集了大桥局近 60 年来所取得的辉煌业绩、历年来单位和个人在两个文明建设中所获得的各种荣誉、员工在全国各种报刊上发表并获得省部级以上奖项的作品。在纪念新中国成立 60 周年年桥梁建设成就之际，推动武汉宣传"建桥之都"品牌，大桥局组织创作了"东方桥都"文化丛书，现已成为大桥局发展的历史见证和文化基石。

（二）继承桥传统

20 个世纪 50 年代，大桥局响应党中央"建成学会"号召，建成武汉长江大桥，学会修建更多的长江大桥，从武汉走向了全国，走向了世界；60 年代，"奋发图强"、独立自主修建了南京长江大桥；90 年代末，率先以"质量宣言"向全国建筑行业倡议对工程质量终身负责；21 世纪，以"走向海洋"的大无畏精神，修建了东海大桥、杭州湾大桥；在高速铁路迅猛发展的今天，大桥人又牢记胡总书记的嘱托，建成了武汉天兴洲长江大桥、南京大胜关长江大桥等一批世界一流的桥梁，向世界展示一流建桥水平。每一阶段形成的企业传统文化，都蕴涵了鲜明的时代特点和深厚的企业文化精髓，激励一代代大桥人用"特别能吃苦、特别能贡献、特别能创新、特别能战斗"的精神为祖国桥梁事业做出新的贡献。2012 年 2 月，中共中央政治局委员、国务院副总理张德江视察中铁大桥局，专题参观了大桥局桥文化展示厅，高度评价了大桥局为祖国桥梁事业发展做出的贡献，充分肯定了大桥局的桥文化建设，并希望大桥局能打造出真正的世界一流国家建桥队。

（三）树立桥英模

近 60 年来，大桥局英模辈出，群星璀璨。共计产生过 260 名全国、省部级劳模和 1300 多名局劳模、局先进；产生过 2 名全国党代会代表、2 名中央委员和候补委员、5 名全国人大代表、3 名全国政协委员等。还有以院士、设计大师、国家级有突出贡献专家为代表的一大批科技精英。20 世纪五六十年代，大桥局的全国劳动模范管业良、肖传仁、史小宝等，新时期的全国劳动模范、中央企业"十大杰出青年"和第八届"全国五四青年奖章"的获得者周孟波，都成为员工学习的榜样、人生的标杆。一代代企业英模和杰出人物，传承着大桥局的优良传统，集中体现了大桥局的企业精神。对这些宝贵人才，大桥局历来十分重视、推崇，为进一步营造树立先进、崇尚先进、学习先进的良好氛围，近年来大力开展了"学劳模、学院士，争做四个一流职工队伍"活动。对建局以来各类、各级先进模范人物的事迹材料进行收集整理，汇编成《丰采》《建桥楷模》等书，在全集团发行，使劳模精神进一步发扬光大。

（四）展示桥文艺

充分利用大桥局丰富多彩的职工文艺活动，搭建"桥文化"建设的宽阔平台。坚持每年开展万人万米职工迎新长跑赛、每年一届全局性职工球类大赛（篮球、羽毛球、乒乓球一年一样）、每两年一届职工文艺汇演、每两年一届"桥工画廊"职工艺术作品展示活动。通过开展四大系列文化活动，把广大职工的精神文化需求凝聚到各项文明、健康的文化活动之中，形成了具有大桥特色的"职工桥文化"活动品牌。每年的四大传统系列文化活动都从场面、内容、形式、艺术表现力等方面推陈出新，使活动声势大、节目精彩纷呈、内容丰富多彩。如近年来开展的庆祝武汉长江大桥通车 50 周年职工文艺汇演、红歌伴着彩虹飞——庆祝新中国成立 60 周年职工文艺汇演、唱支桥歌给党听——纪念中国共产党成立 90 周年职工文艺汇演、党旗飘飘映彩虹——庆祝大桥局第三次党代会召开职工文艺晚会等活动，吸引了全局数万名职工和家属参与，其活动影响之大、职工参与面之广、节目形式之多样、表演艺术水平之高都创群众文化活动之最。在得到各方认可的基础上，也打造了特色鲜明的大桥职工文化活动品牌。

（五）繁荣桥创作

作为企业文化建设重要组成部分的企业文联工作，以《彩虹》杂志为载体，培养了一大批颇具实力的业余作者队伍。他们长年奋战在生产经营第一线，利用工作之余，创作出了一大批积极向上、催人奋进、讴歌企业业绩、展示企业风貌的各类体裁的文艺作品，在社会上产生了很好的反响。29 年来，共编辑出版发行了 109 期《彩虹》，发表了各类体裁的文艺作品 8000 余件，总计千万余字。还借用对联这一古老的传统文化，弘扬企业精神，传播企业美誉，提升企业形象，两次举办了"大桥杯"海内外征联大赛，征集作品 13000 多幅。全国共有 30 个省、直辖市、自治区、香港特别行政区及海外作者应征。不少对联质量上乘，堪称精品，桥对联把桥视为国家走向世界之桥、改革开放之桥、发展繁荣之桥，使桥精神境界为之升华，给人以美的享受和强烈的心灵震撼。

（六）培育桥人才

贯彻"以人为本""建桥育人"方针，倡导"人人都是人才、人人都能成材、尊重爱护使用好人才"的理念，大胆培养选拔"想干事、能干事、能干成事"的人，主动超前地为人才成长创造条件、提供舞台。以选树学科带头人、培养内部研究生、导师带徒等活动为载体，推进专业技术人才队伍建设；以创建"四好领导班子"活动为载体，推进领导团队建设；以开展桥梁装吊、电焊、混凝土等 5 大工种专业技术比赛为载体，评选"首席技师""金牌职工"，培养专业技能人才，建设"四个一流"职工队伍。通过一系列举措，一大批年轻有为的人才被推上管理层和重要的技术岗位。另外，积极开展"创建学习型组织、争做知识型职工"活动，推行双向交流和人性化、科学化的员工绩效考核办法，实行管理、技术、资本等要素参与分配，有效地激发了企业人才的活力。2011 年在湖北省总工会、文明办、国资委、教育厅等 9 部门联合开展的湖北省"创争"活动评选中，大桥局首次获得"学习型标兵单位"称号，被授予湖北省"五一"劳动奖状。

三 提升桥文化形象，打响"桥坚强"品牌

随着时代的不断进步，大桥局在走向科学发展、内涵式发展的同时，也更加注重"桥品牌"的社会影响力，不断提升桥文化建设新的社会形象。

（一）树立桥信誉

高度重视企业诚信文化建设，大兴重承诺、守信誉之风。加强员工诚信教育，通过报纸刊发《诚信立企》等一系列言论，引导教育广大员工树立忠诚企业、诚实守信的理念。2011 年，中铁大桥局在全公司范围内开展了声势浩大的"盈利光荣、亏损可耻，共创价值、共享成果"主题教育活动，兑现对企业和员工的承诺，推动企业和谐发展。在加强诚信教育的同时，重视诚信制度的建设，成立了信誉评价考核委员会，对集团各单位诚信状况定期检查、考评，对信誉不好的单位进行曝光，整改提高，在全国铁路建设信誉评价中，中铁大桥局始终保持良好的信誉。

（二）发展桥科技

坚持"科技领先""科技兴企"战略，倡导"鼓励首创、宽容失败"的创新精神，不断加快科技创新步伐。每年投入数亿元用于科研和新装备开发，打造了"小天鹅"号、"天一号"海上运架起重船、大桥海威号打桩船及其他一大批先进的海上施工装备；在跨海大桥、大跨度公铁两用桥、斜拉桥、悬索桥、钢管拱桥等建造技术方面取得了新的发展和突破；加强与世界桥梁前沿科技的交流。在承办多年的中国铁路桥梁技术交流会的基础上，2003 年与茅以升科教基金桥梁委员会和中国铁道学会桥梁工程委员会联合举办了"21 世纪国际桥梁技术的发展与展望"技术论坛。2007 年和 2009 年，中铁大桥局举办了两届"武汉国际桥梁科技论坛"，来自国内外的数百位专家学者和有关领导参加了这次盛会。国际桥协主席伊藤学先生，中国工程院院士项海帆先生，美国工程院院士、中国工程院院士邓文中，中国香港特别行政区土木工程署原署长刘正光，台湾地区土木工程界知名人士黄永和等国内外桥梁专家，以前瞻的眼光阐释了 21 世纪桥梁科技的创新与发展趋势，展示了大桥局雄厚的技术实力和跻身国际知名建桥企业的坚强决心。目前，"武汉国际桥梁科技论坛"作为一项定期的国际性桥梁科技盛会，每两年召开一次。积极参与推进"武汉建桥之都""武汉工程设计双年展"等城市桥梁文化品牌及桥梁产业的宣传，通过与武汉市政府及行业协会举办一些重大桥梁宣传活动，不断扩大企业品牌影响力。

（三）建造桥精品

近60年来，中铁大桥局以"建一座桥梁，树一座丰碑"的质量追求，精心建造了1500余座经得起时间考验的优质桥梁工程，牢固地支撑起"大桥局"这块金字招牌。近年来，中铁大桥局大力宣传"精雕细琢、百年品质"的质量理念，倡导"首件认可制""质量终身负责制"承诺，工程质量得到社会各界的广泛认可。多年来，大桥局以争创全国优质工程为目标，获国家优质工程"中国建设工程鲁班奖"24项，先后被评为"全国工程建设质量管理优秀企业""创鲁班奖特别荣誉企业"等。2009年，由中国建筑业协会等12协会组织的新中国成立60周年"百项经典暨精品工程"评选中，中铁大桥局承建的10项大桥工程获奖，成为获奖最多的企业；2011年，在中国土木工程"百年百项杰出土木工程"评选中，中铁大桥局承建的9座大桥和6项铁路工程获奖。2011年，在2010~2011年度中国建设工程鲁班奖（国家优质工程）颁奖大会上，中铁大桥局集团公司总经理胡汉舟作为施工企业代表在人民大会堂进行经验交流。中铁大桥局承建的孟加拉帕克西大桥，其建造质量获得该国政府的高度赞扬。中国商务部、建设部联合发文，将帕克西桥作为我国对外承包工程质量管理的典范。这一系列奖项和荣誉充分体现了中铁大桥局视"工程质量为生命"的崇高理念，展示了企业的良好形象。

当然，也要清醒地认识到，受多种因素的影响，大桥局的企业文化建设目前仍存在一些不足之处，主要表现在：一是企业品牌建设和桥梁产品品牌宣传缺乏较好的载体和方法，还集中在新闻宣传等传统的方式、方法上，缺乏系统性、长远性；二是企业文化建设不够深入，特别是项目制度文化、精神文化和行为文化等建设缺乏有效的载体。引导员工践行企业文化的方法还不够灵活，不够科学。

60年来，几代大桥人奋发图强、勇于拼搏，推动中国桥梁建设事业发展，也为湖北经济发展做出了自身应有的贡献。2013年是中铁大桥局建局60周年，大桥局将以更加积极的姿态、更加高昂的斗志、更加敢于作为的担当，推动企业文化建设不断深化和繁荣，不断引领中国桥梁事业的发展。

九州通用文化塑造企业[*]

陈新武

九州通医药集团股份有限公司发轫于改革开放之初的 1985 年，如今公司已成为一家以药品、医疗器械、生物制品、保健品等产品批发、零售连锁、药品生产与研发及有关增值服务为核心业务的大型企业集团，是中国医药商业领域具有全国性网络的两家企业之一；已连续多年位列中国医药商业企业前列，中国民营医药商业企业第 1 位，入围中国企业 500 强。为打造企业核心竞争力，九州通医药集团秉持"技术让服务更卓越"的理念，致力于现代物流技术和信息技术的开发和应用。目前，九州通医药集团是国内唯一具备独立整合物流规划、物流实施、系统集成能力的医药分销企业，并取得了 20 多项自主知识产权，在现代物流技术和信息技术方面处于国内领先、国际一流的地位，是国内医药行业唯一获得"中国物流改革开放 30 年旗帜企业"称号的企业。截至 2012 年 12 月 31 日，九州通医药集团拥有总资产 148.04 亿元，员工 9148 人，下属公司 80 余家，直营和加盟的零售连锁药店 875 家。2012 年，九州通医药集团实现营业收入 295.08 亿元，上缴税收近 5 亿元。

一 九州通文化体系

（一）九州通文化的核心理念

1. 企业思想

（1）企业宗旨：传递健康 创造价值

---

[*] 根据九州通医药网、猎才医药网、公众网等媒体资料和文章等整理。

（2）企业精神：诚信　勤奋　竞合　创新

（3）经营理念：客户至上　用心服务

（4）管理理念：以人为本　有效执行

事业领域：九州通以医药分销为主业，以医药物流配送、电子商务、零售连锁为主要经营模式，为上下游客户提供差异化、增值服务，辅以支持医药商业的相关产业。

（5）企业口号：

2006 年：服务从微笑开始！

2007 年：每天进步一点！

2008 年：我是公司主人翁！

2009～2010 年：同一份事业，同一个梦想！

2011 年：改变，从行动开始！

2. 企业愿景：做中国医药健康产业最佳服务商

公司在今后的发展过程中，将以中国为主要的发展区域，专注于医药健康产业的现代化和规范化，同时推动行业的合作和可持续发展；围绕主业，向成为经营规范、管理科学、业绩突出、股东回报率高、品牌形象领先的优质服务商不断努力。

3. 企业使命：为医药健康产业提供高性价比服务

医药健康产业是九州通的服务对象，高性价比是公司一直努力和追求的方向，公司将通过快速扩张网络覆盖面、利用现代技术和先进服务理念，降低流通成本、提高运营效率等，为上、下游客户提供高性价比的服务；将通过努力降低药价、规范医药市场环境、保证老百姓的用药安全等，最终让老百姓享受到高性价比的服务。

4. 核心价值观

（1）责任心

从公司的角度来讲，公司的事业是关乎人民生命健康的特殊事业，所以在工作中必须保持对人民生命健康高度负责的态度，以真诚、专注、勤奋之心赢得客户，赢得机遇。

从员工的角度来讲，要严于律己，履行首问负责制，对自己的工作尽心尽力，同时注重维护集体和公司的利益，以主人翁的姿态勇担重任、面对困难。

（2）危机感

从公司的角度来讲，虽然公司取得了一定的成就，也有着广阔的行业前景，但仍然面临着很多的压力和危机。所以我们要有强烈的忧患意识，时刻保持创业初期的激情和不断进取的精神，增强企业抵御风险的能力，实现企业的战略目标。

从员工的角度来讲，要积极进取，不满足于固有成绩，要追求进步，注重学习与提升，勇于挑战自我和超越自我。

（3）执行力

从公司的角度来讲，强有力的执行力一直是九州通的核心优势，企业的发展对执行力的要求也将越来越高。所以，公司要形成令行禁止、言必信、行必果、雷厉风行的执行力文化，形成有决策、有落实、有监督、有反馈的良性管理机制，从而增强九州通在新的市场环境下参与竞争和合作的综合实力。

从员工的角度来讲，要做到反应迅速，行动及时，高效率、高质量完成工作，超越组织期望，日常行为规范化和职业化。

（4）融合度

从公司的角度来讲，家文化是公司的传统文化精髓，包容与共进是企业前进的内部保障，高级人才的引进、人员本土化和企业的一系列整合并购，也都需要融合。所以，公司要通过关爱等举措来提高员工的满意度，通过打造和谐团队来增强组织的凝聚力，通过搭建成长平台来吸引和留住优秀人才，从而最终实现共同的事业与梦想。

从员工的角度来讲，要有良好的协作精神，积极融入团队，乐于与团队成员分享经验和成果，主动为他人提供帮助，以阳光的心态面对同事和客户。

（二）九州通文化的企业形象设计（CIS）

1. 企业形象定位

企业形象用语：医药通九州　健康送万家。

九州通医药集团确立了医药分销为核心业务，医院纯销、中药及中药材、医疗器械、零售连锁为战略业务，物流技术营销、电子商务、制药、原料药、国际贸易等为新兴业务的业务组合战略；持续扩大和完善医药营销网络布局，不断为医药健康产业提供高性价比服务，努力将九州通打造成为中国医药健康产业最佳服务商。

2. 企业形象标识释义

标识整体以阿拉伯数字"9"为记忆点。标识以代表理智、沉稳、科技、创新、效率的蓝色为主色，彰显九州通通过不断进取，提升企业执行力的决心和信心。

"，"表达了九州通时刻保持危机意识，对融入国际、紧跟时代的追求永不停歇。

"+"表达了九州通专注于医药商业领域，始终为客户提供专业服务的责任心意识。

"九州通"英文"Jointown"，由"Joint Town"演变而来，寓意"连接·城镇"，表达九州通快速、灵活、畅通无阻的医药物流特征，且在发音上似于"九州通"，便于涉外传播。

整个标识旨在树立九州通"以规范经营、科学管理、真诚服务而著称的大型医药商业企业"的企业形象。

（三）九州通文化的主要观念

1. 诚信观：追求至诚品质　共建多赢平台

诚信务实铸就信赖——供应商是九州通医疗器械事业发展的坚强后盾。凭借诚信、务实的工作，九州通医疗器械赢得了一个又一个供应商的信任与支持。目前已与强生医疗、西门子、奥林巴斯、BD、拜耳、欧姆龙、江苏鱼跃、深圳迈瑞、深圳稳健、默沙东中国、北京紫竹、青岛杜蕾斯等国内外多个知名医疗器械供应商建立了良好的合作关系。

2. 发展观：立足主业　稳步推进　和谐发展

（1）核心业务

2000 年，九州通在国内开创的"低成本、高效率"的医药商业模式被中国医药界誉为"九州通模式"，并成为中国医药物流发展的主流模式，铸就了享誉中国医药行业的九州通品牌。经过十多年的发展，目前九州通已拥有了完善的品种结构和丰富的客户资源，经营品种达 14000 多个，上游供货商近 5600 余家，下游客户 70900 余家，取得了国内 240 多种药品的全国或区域总经销、总代理资格。

（2）战略业务

医院纯销：强大的医药物流延伸服务能力，引领医院终端市场开拓。2010 年公司成功上市后，九州通调整发展战略，将医院业务作为集团首要战略业务摆在极其重要地位，将其定位为集团寻求战略转型、提升行业竞争力的突破口。

医疗器械：努力打造中国最大、最专业的医疗器械运营与服务商。九州通医疗器械业务依托集团医药平台的优势，在各分公司建立独立的医疗器械事业部，全面负责九州通医药集团医疗器械事业的运营与管理。

中药及中药材：做大做强中药产业，打造全产业链运作模式。从 2000 年 7 月九州通成立中药业务部门至今，现已经发展成为包含湖北九州通中药产业发展有限公司、湖北香莲药业公司、湖北九州通药用植物工程研究中心以及全国各省市分公司中药部等的庞大中药业务系统，并已覆盖中药材种植、科研、生产、销售等多个领域，逐渐形成了全产业链运作的模式。

零售连锁：打造好药师好药房全球性品牌，做老百姓身边的健康管家。九州通医药集团零售连锁业务始于 2003 年 12 月。2010 年，为打造独特的零售连锁品牌，创新业务发展方式，九州通创立了"好药师"零售连锁品牌，并成立好药师大药房连锁有限公司。

（3）新兴业务

物流技术营销：一流的物流与供应链研发团队，创新物流技术营销。凭借九州通一流的研发实力的技术团队和丰富的物流与供应链管理经验，公司面向医药健康行业先后开发了物流管理系统、医院管理系统、医疗机构管理平台、ERP 系统、集中采购管理平台等 20 余个软件产品，全部取得了自主知识产权，并形成了独具特色的物流管理、供应链管理、医院管理三大产品线，能广泛满足医药行业客户的信息化需求。

电子商务：同时具备 B2B 与 B2C 的经营资格，全力打造新兴业务的发展亮点。激烈的市场竞争，瞬息万变的客户需求，以及行业管理的不断规范化，要求医药产业供应链中所有的参与者通过电子商务的形式更紧密地协同合作，挖掘价值，服务市场。九州通早在 2000 年就开展了医药电子商务业务，并创办了九州通医药网，并在同行当中率先获得《互联网药品交易服务资格证书》（B2B）。2009 年，北京九州通医药有限公司又顺利通过电子商务 B2C 的认证。

3. 质量观：放心的商品　满意的服务

"放心的商品、满意的服务"是九州通的质量观，公司建立了以质量管理部为中心的质量管理网络及严格的药品质量管控体系。同时，公司按照 GSP 及国家其他相关标准的要求，成立了总经理负责的 GSP 工作领导小组，针对业务经营中进、销、存的每一环节，制定了完善的质量管理制度和标准操作程序，以严谨的科学态度，严密的质量体系，严格的管理制度，积极推行全面质量管理，不仅把质量管理贯彻到日常经营工作的始终，而且将质量责任精确到岗到人，使质量意识深深扎根于每位员工的思想。另外，九州通达电子商务公司的硬件支持以及信息技术的有效利用，为企业的质量评价和质量改进提供了科学、准确、及时、有效的数据，全面提升了公司的质量管理水平，达到了全面质量管理信息化的目的。

凭借强大的质量管理人力资源队伍以及稳固的质量管理基础设施，公司严把质量管理"六关"：计划采购关，入库验收关，在库养护关，出库复核关，配送保障关，售后服务关。坚决不让一粒、一片、一支假冒伪劣药品流入公司、流入社会。

4. 团队观：自主自觉 群策群力

专业服务成就卓越——为客户提供卓越的服务是九州通一直以来追求的目标。九州通以"专业让服务更卓越"的文化理念，将贴心专业的服务送达每位客户。九州通联合厂商在集团旗下的每个省级公司建立售后服务中心，设立全国统一的 400 客户服务热线，以 30 余人的服务团队为客户提供专业的产品维修和咨询解答等服务。

九州通运用了 CRM 客户管理系统，既能准确地分析重点商品的销售情况和重点客户的购进情况，又能全面地管理终端客户的基本信息，还能通过总部客服呼叫中心，定期对重点客户进行满意度回访调查。

5. 人才观：能力择才 品德立才 实战育才 平台留才

能力择才：即识才观。应聘者的综合能力是九州通甄选人才的首要标准。通过笔试、面试、体检、背景调查、试用五个阶段，全面考察应聘者的综合素质，以选择适合九州通发展的优秀人才。

品德立才：即用才观。在具有相应能力的基础上，员工的个人品德素养是衡量员工能否被重用和晋升的重要标准。

实战育才：即育才观。在人才培养上九州通一方面为员工创造各种各样培训和深造的机会，帮助员工提升能力；另一方面建立"推一把、扶一把、拉一把"的人才培养机制，将人才放到合适的工作岗位上，用实战来促进其迅速成长。

平台留才：即留才观。九州通最吸引人才的地方就是在医药商业领域拥有广阔的发展平台。各种各样的人才都能在这里找到适合自己职业发展的舞台，而且九州通全力以赴为有志之士创造更为有利的职业发展空间。

6. 创新观：勤学务实，精细实践，以团队智慧创未来

变革创新推进发展——九州通医疗器械除与厂家的业务合作外，还推出了"医院医疗器械物流整体解决方案"（HPD）这一全新的业务模式，目前已在北京大学人民医院得到成功运用；同时推出了终端家庭保健产品整体解决方案，为零售药店提供产品组合筛选、店面陈列、人员培训、盈利分析等综合服务，有力地推进了终端药店医疗器械产品的销售。九州通凭借取得的 B2B 和 B2C 互联网药品交易资格证书，以及与京东商城共同投资成立的京东好药师网，实现了医疗器械线上与线下销售有力的结合，打造医疗器械行业销售模式的新格局。

二　九州通文化特色

（一）文化精髓：家文化

九州通的家文化来自企业创业、发展的实践。家文化凝聚着九州通人勤劳、智慧、敢于拼搏进取的创业精神；凝聚着九州通人对事业的追求和执着；它的形成是一个自然、客观、循序渐进的过程；它经历了市场经济大风大浪的考验，一直为公司的发展提供着源源不断的精神动力。

企业创始人刘宝林的初期创业实践，体现的是一种抽象的家文化意识：为了生存与发展，以家族为核心，公司将每位员工都看成是家的成员，平等对待，相互尊重和帮助，无论职位高低、岗位同否，都是同吃同住同劳动。

随着公司的不断发展与壮大，家文化的内涵发生着深刻变化，并逐步走向成熟。当企业的基本需求得到了充分的满足，公司规模达到了一定程度时，家文化体现的是一种创造共同事业的文化：公司是员工的家，公司的事业是每一名员工的事业，公司的发展与每一名员工的前途息息相关。每位员工不论在什么岗位，都怀有一颗强烈的工作责任心，时刻心存危机感，拥有不折不扣的执行力，保持积极的团队融合度，与公司创造共同的事业，共享公司的发展成果。

九州通的家文化始终具备着"平等　友爱　互帮　共进"的特征：

平等：讲求平等、公平合理；进公司时严格执行招聘程序，认学历、经历，认亲戚、朋友，认领导、同事，但进了公司之后，一切从头开始，大家都是一视同仁，一切都看员工为公司做出了多大的贡献，一切都看员工的成绩和进步，一切都看员工是否融入了九州通这个大家庭。

友爱：在九州通，始终保持着一种和谐、温馨、团结、友爱的工作氛围；领导为员工服务，员工为客户服务；充分尊重员工，重视员工；员工把领导当朋友，当亲人，相互关爱，相互鼓励。

互帮：公司关心员工的前途和发展，积极为每位员工创造适合成长和发展的空间与环境；公司要求领导与员工加强沟通，共同进行职业规划；公司创造二至三条员工发展通道，让员工灵活、适时地选择发展空间；倡导同事之间、各公司之间分享工作经验和成长心得，互相学习，取长补短。

共进：员工宽严相济，有张有弛；员工服务大局，不苟私利；把公司的发展当成自己最大的快乐，把公司的进步当成自己最大的成功；不断以更高的标准要求自己，实现个人与公司的共同成长。

（二）服务模型：陀螺模型

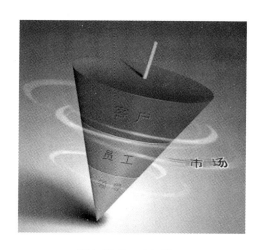

服务模型：陀螺模型

"陀螺"服务模型：客户、员工、领导共同围绕"领导为员工服务，员工为客户服务，客户是上帝"的这一服务观轴心，在市场外力的鞭策下，同舟共济，同谋发展，从而形成了一个立体旋转的"陀螺"：客户居于最顶层，是我们的上帝；员工居于中间层，是公司发展的中坚力量；领导居于最底层，是所有责任的最大承担者。倡导下一层为上一层提供服务，三者相互作用，在市场的推动下，促使"陀螺"快速稳定地旋转。

鞭策力：市场推动力。陀螺旋转的外力就是市场，只有有了市场这个动力，才能推动企业这个陀螺正常运转。

转速：陀螺旋转的速度决定了其稳定性。陀螺稳定快速地旋转，转得越快越稳定。

轴心：企业的服务观。

九州通确立这一服务观旨在创建"陀螺"模型服务文化。具体要求如下：

1. 领导为员工服务：

（1）见面时，领导应主动向员工问好；

（2）非工作关系的聚会或聚餐，应由领导买单；

（3）在春节、生日和各类节假日期间，领导可向员工送上问候与祝福，但坚决杜绝领导以各种名义收受员工赠与的礼品和礼金。

2. 员工为客户服务：

（1）员工在接待客户时，应做到微笑服务、礼貌得体，让客户感觉舒服；

（2）所有涉及客户的事情，应做到优先处理；

（3）员工应发挥主观能动性，积极地为客户提供各种优质服务和解决方案，力争超出客户的期望。

在这样一个"陀螺"服务模型里面，存在着两个影响陀螺转动的力，一个是市场外力，另一个就是客户、员工、领导三者之间相互交流的力。在这三个角色之间，存在着一条完整的服务价值链，服务产生的价值是通过企业的员工直接为客户提供服务的。员工的态度、言行也融入每项服务中，并对客户的满意度产生重要的影响。而员工是否能用快乐的态度、礼貌的言行对待客户，则与他们的领导平时在工作生活中是否真正关心他们息息相关。因此，只有领导真正做到了服务员工、关心员工，良好的服务才会在"领导—员工—客户"组成的价值链上得以有效传递。客户、员工、领导三者之间才会有效地交流互动起来，让良好的服务在彼此之间传递，在市场的外力作用下，内外达到平衡，共同促进"陀螺"持续稳定地旋转。

（三）文化再造：考核体系

九州通建设了员工宿舍、培训基地、健身房、图书阅览室、超市、洗衣房等配套设施，组织员工业余文化社团，并开展周末影院、周末舞会，举行集体婚礼等，尽可能地为员工营造良好的文化氛围。

在各个分子公司都有部门企业文化专员，为员工进行企业文化教育。同时，九洲通利用内部网络、内刊、广播台、宣传栏等形式开展企业文化宣传工作。公司每年都会举办一次企业文化宣讲活动。在宣讲时，高管都会出席，企业主管亲自为员工讲解企业文化，讲述艰辛的创业史。

自 2006 年开始，九州通在全集团范围内开展了大型企业文化主题活动：2006 年的"微笑服务之星"评选，树立了"微笑服务"模范标兵；2007 年的"每天进步一点！"主题活动，制定员工六项基本行为规范，推行"员工素质提升计划"，培育良好行为习惯；从 2007 年下半年开始，公司实施"金牌保姆计划"，号召全体管理者争做"金牌保姆"，转变领导工作作风；2008 年的"制度文化年"活动，倡导员工争当企业真正"主人"，打造良好执行力；2009 年为了加强文化建设，特在应届毕业生中招聘了文化建设专员，要求能对文化建设现状进行诊断，提出解决方案，策划组织文化活动以及公司新闻宣传稿件的撰写等。

九州通还建立了企业文化考核体系，将文化建设纳入日常经营管理指标中进行考核，并设立年终"企业文化建设"大奖。同时，建立各种针对性的制度，如亲属回避制度、"廉政建设十不准"、首问负责制等，对容易滋生的问题和难点进行管控。此外，公司还利用监事会、党委纪律监察委员会、法务监察总部、审计总部等部门，从各方面对各种不利企业发展的违规违纪违法行为加以惩治。

附　录

Appendix

2012 年湖北企业文化建设大事记

大事一　湖北企业文化研究中心成立

　　抓住党和国家深入推动社会主义文化大发展、大繁荣的历史契机，紧跟湖北由文化大省向文化强省过渡的步伐，依托湖北经济学院，2012 年 1 月 18 日湖北企业文化研究中心经湖北省教育厅获批为湖北高校人文社科重点研究基地。中心设有企业文化建设研究所、楚商文化研究所、企业品牌文化研究所、企业创新文化研究所等共四个研究所。中心采取开放式运作，紧密围绕"服务湖北经济、服务学科建设、服务人才培养"的建设目标，遵循"实践、实证、实用"的建设思路，跟踪国际国内企业文化领域发展前沿，围绕湖北企业文化发展面临的新情况、新问题，整合校内外学科资源，充分发挥学校与政府职能部门、学校与各型企业联系密切的优势，逐渐成为在全省居于领先水平、在全国具有较大影响的企业文化学术研究中心、产学研培训基地、决策服务与信息咨询的"人才库"、"思想库"和"智慧库"。

大事二　首届中部企业文化高峰论坛精彩纷呈

6 月 9 日至 6 月 10 日，首届中部企业文化高峰论坛在武汉隆重举行。国家有关部门、中部六省有关领导、国内知名企业文化专家、著名企业文化管理实战派人物出席了本次论坛。这是一次湖北、湖南、江西、安徽、河南、山西六省市的企业文化盛宴。会上，颁发了"中部地区十大企业文化建设示范基地"、"中部地区十大企业文化品牌"、"中部地区十大企业文化杰出贡献人物"等系列奖项，对在中部地区企业文化创新和企业精神培育中表现优异的单位及个人进行了表彰。论坛不仅交流企业文化建设的模式和经验，研讨企业文化建设的形势和对策，探索企业文化创新发展的战略和思路，并且对改革开放 35 年来中部地区企业文化的成就进行了一次大检阅、大梳理、大回顾、大展示，具有重大的现实意义和深远的历史意义。

大事三　《中国境外企业文化建设若干意见》指引湖北境外企业文化建设

2012 年 5 月 30 日，商务部、中央外宣办、发改委、国资委等六部委局和全国工商联联合下发了《中国境外企业文化建设若干意见》（以下简称《意见》）。这是我国发布的第一份有关中国境外企业文化建设的工作指导文件。《意见》分总体要求、基本内容和实施保障等三大部分，共 17 条。《意见》提出，要以和谐发展为宗旨，以诚信经营为基石，以学习创新为动力，努力建设符合国际国内经济社会可持续发展需要的、具有鲜明时代特征、丰富管理内涵和各具特色的中国境外企业文化。

《意见》重点阐明了中国境外企业文化建设的九大内容。一是树立使命意识，坚持和平发展、互利共赢的主旋律和价值观，展示中国企业的历史文化底蕴；二是坚持合法合规，做到依法求生存、依法求发展；三是强化道德规范，将道德感、伦理观渗透到企业经营和管理的全过程；四是恪守诚信经营，将诚信融入企业精神和行为规范之中；五是履行社会责任，造福当地社会和人民，树立中国企业负责任的形象；六是加强与当地融合，将企业经营管理与当地社会发展结合起来；七是加强风险规避，有效防范国际化经营中的各种风险；八是严抓质量考核，把质量当成创业之本、立企之基；九是创新经营特色，将企业文化与企业经营管理紧密融合。《意见》为湖北境外企业文化建设的实施和保障提出了明确要求，有助于湖北境外企业以企业文化为核心提升企业国际竞争力。

大事四　高校专家座谈会共话湖北企业文化建设

5月20日，由湖北省总工会政研室与湖北企业文化研究中心共同承办的湖北企业文化建设高校专家座谈会在湖北经济学院举行。来自武汉大学、中南财经政法大学、华中师范大学、中国地质大学、武汉理工大学、湖北大学、武汉科技大学、湖北经济学院等省内高校的20多位专家学者，围绕会议主题"增强企业凝聚力和职工的归属感"，分析讨论湖北企业文化建设的现状及存在的问题，并就如何进一步推动企业文化建设、构建企业和职工共同的精神家园建言献策。湖北省总工会副主席谭必元到会并指出企业文化建设是一项系统工程，加强企业文化建设与研究的动力和目标是增强企业凝聚力与员工归属感，打造利益共同体。并希望学者们注重对企业文化内涵、企业文化活动方式、企业文化成果运用以及企业文化的具体指导等内容的研究，以提高研究成果的运用效果。

大事五　湖北企业文化论坛营造湖北发展强大气场

以文化人，润物无声。9月24日，由湖北省总工会、湖北省社科院、湖北省社科联、湖北经济学院共同主办，省工会学会、湖北企业文化研究中心共同承办的主题为"打造共同体、增强软实力"的湖北企业文化论坛在武昌举行，全省200余名专家学者、党政干部、企业代表和工会干部参加了论坛。专家论坛发言涉及"用先进文化助推文明湖北建设"、"企业文化的核心追求是发展文化"、"企业发展必须增强文化软实力"、"建设富有时代特色的企业文化"等观点，对于当前打造有湖北特色的企业文化，助推湖北"支点"建设，顺利实施"一元多层次"战略体系具有重要意义。省委副书记、省总工会主席张昌尔在论坛上指出，"现代企业最高层次的竞争是文化竞争，先进的企业文化是企业发展壮大的成功之道，是建设文明湖北的具体承载，是推进湖北跨越式发展的重要支撑，要深刻认识企业文化建设的重要性，以富有时代特征的企业文化，凝聚职工之心、汇聚企业之力，努力形成鄂企文化的强大气场。"

大事六　标杆企业引领湖北企业文化建设

11 月 24 日至 26 日，由中国企业文化研究会主办、珠海市企业文化协会协办的"中外企业文化 2012 珠海峰会暨颁奖仪式"在广东珠海召开。湖北省有 18 家企业荣获 2012 年度全国企业文化优秀单位，6 名个人荣获 2012 年度全国企业文化建设先进工作者。18 家企业分别为：大冶有色金属集团控股有限公司、湖北公路客运集团有限公司、湖北团结高新控股有限公司、湖北蓝特集团控股有限公司、武汉镇安建设集团有限公司、湖北楚天高速公路股份有限公司、中铁七局集团武汉工程有限公司、马应龙药业集团股份有限公司、中博绿色科技集团有限公司、武汉国有城乡建设投资集团公司、中石化江汉石油管理局沙市钢管厂、中交第二公路勘察设计研究院有限公司、武汉市勘测设计研究院有限公司、际华 3509 纺织有限公司、新八建设集团有限公司、湖北省烟草专卖局（公司）、武汉市烟草专卖局（公司）襄阳大力电工集团有限公司。6 名先进工作者分别为：杨帮松（湖北省企业文化促进会会长）、杨忠洲（湖北蓝特集团公司董事长）、李镇安（武汉镇安建设集团董事长）、黄祥礼（中博绿色科技集团董事长）、吴少勋（湖北劲牌酒业集团公司董事长）、高文广（襄阳大力电工集团董事长）、赵建国（鄂州市安泰药业集团公司董事长）、李光华（孝感市名鑫汽车公司董事长）。

图书在版编目(CIP)数据

湖北企业文化发展报告. 2013/湖北企业文化研究中心编.
—北京:社会科学文献出版社,2014.1
ISBN 978 – 7 – 5097 – 5500 – 6

Ⅰ.①湖… Ⅱ.①湖… Ⅲ.①企业文化 – 研究报告 – 湖北省 –
2013 Ⅳ.①F279.276.3

中国版本图书馆 CIP 数据核字(2013)第 311226 号

湖北企业文化发展报告(2013)

编　　者／湖北企业文化研究中心

出 版 人／谢寿光
出 版 者／社会科学文献出版社
地　　址／北京市西城区北三环中路甲 29 号院 3 号楼华龙大厦
邮政编码／100029

责任部门／经济与管理出版中心 (010) 59367226　　责任编辑／高　雁
电子信箱／caijingbu@ ssap. cn　　　　　　　　　　责任校对／张文飞
项目统筹／高　雁　　　　　　　　　　　　　　　　责任印制／岳　阳
经　　销／社会科学文献出版社市场营销中心 (010) 59367081　59367089
读者服务／读者服务中心 (010) 59367028

印　　装／北京季蜂印刷有限公司
开　　本／787mm×1092mm　1/16　　　　　　　　印　　张／17.75
版　　次／2014 年 1 月第 1 版　　　　　　　　　　字　　数／291 千字
印　　次／2014 年 1 月第 1 次印刷
书　　号／ISBN 978 – 7 – 5097 – 5500 – 6
定　　价／69.00 元